Christian Felber
Gemeinwohl-Ökonomie

PIPER

Zu diesem Buch

Die Gemeinwohl-Ökonomie, das von Christian Felber initiierte alternative Wirtschaftsmodell, hat ein überwältigendes Echo ausgelöst. Zehntausend Privatpersonen, zahlreiche PolitikerInnen, Initiativen und Unternehmen haben sich bereits der Idee angeschlossen. Die Bewegung reicht inzwischen von Schweden bis Chile und Ghana.
Die Gemeinwohl-Ökonomie beruht – wie eine Marktwirtschaft – auf privaten Unternehmen und individueller Initiative, jedoch streben die Betriebe nicht in Konkurrenz zueinander nach Finanzgewinn, sondern sie kooperieren mit dem Ziel des größtmöglichen Gemeinwohls. Die erfolgreichsten Unternehmen, also jene, die sozial verantwortlich, ökologisch, demokratisch und solidarisch agieren, erhalten rechtliche Vorteile, um auf den Märkten günstiger anbieten zu können als jene, welche die Werte nicht achten.
Weil das Modell offen und demokratisch weiterentwickelt wird, erfährt es breite Resonanz: Nach sieben Jahren waren es bereits 2300 Unternehmen und weitere 200 Organisationen, die das Modell unterstützen, immer mehr Schulen, Universitäten, Gemeinden und Regionen beteiligen sich. Der EU-Wirtschafts- und Sozialausschuss empfiehlt die Aufnahme der Gemeinwohl-Ökonomie in das Recht der EU und ihrer Mitgliedstaaten.

Christian Felber, geboren 1972, lebt als Autor und Universitätslektor in Wien. Er hat Attac Österreich mitbegründet und initiierte 2010 die internationale Gemeinwohl-Ökonomie-Bewegung sowie das Projekt »Bank für Gemeinwohl«. Seine Bücher sind bisher in zwölf Sprachen erschienen, »Geld. Die neuen Spielregeln« wurde 2014 zum »Wirtschaftsbuch des Jahres« gekürt. 2017 hat er für die Gemeinwohl-Ökonomie-Bewegung den ZEIT WISSEN Nachhaltigkeitspreis gewonnen.

Christian Felber

Gemeinwohl-Ökonomie

Komplett aktualisierte und erweiterte Ausgabe

PIPER

Mehr über unsere Autoren und Bücher:
www.piper.de

MIX
Papier aus verantwortungsvollen Quellen
FSC® C083411

Aktualisierte und erweiterte Taschenbuchausgabe
ISBN 978-3-492-31236-3
Piper Verlag GmbH, München 2018
1. Auflage März 2018
3. Auflage Dezember 2018

Umschlaggestaltung und -abbildung: Hauptmann und Kompanie Werbeagentur, Zürich
Satz: Agentur Kado, Wien
Gesetzt aus der Lino Letter
Druck und Bindung: CPI books GmbH, Leck
Printed in the EU

Inhalt

Zum Gemeinwohl!
Neuer Trinkspruch

Vorwort zur Taschenbuchausgabe

Es gibt immer eine Alternative.
There is always an alternative.
Für Margaret Thatcher
und Angela Merkel

Bei der Redaktion dieser Taschenbuchausgabe ist es ziemlich genau sieben Jahre her, dass die Vorbereitungsgruppe der Gemeinwohl-Ökonomie erstmals an die Öffentlichkeit ging, um auszuloten, ob es eine Resonanz auf die junge Idee geben würde. Sie zündete. Sieben Jahre später sind dreißig Fördervereine von Schweden bis Chile am Start, mehr als 2300 Unternehmen unterstützen die Bewegung offiziell, und immer mehr Gemeinden machen sich auf den Weg zur Umsetzung. Einige Nachrichten dieser Tage: Die Stadt Stuttgart hat vier Kommunalbetriebe gemeinwohlbilanziert und sich damit als »deutschlandweite Vorreiterin« platziert.[1] Greenpeace Deutschland stellte seine erste Gemeinwohl-Bilanz vor, als ungefähr 500. Organisation weltweit. Im März 2017 erhielt die Gemeinwohl-Ökonomie den ZEIT-WISSEN-Preis »Mut zur Nachhaltigkeit« in der Kategorie Wissen. Im Juni startete der erste Lehrstuhl Gemeinwohl-Ökonomie an der Universität Valencia. Zuvor hatte der Europäische Wirtschafts- und Sozialausschuss eine Initiativstellungnahme zur Gemeinwohl-Ökonomie mit 86 Prozent der Stimmen angenommen.[2] Kein Wunder: 88 Prozent der Deutschen und neunzig Prozent der ÖsterreicherInnen wünschen sich laut einer Umfrage der Bertelsmann-Stiftung eine »neue Wirtschaftsordnung«.[3] Neun von zehn Menschen sind reif für den Wandel. Sie erkennen mehr und mehr, dass die Finanzkrise, die Klimakrise, die Verteilungskrise, die Sinnkrise, die Demokratiekrise und die Wertekrise Symptome einer »ganzheitlichen« Systemkrise sind. Reformen genügen nun nicht mehr, es braucht eine neue Vision.

Offen ist, wohin die Reise gehen soll: in Richtung Solidarische Ökonomie mit nur noch Genossenschaften? In Richtung Commons oder Allmenden, den Gemeinschaftsgütern, die ganz ohne Marktlogik auskommen? In Richtung Postwachstumsökonomie, die, radikaler als die ökosoziale Marktwirtschaft, Schrumpfungsziele vorgibt? Oder in Richtung Wirtschaftsdemokratie, um die Superkonzentration von Eigentum und Macht, den »Superkapitalismus« und die »Supergrundrechte« für juristische Personen – vulgo Großkonzerne – zu stoppen?

Die Gemeinwohl-Ökonomie sagt: Es braucht von all diesen Ansätzen mehr als heute: Die Wirtschaft muss menschlicher, sozialer, verteilungsgerechter, nachhaltiger, demokratischer – rundum ethischer werden: gemeinwohlorientierter. Einige der Erstreaktionen waren: »Gemeinwohl-Ökonomie, das ist doch ein Widerspruch in sich!« Heute sehen wir das anders. Im Lauf der sieben Jahre sind viele weitere Quellen aufgetaucht, die das GWÖ-Modell zu einem kohärenten Mosaik zusammengefügt haben: Die Überzeugung, dass die Wirtschaft nur ein Mittel ist, das höheren Werten verpflichtet ist, hat es praktisch immer gegeben, zu allen Zeiten und in allen Kulturen. Die merkwürdige Tatsache, dass die Wirtschaft heute ganz anders funktioniert und auch anders gelehrt wird, deutet auf ein weiteres Kernproblem hin: die akademische Wirtschaftswissenschaft oder »economics«. Sie hat sich mathematisiert und verirrt, auf einen trügerischen Fluchtpunkt hin: finanzielle Kennzahlen und Geldwerte. Doch Geld ist nur das Mittel, das dem Gemeinwohl dienen soll, so wie Unternehmen, Investitionen, Kredite und die ganze Wirtschaft. Die »ökonomische Wissenschaft« hat es zuwege gebracht, Ziel und Mittel zu verwechseln. Und sich dabei in eine nichtökonomische Wissenschaft zu »pervertieren«. Das sind die Worte von Aristoteles. Er hat messerscharf zwischen zwei Formen, Wirtschaft zu denken und zu praktizieren, unterschieden: Während die »oikonomia« das gute Leben für alle zum Ziel hat (in einem menschlichen oder volkswirtschaftlichen Haushalt) und das Geld dabei ausdrücklich nur als Mittel verwendet, bezeichnet er eine Wirtschaftsform, in der Gelderwerb und Geldvermehrung zum Selbstzweck werden, als »chrematistike« und kritisiert sie als »widernatürlich«.[4] Die Wirtschaftswissenschaft hat sich, in dem Maße, in dem sie sich für Renditen, Profite und das BIP interessiert und »Effizienz« mit einer effizienteren Kapitalverwertung oder -vermehrung gleichsetzt, in eine Chrematistik verwandelt – und ist gar keine Ökonomie mehr. Zumindest nicht im Sinne von Aristoteles.

»Oikonomia« könnte trefflich mit Gemeinwohl-Ökonomie übersetzt werden, das Gemeinwohl ist inhärent im Begriff enthalten; die vielfältigen Versuche, die Attribute »sozial«, »ökologisch«, »nachhaltig«, »human«, »fair«, »gerecht«, »demokratisch« oder »ethisch« zu ergänzen, sind nur Zeugnis davon, dass es den Chrematisten gelungen ist, den Begriff »Ökonomie« seines ursprünglichen Sinns zu berauben und mit »widernatürlichen« Inhalten anzufüllen.

Zum Glück sind einigen ÖkonomInnen diese Unterscheidungen und Pervertierungen bekannt, und sie haben sich starkgemacht für eine »Gleichgewichtsökonomie« (Herman Daly), »Ökologische Ökonomie« (Joan Martínez-Alier), »Postwachstumsökonomik« (Niko Paech), »doughnut economics« (Kate Raworth), Gemeingüter-Ökonomie (Elinor Ostrom), Geschenk-Ökonomie (Genevieve Vaughan) oder Care-Ökonomie (Mascha Madörin). Aus studentischen Kreisen sind zunächst in Frankreich die »postautistische Ökonomie« entstanden und später weltweit die Gesellschaft für plurale Ökonomik. Das sind viele Lichtschimmer am Horizont, doch der Mainstream ist immer noch fest im Griff der Chrematisten.

Bezeichnend für den Irrweg der Wissenschaft ist der »Wirtschaftsnobelpreis« – den es gar nicht gibt. Alfred Nobel hatte den von ihm gestifteten Preis ausdrücklich für naturwissenschaftliche Disziplinen ausgelobt – und sich ebenso klar gegen einen Preis für »economics«, einer Sozialwissenschaft, ausgesprochen. Der Anerkennungspreis der schwedischen Reichsbank kam erst 1968 hinzu, gegen den Willen der Erben von Alfred Nobel, es handelt sich um eine Mischung aus Usurpation und Etikettenschwindel – um einen doppelten: Neun von zehn ausgezeichneten WissenschaftlerInnen sind viel eher der Kaste der Chrematisten zuzurechnen als jener der Ökonomie: weder Nobelpreis noch Ökonomie also. Hinter diesem »genialen PR-Coup« (Ulrike Herrmann[5]) verstecken sich mächtige Ideologien und ein Ringen um die gesellschaftlichen Machtverhältnisse.

Die Gemeinwohl-Ökonomie möchte eine neue Wirtschaftstheorie begründen, sie will die Praxis des Wirtschaftens ändern, und sie möchte den passenden Rechtsrahmen schaffen, damit ethische und umfassend verantwortungsvolle Wirtschaftsakteure und -tätigkeiten nachhaltig reüssieren können.

Als ganzheitliche Alternative ist die GWÖ a) ein konsistenter Theorieansatz: ein in sich schlüssiges Modell, b) ein breiter Beteiligungsprozess, der allen kreativen und kooperativen Reformwilligen offensteht, und c) ein demokratischer Umsetzungsvorschlag. Dafür hat die GWÖ ein Demokratie-Verständnis entwickelt, das den Menschen mehr zutraut, als alle vier oder fünf Jahre ein Kreuzlein für eine Partei abzugeben. Die Idee einer »Souveränen Demokratie« ist die Zwillingsschwester der Gemeinwohl-Ökonomie. Sie könnte zu ihrer entscheidenden Geburtshelferin werden, nachdem viele tausend Menschen, Unternehmen, Gemeinden und wissenschaftliche Einrichtungen den Boden aufbereitet haben für einen tiefreichenden und wertgeleiteten Wandel in Wirtschaft und Politik.

Seit Erscheinen der Erstausgabe im August 2010 ist »Die Gemeinwohl-Ökonomie« in insgesamt zwölf Sprachen erschienen, darunter Französisch, Spanisch, Englisch, Polnisch und Finnisch. Die Umsetzungsbewegung erstreckt sich von Skandinavien nach Südamerika. Mehrere tausend Menschen sind weltweit aktiv geworden – in Regionalgruppen, Arbeitskreisen und Fördervereinen. Und es scheint erst der Anfang zu sein. Das Modell ist äußerst lebendig, es wird sowohl in der Praxis weiterentwickelt als auch durch geistige Befruchtung aus allen Richtungen. Die Bewegung, welche die Idee »kokreativ« weiterentwickelt, ist so vielgesichtig und facettenreich, wie eine soziale Bewegung nur sein kann.

Beim historischen »Zoomen«, ob die Ausbreitung der Gemeinwohl-Ökonomie mit anderen Ideen oder Initiativen vergleichbar ist, kam die Erinnerung an die Raiffeisen-Idee. In Zeiten des Hungers unter den Bauern entstand der erste Brotverein im Westerwald. Daraus wurde zunächst ein landesweites Netz aus Hilfsvereinen, dann folgten die Darlehenskassen. Heute gibt es genossenschaftliche Raiffeisen-Banken in 180 Staaten der Erde.

Die GWÖ entsteht nicht in einer Zeit des Brothungers, aber des Sinnhungers. Manche sprechen bereits von einer sich auswachsenden Sinnhungerepidemie. Täglich steigen Erfolgsmenschen aus Top-Positionen des »alten Systems« aus, weil sie keinen Sinn und sich nicht als Menschen erfahren. Die GWÖ bietet Sinn, Menschlichkeit und echte Nutzwerte an. Wie es in einer richtigen »oikonomia« sein soll! Machen auch Sie mit! Werden Sie Teil der Veränderung, die Sie in der Welt sehen wollen!

1. Kurzanalyse

»Zu kooperieren, anderen zu helfen und Gerechtigkeit walten zu lassen ist eine global anzutreffende, biologisch verankerte menschliche Grundmotivation. Dieses Muster zeigt sich über alle Kulturen hinweg.«[6]

Joachim Bauer

Menschliche Werte – Werte der Wirtschaft

Merkwürdig: Obwohl Werte die Grundorientierung, die »Leitsterne« unseres Lebens sein sollten, gelten heute in der Wirtschaft ganz andere Werte als in unseren alltäglichen zwischenmenschlichen Beziehungen. In unseren Freundschafts- und Alltagsbeziehungen geht es uns gut, wenn wir menschliche Werte leben: Vertrauensbildung, Ehrlichkeit, Wertschätzung, Respekt, Zuhören, Empathie, Kooperation, gegenseitige Hilfe und Teilen. Die »freie« Marktwirtschaft beruht auf den Systemspielregeln Gewinnstreben und Konkurrenz. Diese Anreizkoordinaten befördern Egoismus, Gier, Geiz, Neid, Rücksichtslosigkeit und Verantwortungslosigkeit. Dieser Widerspruch ist nicht nur ein Schönheitsfehler in einer komplexen oder multivalenten Welt, sondern ein kultureller Keil; er spaltet uns im Innersten – sowohl als Individuen als auch als Gesellschaft.

Werte sind Leitsterne

Der Widerspruch ist deshalb fatal, weil Werte das Fundament des Zusammenlebens sind. Nach ihnen setzen wir uns Lebensziele, an ihnen orientieren wir unser Handeln und verleihen diesem Sinn. Die Werte sind wie ein Leitstern, der unserem Lebensweg eine Richtung vorgibt. Aber wenn unser Leitstern des Alltags in eine ethische Richtung weist – Vertrauensbildung, Kooperation, Teilen – und plötzlich in einem Teilbereich des Lebens, der Marktwirtschaft, ein zweiter »Leitstern« in die exakt entgegengesetzte Richtung – Egoismus, Konkurrenz, Gier – zeigt, dann bricht in uns ein heilloser Widerspruch auf: Sollen wir uns solidarisch und kooperativ verhalten, einander helfen und stets auf das Wohl aller achten? Oder zuerst den eigenen Vorteil im Auge haben und die anderen als RivalInnen und KonkurrentInnen kurzhalten? Das Abgründige des Zwiespalts ist: Der Gesetzgeber bevorzugt den falschen Leitstern. Er setzt ihn in Recht – und fördert damit Werte, unter denen wir alle leiden. Das ist nicht unbedingt sofort ersichtlich, weil in keinem Gesetz steht: Du sollst egoistisch, gierig, geizig, rücksichts- und verantwortungslos sein. Aber im Gesetz steht, dass wir in der Wirtschaft nach Finanzgewinn streben und einander konkurrenzieren sollen. Das steht in zahlreichen Gesetzen, Regulierungen und Abkommen der Nationalstaaten, der EU und der Welthandelsorganisation WTO. Die Folge ist das epidemische Auftreten asozialer Verhaltensweisen in der Wirtschaft. Nicht weil der Mensch von Natur aus schlecht ist, sondern weil die Spielregeln unsere Schwächen fördern anstatt unsere Tugenden.

Aus Egoismen wird Gemeinwohl

Der »Imperativ«, dass wir in der Wirtschaft einander konkurrenzieren und nach größtmöglichem persönlichen Finanzgewinn streben (= uns egoistisch verhalten) sollen, rührt aus der – eigentlich zutiefst paradoxen – Hoffnung, dass sich das Wohl aller aus dem egoistischen Verhalten der Einzelnen ergäbe. Diese Ideologie wurde vor 250 Jahren in der Bienenfabel von Bernard Mandeville begründet, die den bezeichnenden Untertitel »Private Laster, öffentliche Vorteile« trägt.[7] Auch bei Adam Smith, dem ersten großen Nationalökonomen, finden wir diese Hoffnung: »Nicht vom Wohlwollen des Metzgers, Bäckers, Brauers erwarten wir unsere tägliche Mahlzeit, sondern davon, dass sie ihre eigenen Interessen wahrnehmen.«[8]

Es geht mir nicht um die Anklage von Smith, der auch ein Hohelied auf das Mitgefühl (»sympathy«) gesungen und ein dickes Buch über »ethische Gefühle« verfasst hat.[9] Zum damaligen Zeitpunkt ist ein solcher Satz verständlich: Das Verfolgen des Eigeninteresses der »Individuen« war neu, die »Unternehmen« überwiegend winzig und machtlos, außerdem lokal eingebunden und persönlich verantwortlich: Unternehmensgründer, Eigentümer, Arbeitgeber und Arbeitnehmer bildeten in vielen Fällen noch eine Personalunion. Es gab keine anonymen, globalen Aktiengesellschaften, keinen freien Kapitalverkehr und keine milliardenschweren Investmentfonds.

Adam Smith hoffte, dass eine »unsichtbare Hand« die Egoismen der Einzelakteure zum größtmöglichen Wohl aller lenken würde. Aus metaphysischer Sicht – Smith war Moralphilosoph – mag er die Hand Gottes gemeint haben.[10] Oder es war einfach eine Hoffnung. Nichts gegen die Hoffnung, doch sie ist weder eine wissenschaftliche Methode geschweige denn eine wirksame Politikmaßnahme. Dazu bräuchte es eine sichtbare Hand, welche die Unternehmen dazu anreizt, sich so zu verhalten, wie es die Gesellschaft wünscht. Manche Ökonomen glauben, dass es sich um die Konkurrenz handle. Denn welchem Mechanismus, wenn nicht der Konkurrenz, verdanken wir, dass kein Unternehmen seinen Egoismus zu sehr auf Kosten anderer steigern kann? Sobald es zu hohe Preise verlangen oder zu niedrige Qualität bieten würde, würde es von anderen verdrängt: Wettbewerb. Bis heute bildet die Annahme, dass die Egoismen der Einzelakteure durch Konkurrenz zum größtmöglichen Wohl aller gelenkt würden, den Legitimationskern der kapitalistischen Marktwirtschaft. Aus meiner Sicht ist diese Annahme jedoch ein Mythos und grundlegend falsch; Konkurrenz spornt zweifellos auf ihre Weise zu Leistung an (dazu später), aber sie richtet einen ungemein größeren Schaden an der Gesellschaft und an den Beziehungen zwischen den Menschen an.[11] Wenn Menschen als oberstes Ziel ihren eigenen Vorteil anstreben und gegeneinander agieren, lernen sie, andere zu übervorteilen und dies als richtig und normal zu betrachten. Wenn wir jedoch andere übervorteilen, dann behandeln wir sie nicht als gleichwertige Menschen: Wir verletzen ihre Würde.

Würde ist der höchste Wert

Wenn ich die Studierenden in meiner Vorlesung an der Wirtschaftsuniversität frage, was sie unter »Menschenwürde« verstehen, ernte ich regelmäßig geschlossenes und betretenes Schweigen. Sie haben im bisherigen Verlauf ihres Studiums nichts darüber gehört oder gelernt. Das ist umso erschreckender, als die Würde der höchste aller Werte ist: Sie ist der erstgenannte Wert im Grundgesetz und bildet die Grundlage der Allgemeinen Erklärung der Menschenrechte. Würde heißt *Wert* und meint den *gleichen, bedingungslosen, unveräußerlichen* Wert aller Menschen. Würde bedarf keiner »Leistung« außer der nackten menschlichen Existenz. Aus dem gleichen Wert aller Menschen erwächst unsere *Gleichheit* in dem Sinne, dass in einer Demokratie alle Menschen die gleichen Freiheiten, Rechte und Chancen genießen sollen. Und nur wenn tatsächlich alle die gleichen Freiheiten genießen, ist die Bedingung gegeben, dass alle auch wirklich *frei* sein können: Menschenwürde ist die Begründung und Voraussetzung für Freiheit. Immanuel Kant sagte: Die Würde kann im alltäglichen Umgang zwischen den Menschen nur dann gewahrt werden, wenn wir uns stets als gleichwertige Personen betrachten und behandeln: Wir sollen unser menschliches Gegenüber und seine/ihre Bedürfnisse, Gefühle und Meinungen gleich ernst nehmen wie die eigenen – als Ausdruck des gleichen Wertes. Wir dürfen die andere Person nie nur instrumentalisieren und primär als Mittel für den eigenen Zweck verwenden. Dann wäre es mit der Würde vorbei.[12] Als *Nebeneffekt* dürfen uns aus der würdevollen Begegnung sehr wohl Vorteile erwachsen, das passiert nach Kant und Hausverstand ganz automatisch, wenn alle das Beste füreinander wollen, eine Vertrauensbasis aufbauen, sich ernst nehmen, einander zuhören und wertschätzen. Aber Vorteilnahme darf nicht das *Ziel* der Begegnung sein.

Auf dem freien Markt ist es hingegen legal und üblich, dass wir unsere Nächsten instrumentalisieren und dabei ihre Würde verletzen, weil es nicht unser Ziel ist, diese zu wahren. Die Würde wird weder gemessen noch bilanziert. Unser Ziel ist das Erringen eines persönlichen Vorteils, und dieser lässt sich in vielen Fällen leichter erringen, wenn ich meinen Nächsten übervorteile und dabei seine Würde verletze. Entscheidend sind meine Einstellung und meine Priorität: Geht es mir um das größtmögliche Wohl und die Wahrung der Würde aller, wovon ich selbst automatisch auch betroffen bin und profitiere, oder geht es mir vorrangig um mein eigenes Wohl und den eigenen Vorteil, aus dem auch andere Vorteile ziehen können, aber eben nicht *müssen*?

Wenn wir unseren eigenen Vorteil als oberstes Ziel verfolgen, wird es gängige Praxis, dass wir andere als Mittel für unsere Zwecke benutzen und diese übervorteilen. Deshalb führt die Smith'sche Verdrehung von Ziel und Nebeneffekt zur weitverbreiteten Verletzung der Menschenwürde und zur systematischen Einschränkung der Freiheit vieler Menschen: So wie es das »Wohlwollen« des Lehrers, des Arztes und des Kochs braucht, damit es den SchülerInnen, PatientInnen und Hungrigen gut geht, braucht es genauso das Wohlwollen des Bäckers, Metzgers, Brauers, damit alle ihr »tägliches Brot« erhalten – und nicht nur sie. Adam Fergusson, Landsmann von Smith, sah das genauso: »Wer um das Wohl der anderen bemüht ist, bemerkt, dass das Glück der anderen zur reichhaltigsten Quelle fürs eigene Glück wird.«[13]

»Freier« Markt?

Der »freie Markt« wäre dann ein freier Markt, wenn alle TeilnehmerInnen dieses Treibens von jedem Tauschgeschäft völlig schadlos zurücktreten könnten. Doch genau das trifft nur auf einen Teil der Transaktionen am Markt zu. Bei einem beträchtlichen Teil hat es eine Partei nicht so leicht, auf das Tauschgeschäft zu verzichten wie die andere Partei, weil sie in stärkerem Maße davon abhängig ist.[14] Viele Menschen können sich nicht aussuchen, ob sie heute Nahrungsmittel einkaufen oder nicht; ob sie eine Wohnung anmieten oder nicht; viele Unternehmen können es sich nicht aussuchen, ob sie heute einen Kredit aufnehmen oder nicht; tun sie es nicht, können sie morgen schon insolvent sein; zahllose Bauern und Bäuerinnen können nicht frei entscheiden, wem sie zuliefern wollen; sie haben oft nur einen einzigen oder eine Handvoll Abnehmer zur »Auswahl«, von denen sie gleich (schlecht) behandelt werden. Für typische Tauschgeschäfte gilt:

- Die durchschnittliche Arbeit*geber*In kann leichter vom Arbeitsvertrag zurücktreten und damit die Bedingungen des Arbeitsvertrages eher bestimmen als die durchschnittliche ArbeitnehmerIn.
- Die durchschnittliche Kredit*geber*In kann eher vom Kreditvertrag zurücktreten und damit die Bedingungen des Kreditvertrages eher bestimmen als die durchschnittliche KreditnehmerIn.
- Die durchschnittliche Immobilienverwaltung kann eher von der Unterzeichnung des Mietvertrages Abstand nehmen und damit die Bedingungen des Mietvertrages eher bestimmen als die durchschnittliche MieterIn.
- Der durchschnittliche Weltkonzern kann eher auf einen seiner tausend Zulieferbetriebe verzichten und damit die Bedingungen des Liefervertrages eher bestimmen als der durchschnittliche Zulieferbetrieb.

Ein Machtgefälle in privaten Tauschbeziehungen wäre nicht das geringste Problem, wenn alle einander mit Achtung und dem Vorsatz der Wahrung der Würde begegnen würden. Denn dann würde die mächtigere Person der weniger mächtigen Person auf Augenhöhe entgegentreten, sie sehen und ihre Bedürfnisse und Gefühle genauso ernst nehmen wie die eigenen; und erst mit dem Ergebnis zufrieden sein, wenn beide damit gut leben können. Doch in der kapitalistischen Marktwirtschaft werden die Mächtigeren geradewegs dazu ermutigt, ihren Vorsprung, das Machtgefälle, auszunutzen, denn daraus – aus dem Streben nach dem eigenen Vorteil und der daraus resultierenden Konkurrenz – ergibt sich erst die ganz spezielle »Effizienz« des freien Marktes.

Wenn in einem menschlichen Gemeinwesen die Würde der Einzelnen nicht systemisch gewahrt wird, wird auch die Freiheit nicht gewahrt; denn die Wahrung der Würde – das Begegnen der Menschen als Gleich(wertig)e – ist die Voraussetzung für die Freiheit in diesem Gemeinwesen. Wenn alle den eigenen Vorteil im Auge haben, behandeln sie die anderen nicht mehr als Gleiche, sondern als

»Instrumente« und gefährden dadurch die Freiheit aller. Deshalb kann eine Marktwirtschaft, die auf Gewinnstreben und Konkurrenz beruht, nicht als »freie« Wirtschaft bezeichnet werden: Das wäre ein Widerspruch in sich. Ehrlicherweise sollte deshalb eine Marktwirtschaft, die auf Gewinnstreben und Konkurrenz beruht, in rücksichtslose, inhumane und letztlich illiberale, weil die Freiheit zerstörende Marktwirtschaft umbenannt werden. Und wir sollten uns auf den Weg machen, eine humane und durch und durch ethische (Markt-)Wirtschaft zu entwickeln.

Vertrauen wichtiger als Effizienz

Eines noch: Wenn wir auf dem Markt ständig befürchten müssen, von unseren Nächsten übervorteilt zu werden, sobald sie dazu in der Lage sind, wird noch etwas ganz Wesentliches systemisch zerstört: das Vertrauen. Manche Ökonomen schenken dieser Tatsache wenig Beachtung, denn in der Wirtschaft geht es in ihren Augen vor allem um Effizienz. Doch das ist eine Perversion (lat. Verkehrung) der Dinge, denn das Vertrauen ist das höchste soziale und kulturelle Gut, das wir kennen. Vertrauen ist das, was die Gesellschaft im Innersten zusammenhält – nicht die Effizienz! Stellen Sie sich eine Gesellschaft vor, in der Sie jedem Menschen vollkommen vertrauen können: Wäre das nicht die Gesellschaft mit der höchsten Lebensqualität? Und umgekehrt: eine Gesellschaft, in der Sie jedem Menschen misstrauen müssen – wäre das nicht die Gesellschaft mit der geringsten Lebensqualität?

Die Zwischenbilanz ist eine radikale: Solange Marktwirtschaft auf Gewinnstreben und Konkurrenz und der sich daraus ergebenden wechselseitigen Übervorteilung beruht, ist diese weder mit der Menschenwürde noch mit Freiheit vereinbar. Sie zerstört systematisch das gesellschaftliche Vertrauen in der Hoffnung, dass dadurch die Effizienz höher sei als in einer anderen Form des Wirtschaftens.

Auf diese Sachverhalte angesprochen, zeigen Mainstream-Ökonomen häufig drei vertraute Reaktionsmuster:

1. Es gibt keine Alternative zur Marktwirtschaft, das ist bekannt, und deshalb erübrigt sich die Diskussion.
2. Wer das nicht zur Kenntnis nimmt, will die Gesellschaft in die Armut und ins 19. Jahrhundert zurückkatapultieren oder gleich in den Kommunismus.
3. Die Marktwirtschaft ist die produktivste Wirtschaftsform, die es gibt, das hat die Geschichte entschieden. Der Wettbewerb spornt die Menschen zu unvergleichlicher Leistung an, abgesehen davon, dass er in der Natur des Menschen angelegt und deshalb unvermeidbar ist.

Diesen letzten Grundmythos der Marktwirtschaft wollen wir uns noch näher ansehen: »Wettbewerb stellt in den meisten Fällen die effizienteste Methode dar, die wir kennen«, schreibt der Wirtschaftsnobelpreisträger Friedrich August von Hayek.[15] Wenn ein »Nobelpreisträger« das sagt, dann muss es auch stimmen – auch wenn es den Wirtschafsnobelpreis gar nicht gibt.[16] Ich habe versucht, die empirische Studie zu finden, durch die Hayek zu dieser Erkenntnis kam. Doch ich fand sie nicht. Ich suchte auch bei anderen Ökonomen, denn in der Wissenschaftsgemeinde ist es üblich, dass KollegInnen einander zitieren. Doch auch dort wurde ich nicht fündig. Keiner der nobelpreisgekrönten Ökonomen hat jemals mit einer Studie bewiesen, dass »Wettbewerb die effizienteste Methode ist, die wir kennen«. Ein ideologischer Fundamentalbaustein der ökonomischen Wissenschaft ist eine pure Behauptung, die von der großen Mehrheit der Ökonomen geglaubt wird. Und auf diesem Glauben beruhen Kapitalismus und Konkurrenz-Marktwirtschaft, die seit 200 Jahren das weltweit dominante Wirtschaftsmodell sind.

Zur konkreten Fragestellung »Motiviert Wettbewerb stärker als jede andere Methode?« gibt es eine Fülle von Studien, in zahlreichen Disziplinen: Sozialpsychologie, Pädagogik, Spieltheorie, Neurobiologie. 369 davon wurden in einer Metastudie ausgewertet. Und von denjenigen mit einem klaren Ergebnis kommt eine erstaunliche Mehrheit von 87 Prozent zu dem Befund, dass Konkurrenz *nicht* die effizienteste Methode ist, die wir kennen.[17] Sondern: Kooperation. Der Grund liegt darin, dass die Kooperation *anders* motiviert als die Konkurrenz. Dass Konkurrenz motiviert, bestreitet niemand, das hat die kapitalistische Marktwirtschaft auch bewiesen; nur motiviert sie schwächer, weil anders: Kooperation motiviert über gelingende Beziehung, Anerkennung, Wertschätzung, gemeinsame Zielsetzung und -erreichung. Das ist die Definition von Kooperation. Die Definition von Konkurrenz hingegen ist »einander ausschließende Zielerreichung«. Ich kann nur erfolgreich sein, wenn jemand anderer erfolglos bleibt. Konkurrenz »motiviert« primär über Angst. Deshalb ist die Angst auch ein sehr weitverbreitetes Phänomen in kapitalistischen Marktwirtschaften: weil viele fürchten, den Job zu verlieren, Einkommen, Status, gesellschaftliche Anerkennung und Zugehörigkeit. In einem Wettbewerb um knappe Güter gibt es nun mal viele Verlierer, und die meisten haben Angst, selbst betroffen zu sein. Es gibt noch eine weitere Motivationskomponente der Konkurrenz. Während die Angst von hinten schiebt, zieht vorne eine Art Lust. Doch welche Lust? Es handelt sich um Siegeslust: um den Wunsch, besser zu sein als jemand anderer. Und das ist, mit psychologischer Brille betrachtet, ein sehr problematisches Motiv. Denn das Ziel unseres Tuns sollte nicht sein, dass wir besser sind als andere, sondern dass wir unsere Sache gut machen, weil wir sie für sinnvoll halten und gerne tun. Daraus sollten wir unseren Selbstwert beziehen. Wer seinen Selbstwert daraus bezieht, besser zu sein als andere, ist davon abhängig, dass andere schlechter sind. Psychologisch gesehen handelt es sich hier um pathologischen Narzissmus: Sich besser zu fühlen, weil andere schlechter sind, ist krank. Gesund ist, dass wir unser Selbstwertgefühl aus Tätigkeiten nähren, die wir gerne machen, weil wir sie aus freien Stücken gewählt haben und darin Sinn erfahren. Wenn wir uns auf das Wirselbst-Sein konzentrieren anstatt auf das Bessersein, nimmt niemand Schaden, und es braucht keine VerliererInnen.

Es geht um die Zielsetzung. Wenn ich als *Nebeneffekt* in einer Tätigkeit besser bin als jemand anderer, ohne dass es mein Ziel war, dann gibt es kein Problem. Ich werde dem Bessersein keine Beachtung schenken und dieses nicht als »Sieg« bewerten – und der anderen Person helfen. Das Problem entsteht, wenn es mein *Ziel* ist, besser zu sein als jemand anderer, ich also eine »Win-lose-Situation« anstrebe – was die hier verwendete Definition von Wettbewerb ist. Wenn es mein Ziel ist, meine Sache gut zu machen, und mir egal ist, wie andere ihre Sache machen, dann brauche ich den Wettbewerb gar nicht – genau das ist aber der Kern des Mythos: Ohne Wettbewerb würden Menschen keinen Leistungsanreiz verspüren, keine Motivation, ihre Sache gut zu machen. Dabei verhält es sich psychologischen Erkenntnissen zufolge genau umgekehrt: Motivation wirkt stärker, wenn sie von innen kommt (»intrinsische Motivation«) als von außen (»extrinsische Motivation«) wie zum Beispiel durch Wettbewerb. Die besten Leistungen kommen nicht zustande, weil es eine KonkurrentIn gibt, sondern weil Menschen von einer Sache fasziniert, energetisiert und erfüllt sind, sich ihr hingeben und ganz in ihr aufgehen. Den Wettbewerb braucht es nicht.

Wollten redliche ÖkonomInnen die Marktwirtschaft tatsächlich auf der effizientesten Methode aufbauen, die wir kennen, dann müssten sie sie auf struktureller Kooperation und intrinsischer Motivation aufbauen – zumindest, wenn sie den aktuellen Stand der wissenschaftlichen Forschung zur Kenntnis nehmen würden. Der Umstand, dass sie das nicht tun, ist ein Hinweis darauf, dass es den WettbewerbsapologetInnen gar nicht um Wissenschaft und Erkenntnis geht, sondern um Anerkennung im ideologischen Mainstream oder um Absicherung bestehender Herrschaftsstrukturen. Den Mächtigen dient die Konkurrenz jedenfalls bravourös: Wenn wir Menschen nicht lernen, zu kooperieren und uns zu solidarisieren, werden wir die Machtverhältnisse nicht in Frage stellen und mit vereinter Kraft verändern, sondern lieber versuchen, uns selbst mit Ellbogentechnik in den Bereich der Macht und in die gesellschaftlichen Eliten vorzukämpfen. Dabei bleibt allerdings die große Mehrheit von uns auf der Strecke. Und das gesellschaftliche Klima wird fortschreitend vergiftet, weil wir in unserem Streben nach dem eigenen Vorteil einander permanent übervorteilen, ausnutzen und entwürdigen und dabei das gesellschaftliche Vertrauen und den Selbstwert der meisten Menschen schwächen oder zerstören.

Die Folgen von Gewinnstreben und Konkurrenz: die zehn Krisen des Kapitalismus

Das Verfolgen des »eigenen Interesses« (Smith) als oberstes Ziel in Konkurrenz zueinander führt, entgegen den Prognosen und Versprechungen der marktwirtschaftlichen Theorie, zu:

1. Konzentration und Missbrauch von Macht. Aufgrund des systemimmanenten Wachstumszwangs – größer, mächtiger und schließlich »Global Player« zu sein, ist das Ziel – kommt es zur Herausbildung von Riesenkonzernen, die Marktmacht missbrauchen, Märkte abschotten, Innovation blockieren, Konkurrenten fressen oder aus dem Markt schlagen. »Eroberung von Marktanteilen«, randvolle »Kriegskassen«, »feindliche« Übernahmen: Die Wirtschaftssprache entlarvt, worum es im Streben nach dem eigenen Vorteil schlussendlich geht.

2. Ausschaltung des Wettbewerbs und Kartellbildung. Wenn nur noch ganz wenige übrig bleiben, kann das feindliche Gegeneinander blitzartig in – taktische, nicht prinzipielle – Kooperation umschlagen. Denn das Ziel bleibt das gleiche: maximaler Profit. Wenn es die Macht erlaubt, Kartelle und Oligopole zu bilden, dann wird dieser Weg sogar bevorzugt, weil er noch effektiver ist als die Konkurrenz. Bei der Konkurrenz gibt es Verlierer, bei der Kooperation gewinnen alle. Deshalb kooperieren Branchenunternehmen, sobald dies möglich ist. (Was ein unfreiwilliger und unschöner Beweis für die Überlegenheit der Kooperation ist. Unschön, weil Kooperation hier kein universales Ziel ist, sondern ein Mittel zum falschen Zweck: andere zu übervorteilen.) Bei der gegenwärtigen Bankenrettung zeigt sich, dass es gar nicht um Wettbewerb und Marktwirtschaft geht, sondern um die (staatliche) Absicherung von Gewinnen und Macht: Zu diesem Zweck kooperieren die wirtschaftlichen und politischen Eliten und schalten den Wettbewerb aus – der offenbar gar nicht das Ziel ist, sonst hätte keine »systemrelevante« Bank je entstehen dürfen.

3. Standortkonkurrenz. Staaten versuchen Unternehmen anzulocken und die Bedingungen für das Gewinnstreben systematisch zu verbessern: Es kommt zu Lohn-, Sozial-, Steuer- und Umweltdumping, zur Besserbehandlung von Weltkonzernen gegenüber lokalen Kleinbetrieben und zu verlockenden Sonderangeboten wie dem Bankgeheimnis oder gar dem Verzicht auf Bankenaufsicht und Regulierung, weil diese als »Standortvorteile« angesehen werden. Wenn der Wettbewerb von den Unternehmen auf die Staaten übergreift, dann blüht der Nationalismus inmitten der angeblichen »Globalisierung«. Zum Schaden fast aller demokratischen und sozialen Errungenschaften, die in der globalen Standortkonkurrenz zu »Wettbewerbshindernissen« herabgewürdigt werden.

4. Ineffiziente Preisbildung. Preise sind sehr oft nicht das vernünftige Ergebnis rationaler Marktakteure, sondern Ausdruck von Machtverhältnissen. Angebots- und Nachfragemacht sind sehr ungleich verteilt, weshalb Preise die Interessen der Mächtigen widerspiegeln und nicht so sehr tatsächliche Kosten oder Nutzen. Zum Beispiel erzielt die wertvolle Betreuung von Kindern, Kranken, Älteren oder Gärten oft gar keinen Preis, während die Betreuung von Hedgefonds astronomische Preise erzielt, obwohl ihr gesellschaftlicher Nutzen negativ ist. Da öffentliche und Gemeinschaftsgüter wie saubere Luft, Artenvielfalt, Sicherheit, Vertrauen, Zusammenhalt oder Gerechtigkeit keinen Preis haben, können sie kostenlos zerstört und die entstehenden Kosten der Allgemeinheit aufgebürdet werden (vom Verlust an Lebensqualität bis zu den Reparaturkosten). Wer einen größeren Schaden anrichtet als andere, verschafft sich einen Wettbewerbsvorteil!

5. Soziale Polarisierung und Angst. Die Marktwirtschaft ist eine Machtwirtschaft. Je größer – globaler – der »freie Wettbewerb«, desto größer werden die Machtgefälle zwischen den AkteurInnen und damit die Ungleichheiten und die Kluft zwischen Reich und Arm. Laut Oxfam besitzen nur acht Multimilliardäre gleich viel wie die halbe Menschheit.[18] In den USA verdient heute der bestbezahlte Manager das 350 000-Fache des gesetzlichen Mindestlohnes.[19] Das hat weder mit »rationaler Preisbildung« noch mit Effizienz oder Gerechtigkeit zu tun, sondern ausschließlich mit Macht. In der Folge nimmt das Vertrauen in der Gesellschaft ab, und die Angst steigt. In den USA ist das Vertrauen zwischen den Menschen von sechzig Prozent 1980 auf vierzig Prozent 2004 gesunken.[20] Gegengleich ist der Angst-Index in Westdeutschland von 24 Prozent 1991 auf 45 Prozent in den letzten Jahren gestiegen.[21]

6. **Nichtbefriedigung von Grundbedürfnissen und Hunger.** Wie wenig die globalisierte kapitalistische Marktwirtschaft in der Lage ist, auch nur die Grundbedürfnisse zu befriedigen und damit die Menschenrechte zu wahren, zeigt die Explosion der Hungerzahlen. Hungerten Anfang der 1990er Jahre noch knapp 800 Millionen Menschen, so waren es 2009 laut Welternährungsorganisation FAO 1,023 Milliarden, danach sank die Zahl wieder auf 843 Millionen 2011–2013.[22] Die Befriedigung von Grundbedürfnissen ist nicht das Ziel des Kapitalismus, sondern die Vermehrung von Kapital. Das führt in vielen Fällen dazu, dass Grundbedürfnisse, die mit keiner Kaufkraft ausgestattet sind, nicht gestillt werden (nach Nahrung, medizinischer Versorgung, Wohnung oder Bildung); und für Kaufkraft, hinter der keine Bedürfnisse mehr stehen, neue Bedürfnisse »erfunden« werden (zum Beispiel süchtig machende Nahrung, Gameboys, Schönheitschirurgie oder Stadt-Geländeautos). Kreativität und Investitionen werden im Kapitalismus systemisch fehlgelenkt.

7. **Ökologische Zerstörung.** Da der Kapitalismus die Vermehrung des Finanzkapitals zum obersten Ziel hat (und nicht das Gemeinwohl), rutschen alle anderen Ziele, wie zum Beispiel Umweltschutz, auf der Prioritätenliste nach unten. Die UNO hat im Millennium Synthesis Report festgestellt, dass sich zwischen 1950 und 2000 der Gesundheitszustand fast aller planetaren Ökosysteme (Meere, Weiden, Flüsse, Gebirge, Wälder) verschlechtert hat.[23] Sie nähern sich ihrer Belastungsgrenze und werden früher oder später kippen. Dann sind die lebenswichtigen »Leistungen« dieser Ökosysteme für die Menschen in Gefahr: Klimastabilität, Feuchtigkeits- und Tem-

peraturregulierung, Kontrolle von Krankheiten und Schädlingen, Bodenfruchtbarkeit, Absorptionsfähigkeit. Der Kapitalismus zerstört, da er blind die Vermehrung des Finanzkapitals und nicht das Wohl aller anstrebt, die natürlichen Lebensgrundlagen der Menschen und der Wirtschaft.

8. Sinnverlust. Da die Anhäufung materieller Werte das *Ziel* des Kapitalismus ist, schießt dieser bald über den sinnvollen *Nebeneffekt*, die materiellen Grundbedürfnisse zu befriedigen, hinaus und unterwirft alle anderen Werte: Beziehungs- und Umweltqualität, Zeitwohlstand, Kreativität, Autonomie. Die Erwerbsarbeitszeit nahm in der EU zwischen 1995 und 2005 wieder um acht Prozent zu (!)[24], der Konsumzwang wird zur Kaufsucht, immer mehr Menschen können in anderen Tätigkeiten als dem Geldverdienen keinen Sinn mehr erkennen, weil sie von ihren wahren Wünschen und Idealen immer mehr entfremdet sind.

9. Werteverfall. In der Wirtschaft kommen heute die asozialsten Personen besonders leicht nach oben, weil es um die Optimierung von Zahlenzielen geht und Menschen, die »fähiger« sind, alle anderen – menschlichen, sozialen, ökologischen – Ziele auszublenden, kulturell »selektiert« werden. Egoisten können heute besonders »erfolgreich« sein. Wenn in der Wirtschaft systematisch Egoismus und Konkurrenzverhalten belohnt werden und Menschen als erfolgreich angesehen werden, wenn sie sich in dieser Anreizdynamik emporarbeiten, dann färben diese Werte auf alle Bereiche der Gesellschaft ab, zunächst auf Politik und Medien und am Ende auch auf unsere zwischenmenschlichen Beziehungen. »Der kapitalistische Charakter formt den Gesellschaftscharakter«, formulierte bereits Erich Fromm.[25]

10. Ausschaltung der Demokratie. Wenn Gewinnstreben und das Verfolgen des eigenen Interesses das höchste Ziel sind, dann setzen die Wirtschaftsakteure alle Hebel in Bewegung, um dieses Ziel auch konsequent zu erreichen. Nicht nur zwischenmenschliche Beziehungen, persönliche Talente oder natürliche Ressourcen werden als Mittel benutzt, sondern ebenso selbstverständlich die Demokratie. Denn in der Ethik des »eigenen Interesses« steht dieses seit Mandeville über dem Gemeinwohl; das Gemeinwohl ergibt sich – so die Hoffnung – als Nebeneffekt. Die Realität sieht jedoch anders aus. Globale Unternehmen, Banken und Investmentfonds werden so mächtig, dass sie über Lobbying, Medienbesitz, Public Private Partnerships und Parteienfinanzierung Parlamente und Regierungen erfolgreich dazu bringen, ihren Partikularinteressen und nicht dem Gemeinwohl zu dienen. Die Demokratie wird so zum letzten und prominentesten Opfer der »freien Marktwirtschaft«.

Eine ausführlichere Analyse habe ich an anderer Stelle publiziert[26], deshalb sei hier ein Schlussstrich gezogen, um die Bühne frei zu machen für das Neue.

2. Die Gemeinwohl-Ökonomie – der Kern

»Die gesamte wirtschaftliche Tätigkeit dient dem Gemeinwohl.«

Verfassung des Freistaates Bayern, Art. 151

Ziel des Wirtschaftens

Wenn ich an wirtschaftsbildenden Schulen oder wirtschaftswissenschaftlichen Fakultäten der Universitäten die SchülerInnen und Studierenden nach dem Ziel des Wirtschaftens frage, erhalte ich fast immer die Antworten: »Geld«, »Gewinn«, »Profit«. Ich frage zurück: Wer sagt das? »So lernen wir es«, erfahre ich. »Und auf welche Quellen berufen sich eure Lehrer und Lehrerinnen?« Schweigen. »Was ist die Begründung dafür, dass Gewinn oder die Vermehrung von Geld das Ziel des Wirtschaftens sein *soll*?« Schweigen.

Ich suchte Rat – bei den Verfassungen demokratischer Staaten. Als Erstes schaute ich in die Bayerische Verfassung: »Die gesamte wirtschaftliche Tätigkeit dient dem Gemeinwohl«, steht da wortwörtlich.[27] Zuerst dachte ich, das müsse ein Irrtum sein. Doch auch andere Verfassungen besagen dasselbe: »Eigentum verpflichtet«, steht im deutschen Grundgesetz, »sein Gebrauch soll zugleich dem Wohle der Allgemeinheit dienen.«[28] Gemäß der italienischen Verfassung soll »die öffentliche und private Wirtschaftstätigkeit nach dem Allgemeinwohl ausgerichtet werden«.[29] Die kolumbianische Verfassung sagt: »Die wirtschaftliche Aktivität und die Privatinitiative sind frei, innerhalb der Grenzen des Gemeinwohls.«[30] Und selbst die US-Verfassung beendet ihre Präambel mit »der Förderung des Gemeinwohls«. In den Verfassungen herrscht Konsens, was das Ziel des Wirtschaftens ist: die Förderung des Gemeinwohls. Mir ist keine Ausnahme bekannt. Jedenfalls gibt es keine Verfassung, die besagte, dass der Zweck des Wirtschaftens die Mehrung des Kapitals oder der Geldgewinn sei. Damit hat sich eine von zwei fundamental unterschiedlichen Weisen, Wirtschaft zu denken und zu praktizieren, klar durchgesetzt: Aristoteles unterschied die

»oikonomia«, in der Geld/Kapital nur Mittel zum Zweck des Wirtschaftens ist, von der »chrematistike«, in der das Mittel zum Zweck und der Gelderwerb das eigentliche Ziel wirtschaftlicher Aktivitäten wird, wörtlich »die Kunst des Gelderwerbs und Sich-Bereicherns«.[31] Im Abendland gibt es seit über 2000 Jahren Konsens, was das Ziel des Wirtschaftens ist. Der Direktor des Weltethos-Instituts Claus Dierksmeier kommt zum Schluss: »Von Aristoteles über Thomas von Aquin bis zu einschließlich Adam Smith bestand Konsens darüber, dass die ökonomische Theorie und Praxis sowohl legitimiert als auch begrenzt werden müssten durch ein übergeordnetes Ziel (griech. telos) wie etwa das ›Gemeinwohl‹.«[32] Den Gemeinwohl-Wert kennen alle Kulturen: In Lateinamerika wird vom »buen vivir« gesprochen, in Afrika ist »Ubuntu« gebräuchlich, in Bhutan wird das landesweite Glück erhoben. In Italien wurde bereits im 18. Jahrhundert der Begriff »öffentliches Glück« gebräuchlich.[33] Der St. Gallener Wirtschaftsethiker Timo Meynhardt schreibt: »Offenkundig besitzt jede Sprache rund um den Globus ein Wort für Gemeinwohl (…) Eine Gesellschaftstheorie, die ohne Gemeinwohlbezug auskommt«, gebe es »schlicht nicht«![34]

Die Gemeinwohl-Ökonomie schlägt nichts anderes vor, als dass das verfassungsmäßige Ziel auch in der realen Wirtschaftsordnung umgesetzt werden soll.

Umstellung der Systemweichen

Dafür müssten die gegenwärtigen Systemweichen der Marktwirtschaft von Gewinnstreben und Konkurrenz auf Gemeinwohlstreben und Kooperation umgestellt werden. Der rechtliche Anreizrahmen müsste dem falschen Leitstern »Eigennutzmaximierung« abgeschnallt und dem Leitstern »Gemeinwohlorientierung« umgeschnallt werden. Ziel aller Unternehmen ist es, einen größtmöglichen Beitrag zum allgemeinen Wohl zu leisten. Das ist nicht neu: Das Ziel der einzelwirtschaftlichen Akteure wird lediglich in Übereinstimmung mit den Verfassungszielen gebracht. Das ist Schritt eins bei der ethischen Umsteuerung freier Märkte.

Schritt zwei: Wenn Gemeinwohl das demokratisch definierte Ziel des Wirtschaftens ist, dann müsste logischerweise bei der ökonomischen Erfolgsmessung die Zielerreichung gemessen werden. Auf allen Ebenen: auf der Ebene der Volkswirtschaft (Makroebene), auf der Ebene des einzelnen Unternehmens (Mesoebene) und bei jeder Investition (Mikroebene).

Heute wird wirtschaftlicher Erfolg auf allen drei Ebenen mit monetären Indikatoren gemessen: auf der Makroebene mit dem Bruttoinlandsprodukt, auf Unternehmensebene mit dem Finanzgewinn und auf der Ebene der einzelnen Investition mit dem »Return on Investment«. Alle drei Standard-Erfolgsindikatoren haben gemeinsam, dass es sich um »monetäre« Indikatoren handelt: Geld ist jedoch nicht das Ziel des Wirtschaftens, sondern nur das Mittel.

Jetzt kommt die Gretchenfrage: Ist es sinnvoller und methodisch korrekt, den Erfolg eines Projektes, ganz gleich, um welches es sich handelt, primär an den Mitteln und ihrer Akkumulation zu messen oder primär an den Zielen und ihrer Erreichung? Möglicherweise ist das der zentrale Systemfehler der gegenwärtigen Wirtschaftsordnung: Bei der Erfolgsmessung werden Ziel und Mittel verwechselt. Im Kapitalismus – nach Aristoteles »chrematistike« – ist zweifellos die Mehrung des Kapitals das höchste Ziel; die Generierung von Gemeinwohl kann dafür Mittel sein oder Nebeneffekt – muss aber nicht. In der Gemeinwohl-Ökonomie ist die Mehrung des Gemeinwohls das höchste Ziel. Kapital ist ein (wertvolles) Mittel dafür. In manchen Fällen kann es eingesetzt werden, um das Ziel zu erreichen; in anderen braucht es gar keins, wenn es bessere Mittel und Wege zur Zielerreichung gibt. Es gibt weder einen Zwang zum Einsatz von Kapital noch zu dessen Vermehrung – denn der Erfolg von Unternehmen, Investitionen und Volkswirtschaften wird nicht anhand der Mehrung des Kapitals gemessen, sondern direkt an der Zielerreichung.

Die Schwäche monetärer Indikatoren bei der ökonomischen Erfolgsmessung hat auch damit zu tun, dass Geld nur Tauschwerte zum Ausdruck bringen kann, aber keine Nutzwerte.[35] Menschen benötigen jedoch letztendlich ausschließlich Nutzwerte, diese sind das Ziel des Wirtschaftens. Ein Tauschwert kann mich weder wärmen noch ernähren, noch kleiden; weder inspirieren noch befriedigen. Dazu brauche ich Nahrung, Kleidung, eine warme Wohnung, intakte Beziehungen und Ökosysteme: Nutzwerte. BIP und Finanzgewinn sagen aber nichts Verlässliches über die Verfügbarkeit von Nutzwerten aus. Sagt zum Beispiel ein gestiegenes BIP etwas Verlässliches darüber aus, ob:

- ein Land sich im Krieg befindet oder im Frieden?
- es sich um eine Demokratie handelt oder eine Diktatur?
- der Ressourcenverbrauch wächst oder schrumpft?
- die Verteilung gerecht ist?
- Frauen gleichberechtigt sind oder diskriminiert werden?
- das Vertrauen in der Gesellschaft wächst oder die Angst?

Egal, welchen Nutzwert wir abfragen – ein steigendes BIP sagt uns nichts Verlässliches über dessen Erreichung aus. Das BIP ist nicht imstande, das zu messen, was wirklich zählt!

Laut volkswirtschaftlicher Lehrbücher ist das Ziel des Wirtschaftens die Befriedigung der Bedürfnisse. Sie sind das »letzte Ende« hinter dem ganzen enormen Aufwand namens »Wirtschaft«. Und wenn die wichtigsten Bedürfnisse aller Menschen befriedigt sind, entsteht daraus der berühmte »Wohlstand für alle« (Ludwig Erhard), das »Wohl aller« oder eben das Gemeinwohl.

Das Ziel messen, nicht die Mittel

Die Schwächen des BIP sind schon länger bekannt, weshalb die Suche nach alternativen Wohlstandsindikatoren schon in den 1970er Jahren begann. Die OECD hat den »Better Life Index« entwickelt[36], die Enquete-Kommission des Deutschen Bundestages »Wachstum, Wohlstand, Lebensqualität« die »W3«-Indikatoren[37], und der französische Staatspräsident Sarkozy beauftragte die Stiglitz-Sen-Fitoussi-Kommission mit der Suche nach Alternativen zum BIP.[38] Am weitesten gekommen ist der Zwergstaat Bhutan: mit dem »Bruttonationalglück«. Dort wird kein komplexes mathematisches Modell erarbeitet, sondern es werden Tausende von Haushalten alle paar Jahre umfassend befragt, zum Beispiel:

- Wie sind Sie mit Ihrer Gesamtlebenssituation zufrieden?
- Wie glücklich sind Ihre Familienmitglieder?
- Vertrauen Sie Ihren NachbarInnen?
- Auf die Hilfe wie vieler Menschen in Ihrem Umfeld können Sie zählen?
- Haben Sie täglich Zeit zum Meditieren oder Beten?
- Wie sehr beeinträchtigt die Verschmutzung von Flüssen Ihr Leben?[39]

Viele Ökonomen behaupten immer noch: »Das Glück kann man nicht messen!« Doch mit 135 Fragen zu allen Aspekten von Lebensqualität, darunter Gesundheit, Zufriedenheit, Zeitverwendung, Vitalität der Gemeinschaft, ökologische Vielfalt, Spiritualität, Mitbestimmung oder gute Regierung, kann man sich dem »Glück« sehr viel weiter annähern als mit dem BIP. Meines Erachtens würden rund zwanzig Indikatoren ausreichen, daraus könnte sich das »Gemeinwohl-Produkt« einer Volkswirtschaft zusammensetzen. Dessen Entwicklung könnte ein zentrales Projekt der Gemeinwohl-Ökonomie-Bewegung werden.

Den Beginn dafür könnten die später beschriebenen »Gemeinwohl-Gemeinden« machen: In dezentralen Versammlungen würden die BürgerInnen die zwanzig für sie relevantesten Aspekte von Lebensqualität ermitteln und daraus einen kommunalen Lebensqualitäts- oder Gemeinwohl-Index komponieren. Später könnten Hunderte oder Tausende solcher lokaler Indizes zum Gemeinwohl-Produkt einer Volkswirtschaft oder auf internationaler Ebene, zumindest der EU, synthetisiert werden.

Dieselbe Übung wollen wir auf der betrieblichen Ebene wiederholen: Denn sagt uns ein höherer Finanzgewinn eines Unternehmens etwas Verlässliches darüber aus, ob:

- das Unternehmen Arbeitsplätze schafft oder abbaut?
- die Arbeitsbedingungen humaner werden oder stressiger?
- das Unternehmen die Umwelt achtet oder ausbeutet?
- die Erträge gerecht verteilt werden?
- es Waffen herstellt oder bioregionale Lebensmittel?

Das tut er nicht. Ein höherer Finanzgewinn sagt ebenso wenig etwas Verlässliches über die Entwicklung auch nur eines Nutzwertes, die Befriedigung auch nur eines Grundbedürfnisses oder die Erfüllung auch nur eines Verfassungswertes aus wie ein steigendes BIP – er misst ebenso konsequent am Ziel des Wirtschaftens vorbei. Er misst gar nicht das Ziel des Wirtschaftens!

In der Gemeinwohl-Ökonomie würde der Erfolg einer Volkswirtschaft – methodisch sauber und verfassungskonform – mit dem Gemeinwohl-Produkt gemessen, und der Erfolg eines Unternehmens mit der Gemeinwohl-Bilanz. Heute kann ein Unternehmen »erfolgreich« sein, während es Arbeitsplätze vernichtet, die Umwelt zerstört, die Demokratie untergräbt und Sinnlosigkeit produziert; indem es zur Verschärfung aller sozialen und ökologischen Probleme beiträgt. Der von Adam Smith behauptete Automatismus, dass für alle gesorgt sei, wenn jeder für sich selbst sorge, existiert nicht. Den Zusammenhang zwischen Profit und Gemeinwohl *kann* es geben, aber es *muss* ihn nicht geben. Mit der Gemeinwohl-Bilanz wird dieser Zusammenhang verlässlich hergestellt: Adam Smith' Hoffnungen an eine unsichtbare Hand werden durch die Schaffung einer *sichtbaren* Hand, einer Methodik, die den Zusammenhang zwischen individuellem (Unternehmen) und kollektivem (Gesellschaft) Erfolg verlässlich herstellt, endlich erfüllt.

Gemeinwohl messen

Wenn Gemeinwohl das Ziel aller Unternehmen ist, muss dieses konsequenterweise auch in einer entsprechenden Gemeinwohl-Bilanz gemessen werden – sie wird zur unternehmerischen Hauptbilanz. Die bisherige Hauptbilanz, die Finanzbilanz, wird zur Neben- und Mittelsbilanz. Sie bildet ab, wie das Unternehmen seine Kosten, Investitionen und Vorsorgen deckt und wie sich die Finanzmittel entwickeln, aber nicht den primären unternehmerischen »Erfolg«. Unternehmen sollen auf dem Weg zum Gemeinwohl wie bisher keine finanziellen Verluste machen: Ohne Gewinne ist ein Unternehmen in einer freien Marktwirtschaft rasch tot. Aber eben auch keine Gewinne um der Gewinne willen, das wäre »Chrematistik«. Der Gewinn ist nur noch ein Mittel zum Zweck. Dem, was heute als »Überschießen« des Kapitalismus, als »Maßlosigkeit« und »Gier« erlebt wird, wird ein Ende gesetzt, die Gewinnverwendung wird gesellschaftlich mitgesteuert. Zur Finanzbilanz folgt später Genaueres.

Die Gemeinwohl-Bilanz misst, wie die zentralen Verfassungswerte, die das Gemeinwohl komponieren, von den Unternehmen gelebt werden. Die fünf in der Bilanz »gemessenen« Werte sind, ich wiederhole mich, nichts Neues: Sie sind die häufigsten Verfassungswerte demokratischer Staaten: Menschenwürde, Solidarität, Gerechtigkeit, ökologische Nachhaltigkeit und demokratische Mitentscheidung.

Die Gemeinwohl-Bilanz misst, wie diese Grundwerte gegenüber den »Berührungsgruppen« eines Unternehmens gelebt werden. Berührungsgruppen sind alle Personengruppen, die von der Tätigkeit eines Unternehmens betroffen sind oder mit diesem direkt in Beziehung stehen: ZulieferInnen, GeldgeberInnen, MitarbeiterInnen, KundInnen, Mitunternehmen, Standortgemeinden, zukünftige Generationen und die Umwelt einschließlich Weltklima. Um die Gemeinwohl-Bilanz anschaulich zu machen, haben wir die »Gemeinwohl-Matrix« erstellt, in der die fünf Grundwerte auf der waagrechten X-Achse aufgetragen werden und die Berührungsgruppen auf der senkrechten Y-Achse. In den Schnittflächen stellen und bewerten wir anhand von zwanzig Gemeinwohl-Themen ethische Fragen und deren Erfüllung, zum Beispiel:

- Wie sinnvoll sind die Produkte/Dienstleistungen?
- Wie human sind die Arbeitsbedingungen?
- Wie ökologisch wird produziert?
- Wie ethisch wird verkauft?
- Wie kooperativ und solidarisch verhält sich das Unternehmen zu anderen Unternehmen?
- Wie werden die Erträge verteilt?
- Werden Frauen gleich behandelt und bezahlt?
- Wie demokratisch werden die Entscheidungen getroffen?

Oft heißt es, solch weiche Faktoren könne man nicht messen;

und weiter: Wer wäre denn die Instanz, die »definieren« könne, was das Gemeinwohl denn genau bedeutet? Auf beide Fragen gibt es Antworten: Zum einen ist seit rund zwanzig Jahren ein internationaler Trend zur Erfassung und Bewertung ethischer Unternehmensleistungen zu beobachten, weil die unternehmerische Erfolgsmessung an Finanzkennzahlen allein zu kurz greift; oder schärfer: methodisch inkorrekt ist, weil »Erfolg« primär an der Zielerreichung gemessen wird und nicht an der Mittelverfügbarkeit. Eine Fülle klar definierter und teils messbarer ethischer (»nichtfinanzieller«) Indikatoren ist bereits in anderen CSR-Standards und -Instrumenten elaboriert worden: von der Global Reporting Initiative (GRI) und den OECD-Richtlinien für multinationale Unternehmen über die Umweltmanagementsysteme EMAS oder ISO 26000 bis hin zu »Newcomern« wie den B Corporations oder dem Deutschen Nachhaltigkeitskodex.[40] Alle konvergieren auf dieselben Ziele und Werte hin: Wie sozial verantwortlich handelt ein Unternehmen? Wie ökologisch nachhaltig produziert und vertreibt es? Wie gerecht wird verteilt? Wie ist die Qualität der Arbeitsplätze? Wie wird Mitbestimmung gelebt? Wird politische Verantwortung wahrgenommen (corporate citizenship)? Je klarer eine demokratische Gesellschaft ihr Augenmerk auf das Finden dieser Indikatoren lenkt, desto zielgenauere und feinere werden auch gefunden werden – so wie physikalische Messinstrumente immer feiner werden, weil genügend Menschen ausreichend lange daran tüfteln und feilen.

Das »Matrix-Entwicklungsteam« hat zwanzig Themen definiert, die wiederum in 39 Aspekte (plus neunzehn Negativaspekte) aufgeschlüsselt werden. Zum Beispiel wird das Thema »Menschenwürde am Arbeitsplatz« aufgeschlüsselt in die Positivaspekte »Mitarbeitendenorientierte Unternehmenskultur«, »Gesundheit und Arbeitsschutz« sowie »Diversität und Chancengleichheit« sowie den Negativaspekt »Menschenunwürdige Arbeitsbedingungen«. Alle Positiv- und Negativaspekte werden in Gemeinwohl-Punkten bewertet. Bei jedem Aspekt sind vier Stufen erreichbar: erste Schritte, fortgeschritten, erfahren, vorbildlich. In einem über die Jahre entwickelten praktischen Arbeitsbuch für die anwendenden Unternehmen ist jeder Aspekt auf mehreren Seiten beschrieben, von der Idee über die Definition und Messung bis hin zu Beispielen und Quellen. Das Arbeitsbuch ist ein »Work-in-progress«-Dokument, das – wie alle Dokumente – laufend weiterentwickelt wird und als »Creative Common« lizensiert ist, was bedeutet, dass es frei und kostenlos genutzt werden kann. Am Ende steht eine Summenpunktezahl: das Gemeinwohl-Bilanz-Ergebnis.

Gemeinwohl »definieren«

Und wer »definiert« das Gemeinwohl? Aus der Sicht der Bewegung kann es sich nur um einen demokratischen Diskussions- und Entscheidungsprozess handeln, da der Begriff a priori nicht feststeht und sich im Lauf der Zeit wandeln kann. Historisch reicht der Begriff bis zu Aristoteles und seinem Lehrer Platon zurück. Eine präzise Verwendung begann mit Thomas von Aquin im 13. Jahrhundert: »Bonum commune sit melius quam bonum unius.«[41] Seither zieht sich der Gemeinwohl-Begriff als Leitwert durch die christliche Soziallehre. Doch die hehrste Tradition hilft nicht: Theoretisch könnten ein Diktator oder ein totalitäres Regime behaupten, sie wüssten am besten, was für alle gut sei, und ihre Politik mit einem so verstandenen »Gemeinwohl« begründen. Tatsächlich haben sowohl rechte als auch linke Diktaturen mit dem Begriff gearbeitet, doch das ist das unvermeidbare Schicksal aller Begriffe mit hoher Strahlkraft. Die »Freiheit«, die »Liebe« und »Gott« wurden mindestens so oft missbraucht – was aber nicht dazu verleiten soll, diese Begriffe zu verwerfen, sondern demokratisch zu definieren.

In der Wissenschaft wird die inhaltliche von der formalen Definition von Wertkonzepten unterschieden.[42] Inhaltliche Definitionen stehen von vornherein fest, formale Definitionen werden in einem partizipativen Prozess demokratisch ermittelt. Die Gemeinwohl-Ökonomie-Bewegung steht ganz klar für zweitere.

Im Modell der Gemeinwohl-Ökonomie benötigt es die »Definition« von Gemeinwohl lediglich für die Erfolgsmessinstrumente auf den drei Ebenen Investition, Unternehmen und Volkswirtschaft – alle anderen wirtschaftspolitischen Maßnahmen bedürfen keiner

»GEMEINWOHL-MATRIX 5.0«		
Vereinfachte Darstellung. Die vollständige und jeweils aktuelle Version der Gemeinwohl-Matrix und -Bilanz finden Sie auf www.ecogood.org		
Wert / Berührungsgruppe	Menschenwürde	Solidarität und Gerechtigkeit
A: Lieferant*innen	**A1** Menschenwürde in der Zulieferkette	**A2** Solidarität und Gerechtigkeit in der Zulieferkette
B: Eigentürmer*innen & Finanzpartner*innen	**B1** Ethische Haltung im Umgang mit Geldmitteln	**B2** Soziale Haltung im Umgang mit Geldmitteln
C: Mitarbeitende	**C1** Menschenwürde am Arbeitsplatz	**C2** Ausgestaltung der Arbeitsverträge
D: Kund*innen & Mitunternehmen	**D1** Ethische Kund*innenbeziehungen	**D2** Kooperation und Solidarität mit Mitunternehmen
E: Gesellschaftliches Umfeld	**E1** Sinn und gesellschaftliche Wirkung der Produkte und Dienstleistungen	**E2** Beitrag zum Gemeinwesen

Gemeinwohl-Definition. Die Basisarbeit zum Gemeinwohl-Produkt kann in den Gemeinwohl-Gemeinden gemacht werden. Eine erste Gemeinwohl-Prüfung wurde in Österreich vom »Projekt Bank für Gemeinwohl« entwickelt. Und die Gemeinwohl-Bilanz ist das Herzstück der international wachsenden GWÖ-Bewegung: Den Beginn machte 2009 ein kleiner Kreis von rund fünfzehn Attac-UnternehmerInnen. Eine erste Version der Bilanz wurde vor der Gründung der Bewegung entwickelt und im August 2010 veröffentlicht. Beim »Startschuss« der Gemeinwohl-Ökonomie-Bewegung am 6. Oktober 2010 wurde diese erste Version den rund hundert Anwesenden präsentiert. Spontan erklärten sich zwei Dutzend Unter-

Ökologische Nachhaltigkeit	Transparenz und Mitentscheidung
A3 Ökologische Nachhaltigkeit in der Zulieferkette	**A4** Transparenz und Mitentscheidung in der Zulieferkette
B3 Sozial-ökologische Investitionen und Mittelverwendung	**B4** Eigentum und Mitentscheidung
C3 Förderung des ökologischen Verhaltens der Mitarbeitenden	**C4** Innerbetriebliche Mitentscheidung und Transparenz
D3 Ökologische Auswirkungen durch Nutzung und Entsorgung von Produkten und Dienstleistungen	**D4** Kund*innen-Mitwirkung und Produkttransparenz
E3 Reduktion ökologischer Auswirkungen	**E4** Transparenz und gesellschaftliche Mitentscheidung

nehmen bereit, die Bilanz 2011 erstmals freiwillig zu erstellen. Mithilfe eines vierköpfigen Redaktionsteams wurde das Rohkonzept zur Version 3.0 weiterentwickelt, die 2012 erstmals von rund sechzig Unternehmen erstellt wurde. Unter Einarbeitung zahlreicher Feedbacks folgten die Versionen 4.0, 4.1 und schließlich 5.0 im Mai 2017. Das Redaktionsteam wuchs mit der Bewegung: Jedes Thema wird nun von einer verantwortlichen RedakteurIn betreut, die einen Kreis von ExpertInnen und InteressentInnen koordiniert und alle Rückmeldungen zu den einzelnen Themen und Aspekten einarbeitet. Bisher haben sich viele hundert Personen, Unternehmen und Institutionen beteiligt.

Aus der Sicht der GWÖ-Bewegung ist die Bilanz in der Version 5.0 nun ausreichend ausgereift, sprich so repräsentativ, präzise und anwendungsfreundlich, dass sie in ein Gesetz gegossen werden kann. Der erste Anlauf dazu ist leider noch nicht geglückt: die Berücksichtigung in der EU-Richtlinie über »nicht-finanzielle Berichterstattung«, die Ende 2014 von den EU-Gremien beschlossen und bis Anfang 2017 in das Recht der Mitgliedsstaaten umgesetzt wurde. Diese sieht vor, dass Unternehmen mit mehr als 500 Beschäftigten verpflichtet werden, ethische Informationen zu veröffentlichen. Sowohl die Richtlinie als auch die Umsetzungsgesetze für Deutschland und Österreich wurden maximal verwässert, sodass sich die gesetzlichen Berichtspflichten nicht nennenswert geändert haben.

In Deutschland sind nur rund 300 von insgesamt vier Millionen Unternehmen betroffen, weder Porsche noch die Deutsche Bahn müssen berichten, weder AXA noch die Hypo Real Estate[43], in Österreich rund 220 von insgesamt 350000.[44] Die wenigen betroffenen Großunternehmen müssen auch keinen der internationalen Berichtsstandards verwenden, sie müssen den Ethik-Bericht nicht in den Lage-Bericht integrieren, dieser wird inhaltlich nicht geprüft und hat auch keine Rechtsfolgen! In diesem Fall hat der Gesetzgeber zugunsten mächtiger Lobbys als Verhinderer einer effektiven Gesetzgebung gewirkt.

Die Strategie der stärker werdenden GWÖ-Bewegung ist, dass der Gesetzgeber in der »nächsten Runde« die zehn bis zwölf besten Berichtsstandards – einer davon die Gemeinwohl-Bilanz – an einen runden Tisch bittet und nach transparenten Leistungskriterien zu einem einheitlichen gesetzlichen Standard integriert.

Die Gemeinwohl-Ökonomie-Bewegung hat sich bereits Gedanken gemacht, nach welchen Meta-Kriterien der zukünftige gesetzliche Standard gebildet werden könnte:

1. *Partizipative Entwicklung.* Nicht ein selektiver Kreis von ExpertInnen, sondern eine breite Bewegung soll idealiter hinter einem Standard stehen.
2. *Ganzheitlichkeit.* Es wäre zu wenig, nur die ökologischen Aspekte

oder nur die Qualität der Arbeitsplätze zu messen: Alle Grundwerte zählen!

3. *Messbarkeit/Bewertbarkeit.* Die Ergebnisse sollen gemessen – also objektiv bewertet – werden können.
4. *Vergleichbarkeit.* Alle Unternehmen sollen über dieselben Ziele/Indikatoren Rechenschaft ablegen, sonst können die Erfolgreicheren nicht belohnt werden.
5. *Verständlichkeit.* Nicht nur UnternehmensberaterInnen und Gemeinwohl-AuditorInnnen sollen die Bilanz verstehen, sondern alle: die KundInnen, die Beschäftigten, die interessierte Öffentlichkeit.
6. *Öffentlichkeit.* Die Gemeinwohl-Bilanz soll für alle einsehbar und online abrufbar sein.
7. *Externe Prüfung.* Um zu verhindern, dass Unternehmen – wie bei manchen CSR-Instrumenten – sich selbst bewerten. Mittelfristig soll kein Unterschied zwischen Finanz- und Gemeinwohl-Bilanz sein, was die gesetzlich geregelte Überprüfung betrifft.
8. *Verbindlichkeit.* Dass Freiwilligkeit nicht zum Ziel führt, haben zahllose CSR-Instrumente bewiesen.
9. *Rechtsfolgen.* Wer mehr für die Gemeinschaft leistet, soll nach dem Prinzip der Leistungsgerechtigkeit dafür belohnt werden.
10. *Gesamtmodell.* Die unternehmerische Erfolgsmessung soll sich organisch in das breitere Wirtschaftsmodell fügen und Nahtstellen für Synergien beinhalten.

Die Gemeinwohl-Bilanz erfüllt all diese Anforderungen, weshalb sie als erstes Instrument der zweiten Generation von CSR-Instrumenten bezeichnet werden kann. Der Unterschied zur ersten Generation ist Wirksamkeit. Die erste Generation muss sich zu Recht »Greenwashing« und »Window dressing« vorwerfen lassen: Alle Standards sind unverbindlich, nur wenige sind extern auditiert, die meisten sind nicht vergleichbar, und keiner zielt auf Rechtsfolgen. Das ist auch der Grund, warum sich die Konzernlobbys bisher mit aller Macht gegen eine einheitliche und verbindliche Ethik-Auditierung gestemmt haben und noch immer stemmen. Damit wäre mit der Gemeinwohl-Bilanz Schluss.

Für den Fall, dass der Weg über die repräsentative Demokratie nicht fruchten sollte – die gegenständliche Richtlinie wurde 1999 vom EU-Parlament auf den Weg gebracht –, fordern wir die Wahl eines Wirtschaftskonvents, der den Willen des Grundgesetzes »Eigentum verpflichtet. Sein Gebrauch soll zugleich dem Wohl der Allgemeinheit dienen« in Form einer verpflichtenden Gemeinwohl-Bilanz konkretisieren soll. Die entsprechende Verfassungsergänzung könnte vom demokratischen Souverän abgestimmt und bei Annahme in der Verfassung verankert werden. Mehr dazu in Kapitel 6 bei den »demokratischen Wirtschaftskonventen«.

Noch einmal die Grundidee: Eine demokratische Gesellschaft muss in der Lage sein, die zwanzig oder dreißig zentralen Erwartungen an freie Unternehmen zu formulieren, Rechenschaft darüber einzufordern und ihre Erfüllung durch das vorgeschlagene Anreizinstrument zu fördern. Tut sie es nicht, gäbe es alternativ nur den Weg über ordnungspolitische Gebote und Verbote – eine rigidere Form der Regulierung. Die gegenwärtige Regulierung wird oft nicht als solche erkannt. Doch »Gewinnorientierung«, der Zwang zur Legung einer »Finanzbilanz« sowie »Konkurrenz« bis zum legalen Kannibalismus und die jederzeitige Gefahr des »Konkurses« sind eine stark wirksame gesetzliche Regulierung juristischer Personen, die bestimmte Verhaltensweisen anreizen oder sogar erzwingen. Die unschönen Ergebnisse – weitverbreitete asoziale, vertrauenszerstörende und beziehungsschädigende Handlungsweisen und Strategien – werden aber immer noch zu selten diesem fehlsteuernden Rechtsrahmen zugeschrieben und viel zu oft der Menschennatur. Die Gemeinwohl-Bilanz ist ein Versuch, diese Fehlprogrammierung des Marktes zu korrigieren und die »Marktgesetze« mit den Beziehungs- und Verfassungswerten der Gesellschaft in Übereinstimmung zu bringen.

Markttransparenz herstellen

Die Gemeinwohl-Bilanz funktioniert so: Je nach Erfüllungsgrad der Ziele weisen die AuditorInnen jedem Bilanzaspekt eine bestimmte Punktezahl zu. Jedes Unternehmen, egal ob Ein-Personen-Unternehmen, gemeinnütziger Verein, Stadtwerk, Mittelständler oder börsennotierte Aktiengesellschaft, kann in Summe maximal tausend Gemeinwohl-Punkte erreichen (maximal fünfzig Punkte je Thema). Das Gemeinwohl-Bilanz-Ergebnis könnte zunächst auf allen Produkten und Dienstleistungen aufscheinen und in fünf Stufen farblich gekennzeichnet sein, zum Beispiel so:

- negatives Punkteergebnis, Stufe 1, rot.
- 0 bis 250 Punkte, Stufe 2, orange.
- 251 bis 500 Punkte, Stufe 3, gelb.
- 501 bis 750 Punkte, Stufe 4, hellgrün.
- 751 bis 1000 Punkte, Stufe 5, grün.

Die KonsumentInnen hätten damit auf einen Blick eine kompakte Information über die Gemeinwohl-Performance des Unternehmens, dessen Produkt oder Dienstleistung sie für den Einkauf in Erwägung ziehen. Die Gemeinwohl-Farbe könnte neben dem Strich- oder QR-Code angebracht sein. Wenn man mit dem Handy über den Code fährt, erscheint auf dem Display die gesamte Gemeinwohl-Bilanz online. Die Gemeinwohl-Bilanz ist verpflichtend öffentlich. So können die KonsumentInnen vor Ort nicht nur nachprüfen, ob ein Produkt »nur« ökologisch nachhaltig produziert wurde und aus der Region stammt, sondern auch, ob Frauen für die gleiche Arbeit gleich bezahlt werden wie Männer, und wie familienfreundlich das Arbeitszeitmodell ist. »Rationalität« und »Effizienz« der Marktwirtschaft werden in den Lehrbüchern damit begründet, dass allen Marktteilnehmenden alle Informationen »vollkommen« und »symmetrisch« zur Verfügung stehen. Das ist heute nicht der Fall: Ziehen wir ein x-beliebiges Produkt aus dem Supermarkt-Regal, wird es uns nicht verraten, wer es hergestellt hat, unter welchen Arbeitsbedingungen, mit welchen Umweltauswirkungen, ob Frauen gleich behandelt wurden wie Männer, ob das Unternehmen mit Konkurrenten kooperiert oder diese kannibalisiert, ob es einen fairen Steuerbeitrag leistet oder seine Gewinne in Steueroasen verschiebt, ob es Lobbyisten engagiert oder Parteien finanziert ... Die Marktwirtschaft kann, gemessen an der Theorie, gar nicht rational und effizient sein, weil die Voraussetzung dafür – transparente Information – fehlt. Nicht selten wird via Werbung sogar gezielt desinformiert über Wirkung, Inhalte und Entstehung der Produkte. Die Gemeinwohl-Bilanz würde die Realität der Marktwirtschaft ihrem theoretischen Anspruch annähern und dadurch effizienter machen.

Gemeinwohlstreben belohnen

Jetzt folgt der entscheidende Schritt: die Koppelung des Gemeinwohl-Bilanz-Ergebnisses an eine differenzierte rechtliche Behandlung. Je mehr Gemeinwohl-Punkte ein Unternehmen erzielt, desto mehr rechtliche Vorteile soll es genießen. Ganz im konservativen Sinne von Leistungsgerechtigkeit: Wer mehr für die Gemeinschaft tut, soll dafür von der Gesellschaft belohnt werden. Geeignete Anreizinstrumente stehen heute schon zur Verfügung, sie müssten nur konsequent für Gemeinwohl-Leistungen vergeben werden, zum Beispiel:

- Vorrang beim öffentlichen Einkauf und bei der Auftragsvergabe (ein Fünftel der Wirtschaftsleistung!)
- günstigerer Kredit bei der Bank und Zugang zu (Gemeinwohl-) Börsen
- niedrigerer Gewinnsteuersatz (0 bis 100 Prozent)
- niedrigerer Zolltarif (0 bis 1000 Prozent)
- Forschungskooperationen mit öffentlichen Universitäten
- direkte Förderungen u. a.

Keiner dieser Mechanismen ist neu, sie müssten nur konsequent auf die Grundwerte und Verfassungsziele ausgerichtet werden. Heute wirken sie zum Teil sogar in die Gegenrichtung. Das Bundesumweltamt hat errechnet, dass in Deutschland umweltschädliche Unternehmen und Produkte jährlich mit 57 Milliarden Euro subventioniert werden.[45] Abgesehen von dieser gänzlich kontraproduktiven Förderpolitik: Heute werden alle Unternehmen zu gleichen Bedingungen zum Markt zugelassen – ganz gleichgültig, wie sehr sie die Werte der Verfassung erfüllen oder verletzen, ganz unabhängig von ihrer »ethischen Performance«. Diese »Gleichbehandlung« führt dazu, dass sich in der Regel die Rücksichtsloseren und Verantwortungsloseren am Markt durchsetzen, weil sie billiger anbieten können. Wer sich unethisch verhält, wird belohnt. Das ist die Wirkung des falschen »Leitsterns« in der Wirtschaft.

In der Gemeinwohl-Ökonomie würden nur noch »Gleiche« gleich behandelt, und Ungleiche ungleich: Höhere Leistungen werden belohnt. Diese rechtlichen Vorteile helfen den Gemeinwohlorientierten, ihre höheren (Gemeinwohl-)Kosten zu decken. Die Folge wäre, dass ethische, fair erzeugte und gehandelte, nachhaltige und regionale Produkte preisgünstiger würden als unethische, unfair erzeugte und gehandelte und kurzlebige Wegwerfartikel – so würden sich die ethischen und verantwortungsvollen Unternehmen systematisch auf den Märkten durchsetzen. Die »Marktgesetze« würden in Übereinstimmung mit den Grundwerten der Gesellschaft gebracht.

Sollte die Belohnung so großzügig ausfallen, dass ein Unternehmen dadurch auch beträchtliche Gewinne erzielt, dürfen diese nur noch in bestimmte Verwendungen fließen – es brächte nichts, die Gewinne im Eigeninteresse zu maximieren. Sehr wohl bringt es hingegen etwas, Gemeinwohl-Punkte zu »maximieren«: Je besser die Gemeinwohl-Bilanz, desto höher die Überlebenswahrscheinlichkeit eines Unternehmens. Denn im Unterschied zu heute entscheidet nicht mehr primär die Finanzbilanz über Sein oder Nichtsein.

Der Anreiz-Effekt wird mehrfach potenziert: Die Gemeinwohl-Bilanz eines Unternehmens ist umso besser, je besser die Gemeinwohl-Bilanz seiner Zulieferbetriebe, seiner Kreditinstitute und der Unternehmen ist, mit denen es kooperiert. Durch das Zusammenwirken von Konsum- und Investitionsentscheidungen, der Auswahl von Zulieferbetrieben und GeldgeberInnen, der Gemeinwohl-Prüfung von Banken und Börsen entsteht eine mächtige Anreiz- und Aufschaukelungsspirale in Richtung Gemeinwohl. Wenn die

Marktakteure, anstatt ihren eigenen Nutzen zu maximieren, die Kooperationspartner danach aussuchen, wie sozial und nachhaltig sie sind, erreicht die Gesellschaft in der Wirtschaft endlich ihre Ziele.

Gemeinwohl-Audit

Eine der häufigsten Fragen ist, wer denn die Bilanz prüfen soll: Wenn die Unternehmen die Bilanz selbst erstellen dürfen – dann könnte sich ja jedes Unternehmen selbst bewerten. Bräuchte es da nicht einen »Leviathan«-Staat, der jedes Unternehmen auf Schritt und Tritt verfolgt und überwacht?

Braucht es nicht, es braucht den Staat – fast – gar nicht. Der Markt würde sich in diesem Fall tatsächlich selbst regulieren! Um das anschaulich zu machen, vergleichen wir zunächst, welchen Weg eine Finanzbilanz heute geht: Sie wird vom Unternehmen selbst erstellt, intern geprüft (Controlling, interne Revision) und geht dann nach außen zur WirtschaftsprüferIn. Mit dem Testat der WirtschaftsprüferIn »gilt« die Bilanz, woraufhin erst der Staat kommt und einen Steuerbeitrag einfordert: Das Finanzamt macht den Abschluss.

Mit der Gemeinwohl-Bilanz ist es ähnlich und doch einfacher: Sie wird vom Unternehmen erstellt (im Idealfall unter Mitwirkung aller Beschäftigten) und erst intern geprüft (beispielsweise durch die Gemeinwohl-Beauftragte) und dann extern: von der Gemeinwohl-AuditorIn. Danach ist Schluss: Mit dem Testat der Gemeinwohl-AuditorIn gilt die Bilanz, und das Unternehmen fällt automatisch in eine bestimmte Körperschaftssteuerstufe, Zolltarifstufe, Kreditkonditionenklasse. Der Staat macht – nichts. Außer beim öffentlichen Einkauf und bei Ausschreibungen: Dort wirft er zuerst einen Blick auf die Gemeinwohl-Bilanz und dann erst auf den Preis.

Der Staat muss neben der gesetzlichen Zulassung und Qualitätssicherung für Gemeinwohl-AuditorInnen nur eine weitere – stichprobenartige – Kontrollaufgabe wahrnehmen: Für den Fall, dass ein Unternehmen die Gemeinwohl-Bilanz fälscht, die AuditorIn besticht und diese die gefälschte Bilanz testiert, muss es ein

Supervisionsverfahren geben und eine Sanktionsmöglichkeit gegen etwaige korrupte AuditorInnen. Im Unterschied zur Finanzbilanz bietet die Gemeinwohl-Bilanz zahlreiche Vorteile, gerade was das Thema Fälschung betrifft:

- sie ist öffentlich und für alle einsehbar;
- sie ist für alle verständlich, weil die Kriterien einfach und menschlich sind;
- zahlreiche Berührungsgruppen haben ein handfestes Interesse an der Korrektheit der Bilanz, ein Fälschungsversuch würde rasch auffliegen.
- in Diskussion ist zudem eine »peer evaluation«: Alle mit dem Unternehmen verbundenen Personen können sich an der Bewertung beteiligen, um den AuditorInnen eine breitere Informationsgrundlage für ihre Arbeit zu verschaffen.

Die Unternehmen haben ein »intrinsisches« Interesse, eine möglichst gute Gemeinwohl-Punkteanzahl zu erreichen, weil damit Vorteile winken; dennoch ist die Umsetzung jedes einzelnen Kriteriums »freiwillig«, weshalb es keine prüfende Behörde und keine Bürokratie (»Gemeinwohl-Amt«) benötigt. Sehr wohl bedarf es der Trennung von Beratung und Audit, und das zu prüfende Unternehmen soll sich die PrüferIn nicht aussuchen dürfen. Auch denkbar ist, dass es aufgrund der Komplexität der Materie Audit-Teams braucht anstelle von Einzelpersonen. Auch das würde das Prüfergebnis weiter verbessern und unbestechlicher machen. Dennoch: Die Prüfung erfolgt nicht durch den Staat: Die Gemeinwohl-Bilanz steuert das Verhalten von Unternehmen, ohne eine zusätzliche Regulierungsorgie auszulösen: Sie ist das Herzstück einer intelligenten ethischen Wirtschaftsordnung.

Gewinn als Mittel

So weit zur Gemeinwohl-Bilanz. Was aber wird aus der Finanzbilanz? Zunächst: Sie wird weiterhin von allen (dazu verpflichteten) Unternehmen erstellt, zumal die Gemeinwohl-Ökonomie eine Form der Marktwirtschaft ist, in der es private Unternehmen, Geld und Produktpreise gibt, die sich auf Märkten bilden – allerdings unter anderen Bedingungen und Voraussetzungen als heute. Da jedoch der Finanzgewinn nicht länger das Ziel darstellt, wird die Finanzbilanz zur Nebenbilanz oder besser: Mittelsbilanz. Bei der Bilanzpressekonferenz präsentieren Gemeinwohl-Unternehmen in Zukunft nicht primär Zahlen, sondern Werte. Ganz analog zum Geld, das eigentlich nur ein Tauschmittel sein sollte und nicht der Tauschzweck – der Tauschzweck ist die Befriedigung von Bedürfnissen –, erfüllt die Finanzbilanz eine zentrale Bedingung für die Existenz eines Unternehmens, sie bildet aber nicht ihren Sinn und Zweck ab. »Chrematistische« Unternehmen, deren Sinn in der Vermehrung von Geld besteht, haben in der Gemeinwohl-Ökonomie keinen Platz mehr. Der Zweck des unternehmerischen Strebens, sein gesellschaftlicher Auftrag, wird in der Gemeinwohl-Bilanz abgebildet. Der Gewinn wird gegengleich vom Zweck zum Mittel.

Was heißt das genau? An diesem Punkt haben wir lange gefeilt. Der Vorschlag ist: Da Gewinne sowohl dem Zweck des Unternehmens nützen als auch schaden – das Gemeinwohl mehren oder mindern – können, wird ihre Verwendung nach diesem Kriterium differenziert. Jene Verwendungen des Finanzgewinns, die das Gemeinwohl mindern, werden begrenzt. So würde das »Überschießen« in den Kapitalismus – die Akkumulation um der Akkumulation willen – in eine sinnvollere Richtung umgelenkt. Verwendungen von Gewinnen, die zu Fressübernahmen, Machtdemonstrationen, Ausbeutung, Umweltzerstörung und Krisen führen, müssen sogar unterbunden werden, während Überschüsse, die zur Schaffung von sozialem und ökologischem Mehrwert, für sinnvolle Investitionen und Kooperationen – kurz: zur Steigerung des Gemeinwohls – verwendet werden, gebilligt und sogar gefördert werden können. Derartige Unterscheidungen sind allgegenwärtig: Mit einem Küchenmesser darf ich Gemüse schneiden, aber nicht einen Menschen erstechen. Gesetze regeln die erlaubten und die verbotenen Anwendungen von Werkzeugen. Nicht anders sollte es sich mit Gewinnen von Unternehmen verhalten, weil diese – wie Geld generell – in der Gemeinwohl-Ökonomie nur noch ein Werkzeug sind, aber nicht mehr Ziel an sich. Sonst können sie zu Mordwerkzeugen werden.

1. Investitionen. Das Gros der volkswirtschaftlichen Investitionen wird aus den Überschüssen = Gewinnen der Unternehmen finanziert, das darf und soll auch in Zukunft so bleiben, denn Investitionen können sinnstiftend und gemeinwohlmehrend wirken und die Lebensqualität erhöhen. Allerdings muss hier wieder klar zwischen Werkzeug und Ziel unterschieden werden, denn wie ein Küchenmesser können auch Investitionen unterschiedlich eingesetzt werden, um beispielsweise a) erneuerbare Energien zu gewinnen, biologische Lebensmittel herzustellen oder Bildungs- und Gesundheitsdienste anzubieten; oder b) den Regenwald kahlzuroden, eine Massentierfarm zu eröffnen, ein Zwanzig-Liter-SUV zu bauen oder Atomwaffen. Deshalb sollen in Zukunft nur noch solche Investitionen getätigt werden, die einen sozialen und ökologischen Mehrwert schaffen. Dafür müsste – analog zur finanziellen Kostenkalkulation von heute – eine Gemeinwohl-Kalkulation für jede (größere) Investition angestellt werden. Damit würde ein weiteres Gemeinwohl-Instrument – neben der Messung der Gesamtperformance des Unternehmens – schon in die Investitionsentscheidungen vorwirken. Dadurch werden menschenunwürdige Produktionsbedingungen erst gar nicht geschaffen, Umweltschäden erst gar nicht angerichtet, Risikotechnologien nicht entwickelt. Der strukturelle Kern dieses Gedankens ist längst in die Politik eingezogen: Unterschiedliche gesellschaftliche Gruppierungen schlagen für alle Gesetze eine Sozialverträglichkeits-, Nachhaltigkeits-, Genderprüfung und so weiter vor. Genauso müsste es auch bei Investitionsentscheidungen von Unternehmen sein. Denn so wie Gesetze die Entwicklungsrichtung eines demokratischen Gemeinwesens bestimmen, bestimmen Investitionsentscheidungen die Entwicklungsrichtung einer Volkswirtschaft, und die sollten möglichst umsichtig getroffen werden – jedenfalls auf einer komplexeren Bewertungsgrundlage als der heute fast allein ausschlaggebenden finanziellen Profitabilität. Für die Aufnahme von Kapital von außen gäbe es, zusätzlich zur unternehmensinternen Gemeinwohl-Prüfung der geplanten Investition, eine externe Prüfung durch die

Bank oder Börse. Das »Projekt Bank für Gemeinwohl«, das aus der Idee der »Demokratischen Bank« der Erstausgabe des Buches hervorgegangen ist, wird nicht nur die finanzielle Bonität der KreditwerberInnen prüfen, sondern auch den Mehrwert für das Gemeinwohl. Ebenso könnten Gemeinwohl-Börsen verfahren, bevor sie neue Unternehmen listen oder Kapitalerhöhungen organisieren. Der Businessplan der Zukunft wird anders aussehen als heute.

2. **Rücklagen.** In einer Geld-Marktwirtschaft kann kein Unternehmen jedes Jahr mit einer glatten Null bilanzieren – mal läuft es besser, dann wieder schlechter. Deshalb gibt es auch heute schon das Instrument des Verlustvortrages (für Bilanzierung und Steuererklärung) sowie das der Rücklagen für den Ausgleich zukünftiger Verluste. Beide Instrumente sollten auch in Zukunft angewandt werden können, um den Unternehmen einen gewissen Spielraum zu belassen. Rücklagen sollten jedoch an zwei entscheidende Bedingungen geknüpft werden: Erstens müssen sie begrenzt werden, zum Beispiel auf fünf Jahre und auf einen bestimmten Prozentsatz des durchschnittlichen Umsatzes der letzten Jahre. Zum anderen dürfen sie nicht für Finanzinvestments (vulgo Spekulation) verwendet werden. Falls sie in Form liquider Mittel vorhanden sind, müssen sie bei einer gemeinwohlorientierten Bank deponiert werden, um dem Geldumlauf nicht entzogen zu werden. Juristische Personen haben die gleichen Freiheiten wie natürliche Personen. Sie sind dem Gemeinwohl in höherem Maß verpflichtet. Das Grundgesetz besagt ja nicht, dass »Menschen« zum Wohl der Allgemeinheit verpflichtet sind, sondern »Eigentum«.

3. **Aufstockung des Eigenkapitals.** Die dritte erlaubte Verwendung von bilanziellen Überschüssen ist die vollständige Rückzahlung von Fremdkapital = zum Beispiel von Bankkrediten. Die Betrachtung der durchschnittlichen Eigenkapitalquoten der klein- und mittelständischen Unternehmen lässt vermuten, dass diese Überschussverwendung keine große Veränderung zur heutigen Situation bringen wird: Die meisten Unternehmen sind stark oder sehr stark verschuldet und erzielen keine ausreichend hohen Gewinne,

um ihre Schulden zurückzuzahlen. Für diese Unternehmen ändert sich in diesem Aspekt bilanztechnisch praktisch nichts, die Schulden bleiben. Allerdings verliert die Verschuldung von Unternehmen in der Gemeinwohl-Ökonomie zwei ihrer negativen Schlagseiten: Weder können damit zerstörerische Investitionen finanziert werden – aufgrund der Gemeinwohl-Prüfung aller Kredite –, noch entsteht ein nennenswerter Wachstumsdruck durch Zinsen, da diese zu geringeren Gebühren werden, die vielleicht nur noch die Betriebskosten der Bank abdecken. Falls wir eines Tages in ein Negativ(spar)zinssystem wechseln, stünden den – ethischen – Unternehmen sogar kostenlose Kredite zur Verfügung.

4. **Ausschüttung an die MitarbeiterInnen.** Wenn ein Jahr erfolgreicher war als erwartet, sollen alle, die dazu beigetragen haben, ihre Einkommen aufstocken können. Die Einkommen sind jedoch mit einem bestimmten Vielfachen des gesetzlichen Mindestlohnes begrenzt – auch für die mitarbeitenden EigentümerInnen. Wie hoch die Grenze sein wird, soll der Wirtschaftskonvent ausarbeiten und der demokratische Souverän entscheiden.

5. **Darlehen an Mitunternehmen.** Wer anderen Unternehmen, KundInnen oder Zulieferbetrieben helfen will, kann ihnen unverzinste Darlehen gewähren. Da Kooperation systematisch gefördert wird, wird diese Form der direkten (finanziellen) Solidarität gefördert. Die Geldflüsse werden dadurch kostengünstiger, und Unternehmen ersparen sich den Weg über die Bank.

Nicht erlaubte Verwendungen von Gewinnen

All das war schon bisher möglich und erlaubt. Entscheidend sind die nicht mehr erlaubten Verwendungen:

1. **Finanzinvestments.** Unternehmen sollen ihr Einkommen ausschließlich aus dem Produkt, das sie erzeugen, oder der Dienstleistung, die sie erbringen, gewinnen, und nicht aus Finanzgeschäften.

Ein Frisör ist dazu da, Haare zu schneiden oder Gesichtspflege vorzunehmen – und nicht, aus Geld mehr Geld zu machen; ein Bauernhof ist dazu da, gesunde Nahrungsmittel herzustellen und das agrarische Ökosystem stabil zu halten, nicht, aus Geld mehr Geld zu machen. Eine Bank ist dazu da, Sparvermögen in günstige Kredite umzuwandeln, nicht, aus Geld mehr Geld zu machen. Heute sind Großkonzerne von Nettoschuldnern zu Nettogläubigern geworden[46], weil sie ihr Geld nicht mehr mit Produktion verdienen, sondern mit Kasino-Wetten, Aktienhandel oder Zinsgeschäften. Von manchem Industriekonzern wird gesagt, er sei eine »große Bank mit kleiner Werkbank«; das Pharma-Unternehmen Roche wurde als »große Bank mit kleiner angeschlossener Apotheke« bezeichnet.[47] In der Gemeinwohl-Ökonomie ist Geld nur noch ein Mittel für die Produktion, nicht mehr für den Profit. Das Finanzkasino wird es gar nicht mehr geben. Finanzaktiva müssen, wenn sie nicht im Firmentresor aufbewahrt werden, bei nichtgewinnorientierten Banken deponiert werden, damit diese das öffentliche Gut Geld in den Dienst des Gemeinwohls stellen und rasch und günstig an diejenigen weiterleiten können, die dieses Mittel gerade benötigen. Geld ist in der Gemeinwohl-Ökonomie immer *auch* Teil der Infrastruktur und nicht *nur* privater Besitz: ein öffentliches Gut.[48]

2. **Ausschüttung von Gewinnen an EigentümerInnen, die nicht im Unternehmen arbeiten.** Der Kern des Kapitalismus besteht darin, dass sich die einen – KapitalbesitzerInnen, Mächtigeren – den Mehrwert der Arbeit von anderen – NichtbesitzerInnen von Kapital, Ohnmächtigen – legal aneignen. Die Frage ist, wie es dazu kommt, dass wenige viel Kapital besitzen und viele wenig, und was dagegen systemisch getan werden kann. Das Heikle an der Debatte ist, dass es viele verschiedene Wege gibt, zu großem Kapitalbesitz zu kommen. Einige davon stehen in Einklang mit allen Grundwerten der Gesellschaft: persönlicher Arbeitseinsatz bei gleichzeitiger Rücksichtnahme auf alle anderen und Wahrnehmen von Verantwortung; andere jedoch in krassem Widerspruch: rücksichtsloses Besitz- und Machtstreben, Trickserei, Glück oder Erben von Großvermögen, zu deren Entstehung kein Finger gerührt wurde. Die

Möglichkeit zur Ausschüttung von Unternehmenserträgen an Personen, die sich nicht an der wertschöpfenden Arbeit beteiligt haben, fördert in zahlreichen Fällen nicht persönlichen Einsatz und Verantwortung, sondern gefährliche Tendenzen:

- **Entkoppelung von Macht und Verantwortung.** Durch die Trennung von entscheidungsmächtigen EigentümerInnen und Beschäftigten im Unternehmen wird Verantwortungslosigkeit bis hin zur Skrupellosigkeit enthemmt; zum Beispiel werden profitable Standorte geschlossen, Tausende von Arbeitsplätzen zerstört oder nötige Investitionen unterlassen.
- **Ungerechte Verteilung bis hin zu Ausbeutung.** Anonymität fördert Unverhältnismäßigkeit und Maßlosigkeit: Die volkswirtschaftlichen Profitraten stiegen in den letzten Jahrzehnten zulasten der Lohnquoten. In Deutschland sank die Lohnquote zwischen 1980 und 2015 von 63,7 auf 56,6 Prozent; in Österreich von 63,9 auf 55,6 Prozent; in Frankreich von 65,6 auf 58,2 Prozent; und in den USA von 62,1 auf 57,6 Prozent.[49] 2010 schütteten sieben der dreißig DAX-Konzerne mehr Geld an die Aktionäre aus, als sie im Vorjahr Gewinn machten: Wir befinden uns am Übergang von der Dividende zur strukturellen Enteignung. Gleichzeitig zahlen viele Großunternehmen immer weniger Steuern oder erhalten sogar Steuergutschriften.
- **Sinnloses Motiv.** Profit kann zum Motiv für die Gründung eines Unternehmens werden, an dem gar kein persönliches und schöpferisches Interesse besteht.
- **Machtkonzentration.** Wenn ich Unternehmen besitzen darf, in denen ich gar nicht mitarbeite, kann ich Hunderte von Unternehmen besitzen und werde dadurch immer noch reicher und mächtiger (Besitz und der damit verbundene Machtzuwachs werden zum Ziel, nicht Sinn). Die Ungleichverteilung des Eigentums an Unternehmen ist die zentrale Quelle von Ungleichheit sowohl bei Einkommen als auch Vermögen.

Es wäre deshalb verantwortungsvoller und leistungsgerechter, dass nur Arbeit eine Quelle von Einkommen ist und die Entscheidungsmacht überwiegend im Unternehmen bleibt und deshalb:

a. Kapital nur ein Mittel sein soll, aber seine Vermehrung nicht der Zweck eines Unternehmens oder der Unternehmensgründung;
b. dieses Mittel möglichst gleich verteilt sein soll, insbesondere am »Start« beim Eintritt ins Erwerbsleben (»Chancengleichheit«);
c. das Erwerben von Kapitalbesitz grundsätzlich an persönliche Leistung und Verantwortung gekoppelt sein soll;
d. die Kapitalrendite denjenigen zugutekommen soll, die zu ihrer Entstehung durch Arbeit beigetragen haben.

Deshalb sollten nur Personen ein Einkommen aus Unternehmenserträgen erhalten, die im Unternehmen mitarbeiten. Für jede Arbeitsstunde würde es in der Gemeinwohl-Ökonomie einen gesetzlichen Mindest- und Maximallohn geben. Der Maximallohn könnte beispielsweise mit dem Sieben-, Zehn-, Zwölf-, Zwanzig-, Fünfzig- oder Hundertfachen des Mindestlohnes festgelegt werden. Wer mehr Stunden arbeitet, darf auch mehr verdienen, aber für jede einzelne Stunde – abgesehen von Sonder- und Nachtschichten – gilt eine maximale Einkommensspreizung. Die Maximalspreizung würde demokratisch festgelegt – vom Souverän.

Der Hauptzweck dieser Ausschüttungsschranke ist, eine zentrale Quelle von Ungleichheit und Machtkonzentration trockenzulegen. Wenn Kapital aus dem Unternehmen »hinausgeschüttet« werden kann, dann wächst der »Anreiz« für EigentümerInnen, speziell für kurzfristige, dies auch gegen die Interessen des Unternehmens und der im Unternehmen arbeitenden Personen zu tun. Wenige entscheiden und ernten die Früchte, ohne selbst mitzuarbeiten.

Für die allermeisten Unternehmen wird sich dadurch nichts ändern, weil sie keine Gewinne an unternehmensfremde Personen ausschütten. Hier kommt es häufig zu einem Missverständnis: Viele kleine Unternehmen verstehen sich heute als »gewinnorientiert«, weil ihr Einkommen aus dem Betriebsüberschuss/»Gewinn« kommt. Das darf und soll auch in Zukunft so bleiben – mit dem Unterschied, dass dieses Einkommen als Arbeitslohn von Personen angesehen wird, die im Unternehmen mitarbeiten: als UnternehmerInnenlohn. (Das oben geschilderte Problem ist ja nicht die

Ausschüttung an mit anpackende UnternehmensgründerInnen, sondern an Personen, die *nicht* mitarbeiten.) Das Gros der Personengesellschaften erwirtschaftet einen so niedrigen »Gewinn«, dass die Einkommen der UnternehmerInnen weit unter dem Zehnfachen des gesetzlichen Mindestlohnes liegen: Sie wären von der »Gewinnbeschränkung« nicht betroffen.

Die Hauptbetroffenen wären Aktiengesellschaften und Investoren. Dividenden sollen aus den obengenannten Gründen in Zukunft gegen null schmelzen. Einige Fakten über Aktiengesellschaften sind wenig bekannt: a) Aktien tragen immer weniger zur Finanzierung von Unternehmen bei: In den USA saugte die Börse in den gesamten 1990er Jahren mehr Geld aus Aktiengesellschaften heraus, als sie in sie hineinpumpte; in Frankreich war der Saldo null.[50] b) Innovative Start-ups kommen nur im Ausnahmefall in den Genuss von Börsenkapital, in der Regel hilft die Verwandtschaft.[51] c) Der Zusammenhang zwischen Eigentum und Verantwortung ist in vielen Aktiengesellschaften verlorengegangen.

Ursprünglich wurde die Aktiengesellschaft als besonderes Risikounternehmen eingerichtet: Die EigentümerInnen hafteten mit ihrem gesamten persönlichen Hab und Gut für das Unternehmen. 1856 wurde in den USA die persönliche Haftung beschränkt auf das Ausmaß der Beteiligung am Unternehmen.[52] Heute haften immer öfter die SteuerzahlerInnen für die Aktionäre, zum Beispiel wenn marode Banken oder Autofirmen gerettet werden. Anstatt von den EigentümerInnen einen Nachschuss einzufordern, werden diese von den SteuerzahlerInnen für ihre schlechte Performance und mangelnde Verantwortung belohnt. Das fördert die Tendenz von Aktiengesellschaften zu besonderer Verantwortungslosigkeit, Aneignung von Steuergeldern und Untergrabung der Demokratie.

Eine häufig gestellte Frage an dieser Stelle ist, weshalb Menschen ihr Kapital Unternehmen zur Verfügung stellen sollten, wenn sie keine Kapitalrendite mehr erzielen können, oder nur eine sehr geringe. Wer sollte das Risiko der KapitalgeberIn auf sich nehmen? Um die Frage gleich systematisch zu beantworten: In der Gemeinwohl-Ökonomie werden Unternehmen auf vier verschiedenen Wegen (Finanz-)Kapital »von außen« aufnehmen können:

a. *Fremdkapital* von gemeinwohlorientierten Banken: Da Banken keine Gewinne ausschütten und keine Sparzinsen bezahlen oder sogar Negativzinsen einführen (zugunsten der großen Mehrheit der Bevölkerung, dazu später mehr), werden Kredite im Schnitt deutlich günstiger, die Kreditgebühren müssen allenfalls noch die Betriebskosten der Bank decken. Außerdem ist das globale Finanzkasino geschlossen, auf den Banken wird sich daher das Vermögen der Menschen türmen und reichlich zur Verfügung stehen.
b. *Eigenkapital:* Menschen können sich auch in einer Gemeinwohl-Ökonomie – über regionale Gemeinwohl-Börsen – an Unternehmen beteiligen. Der Unterschied wird sein, dass sie dafür keine Finanzrendite mehr bekommen und den Unternehmensanteil auch nicht auf Märkten (Börsen) verkaufen werden können. Wenn Geld als Attraktor ausfällt, welche Vorteile und Gewinne treten an seine Stelle? 1. Sinn. Sie sind EigentümerInnen eines sinnvollen Unternehmens, dessen Existenz sie schätzen und das sie kraft ihres Stimmrechts mitgestalten können. 2. Nutzwerte. Sie werden nur in solche Unternehmen investieren, die etwas Brauchbares herstellen. Chrematistische Unternehmen scheiden per definitionem aus. 3. Werte. Je besser das Ergebnis der Gemeinwohl-Bilanz eines Unternehmens, desto höher die Aussicht auf kostenloses Eigenkapital. Plötzlich funktioniert das ganze System in die richtige Richtung! Da die Finanzvermögen im Verhältnis zur Wirtschaft immer größer werden, wird sich in Zukunft ein immer größerer Teil des Kapitals auf »Sinnsuche« begeben. Mit anderen Worten: Es genügt, dass ein Teil des privaten Finanzvermögens den Unternehmen als kostenloses Eigenkapital zur Verfügung gestellt wird, weil es immer mehr Finanzkapital geben wird.
c. *Eigenes Kapital:* Dieses wird von jungen MitarbeiterInnen eingebracht, die ihre »demokratische Mitgift« in Unternehmen einbringen und das Eigenkapital aufstocken. Die Reform des Erbrechts (Kapitel 4) macht es möglich, dass junge Menschen nicht nur ihre Arbeitskraft, sondern auch ein gewisses Maß an Kapital in die Unternehmen mit einbringen. Wenn Unternehmen

erst gar nicht mit Verschuldung starten, steigt die Chance, dass sie auch später schuldenfrei bleiben.

d. *Kostenloses Fremdkapital:* Unternehmen können sich gegenseitig – zinsfreie – Darlehen geben. Dafür werden sie belohnt. Diejenigen, die zu viel davon haben, erhalten auf der Bank keine Zinsen dafür. Ihr Gewinn ist die Erfahrung von Solidarität und die Verbesserung ihrer Gemeinwohl-Bilanz.

In der Gemeinwohl-Ökonomie wird Geld eine andere Rolle spielen als heute: Als Zahlungsmittel und eigenes Kapital im eigenen Unternehmen bleibt es überwiegend ein privates Gut; als Kredit oder Kapital in anderen Unternehmen wird es tendenziell zum öffentlichen Gut.

3. **Firmenaufkäufe und -fusionen.** Die dritte nicht erlaubte Verwendung von Unternehmensüberschüssen ist das Aufkaufen anderer Unternehmen gegen deren Willen. Durch die neue Orientierung der Unternehmen entfällt das häufigste Motiv dafür: Wenn Unternehmen nicht mehr gewinnorientiert sind, verlieren sie fast von selbst ihre Wachstumsorientierung *als Ziel*. Es ist nicht mehr nötig, möglichst groß zu werden, um a) einen höheren Gewinn zu erzielen, b) einen Konkurrenten zu fressen oder c) nicht von einem Konkurrenten gefressen zu werden.

Generell gibt es kein monetäres Wachstumsziel mehr für die Wirtschaft, da Wachstum nur noch ein Mittel zum neuen Zweck ist: dem größtmöglichen Beitrag zum allgemeinen Wohl, der mit den neuen betrieblichen Erfolgsindikatoren gemessen wird. Falls Investitionen, Umsatzsteigerungen oder freundliche Zusammenschlüsse diesem Ziel dienen, dann sind sie willkommen. Für Unternehmensfusionen muss allerdings die Zustimmung einer festzulegenden Mehrheit der Beschäftigten, Geschäftsführenden und EigentümerInnen in beiden zusammenschlusswilligen Unternehmen eingeholt werden. Dann kann kein Unternehmen feindlich übernommen werden, so wie es heute – in der Diktatur des Kapitalstärkeren – gang und gäbe ist. Bezeichnenderweise hat das deutsche Bundeswirtschaftsministerium 2017 die Genehmigungspflicht für strategische Firmenbeteiligungen durch ausländische Investoren verschärft.[53] Das ist ein klares Beispiel dafür, dass die Investitionsfreiheit juristischer Personen dem öffentlichen Interesse untergeordnet ist.

4. **Parteispenden.** Parteienfinanzierung durch Unternehmen wird verboten. Nur natürliche Personen dürfen Parteien finanzieren. (Solange Parlamente noch über Parteien gewählt werden.)

Ende des Wachstumszwangs

Diese Differenzierung der Verwendung von bilanziellen Überschüssen wird das unternehmerische Erfolgsstreben umlenken. Profitmaximierung ist nun weder erstrebenswert noch faktisch erreichbar: Es gibt keine »Gewinnhinausschüttungen« mehr, für Einkommen gelten Ober- und Untergrenzen, feindliche Übernahmen sind verboten, der Erfolg wird zuerst in der Gemeinwohl-Bilanz gemessen.

Durch die Summe dieser Maßnahmen erlischt der Wachstumszwang in der Wirtschaft. Dieser resultiert aus der Kombination »Erfolgsmessung in einem monetären Indikator« (= Finanzgewinnstreben) und Konkurrenz. Wenn ich in Konkurrenz zu anderen Unternehmen stehe, muss ich einen höheren Finanzgewinn erzielen als sie, weil sonst mein Rating schlechter wird, meine Finanzierung sich verteuert oder ich gleich gefressen werde. Wie entscheidend der Finanzgewinn für das Überleben von Unternehmen ist, wird oft unterschätzt. Für den Erfolg eines Unternehmens gibt es eine Fülle *einflussnehmender Faktoren*: Qualität, Innovation, Effizienz, Skrupellosigkeit, Größe, Flexibilität ... Es gibt aber nur eine einzige *entscheidende Bedingung*: Finanzgewinn. Am Ende des Tages entscheidet der Finanzgewinn über Leben oder Sterben, unabhängig von der Qualität, der ethischen Verantwortung, der Innovationskraft, der Größe, dem Marketing, dem Lobbying und allen anderen *Faktoren*.

Und Wachstum dient dazu, einen höheren Gewinn als die Konkurrenz zu erzielen, feindliche Übernahmen abzuwehren oder selbst die anderen zu fressen. Wachstum ist systemimmanent, wenn das System auf Gewinnstreben und Konkurrenz programmiert ist.

Deshalb die Umprogrammierung: Wenn Erfolg nicht mehr mit dem Finanzgewinn gleichgesetzt wird und nicht mehr gefressen werden darf, können Unternehmen endlich gelassen und angstfrei die für sie sinnvolle und »optimale« Größe ermitteln und anstreben. Die kapitalistische Systemdynamik erlischt: Alle sind vom allgemeinen Wachstums- und wechselseitigen Fresszwang erlöst!

Optimale Größe

»Wer in einer begrenzten Welt an unendliches exponentielles Wachstum glaubt, ist entweder ein Idiot oder ein Ökonom«, hat der hochdekorierte US-Ökonom Kenneth Boulding formuliert.[54] Für viele seiner Fachkollegen ist das immer noch nicht annehmbar: »Es ist richtigzustellen, dass nachhaltige Entwicklung das Gleiche ist wie höchstmögliches langfristiges Wirtschaftswachstum«, stellt zum Beispiel der langjährige Doyen für Volkswirtschaft an der Wirtschaftsuniversität Wien Erich Streissler fest.[55] Die aus meiner Sicht wertvollste Einsicht zum Thema Wachstum stammt von Leopold Kohr: Wachstum ist in der Natur ein Mittel zur Erreichung der optimalen Größe.[56] Genau darum sollte es auch in der Wirtschaft gehen: um das Anstreben der optimalen Größe eines Unternehmens. Heute ist Wachstum ein Ziel an sich (weil Geld derzeit das Ziel des Wirtschaftens ist: »chrematistike«), morgen nur noch ein Mittel: Wenn etwas zu klein ist, darf es gerne größer werden. Wenn ein Unternehmen aber hypertroph geworden ist, wie zum Beispiel eine systemrelevante Bank, ist das Wachstum, das zur optimalen Größe führt, ein negatives. In der Gemeinwohl-Ökonomie wäre das kein Problem, weil es um das Wachstum von Nutzwerten – des Gemeinwohls – geht, in der herrschenden Wirtschaftsordnung ist Negativwachstum der Supergau. Monetäre Schrumpfung bedeutet Rezession und Depression.

Schon am menschlichen Organismus ist – wie bei jedem anderen Lebewesen auch – gut zu erkennen, welche Rolle Wachstum sinnvollerweise spielen könnte: Bis zum Erreichen der »optimalen Größe« wachsen wir physisch-materiell. Ab einem gewissen Zeitpunkt aber ist Schluss. Dann verlagert sich die Entwicklung auf nichtmaterielle Dimensionen: emotionale, soziale, geistige und spirituelle Reifung. Menschen sind deswegen nicht weniger »erfolgreich«, weil sie ihren Lebenserfolg nicht im Wachstum ihrer Körpermasse messen.

Strukturelle Kooperation

Die vielleicht schwierigste Gedankenübung der Gemeinwohl-Ökonomie ist der Paradigmenwechsel von der Konkurrenz zur Kooperation, konkret die Vorstellung, dass Unternehmen nicht mehr gegeneinander, sondern miteinander agieren werden. Dafür sollen sie zumindest belohnt werden.

Diese Vorstellung kostet einige LeserInnen vermutlich Mühe, denn heute gilt es als »normal«, dass Konkurrenten danach trachten, einander zu schaden und sogar auszuschalten. Genau genommen müssten wir deshalb von »Kontrakurrenz« sprechen, das Wort »Konkurrenz« kommt vom lateinischen »con-currere« und bedeutet »zusammen/miteinander laufen«, was sich treffender mit »Kooperation« übersetzen lässt. Auch das englische »competition« bedeutet im Lateinischen nicht »gegeneinander laufen«, sondern »miteinander suchen« (»com-petere«) – nach der besten Lösung für alle. Liegt es nicht auf der Hand, dass »gegeneinander suchen« (engl. »counterpetition«) nicht effizient sein kann? Die Gruppenintelligenz ist höher als jede individuelle Intelligenz. Nahezu alle großen technischen Entwicklungen beruhen auf dem Beitrag vieler, nicht eines Menschen. Das Universum der Wissenschaft ist eine historische Kooperation zahlloser ForscherInnen und DenkerInnen.

In der Gemeinwohl-Ökonomie wird die Konkurrenz nicht abgeschafft. Die Gemeinwohl-Ökonomie ist eine Form von Marktwirtschaft und beruht auf einigen ihrer Grundbausteine: private Unternehmen (= Markt) und Geld als Zahlungsmittel. Solange es das Recht auf freie Unternehmensgründung und die Möglichkeit

VON DER KONTRAKURRENZ ZUR KOOPERATION			
Aktives Schädigen von Mitunternehmen	**Unterlassen von Hilfestellungen und Kooperation**	**Kooperation auf individueller Ebene**	**Kooperation auf Branchenebene/ Systemebene**
Preisdumping	Nichtüberlassung relevanter Infos	Unterstützung mit Know-how	Open Source, Creative-Commons-Lizenzen
Sperrpatente	Unvollständige Information der KonsumentInnen	Finanzielle Hilfe: Liquiditätsausgleich, zinsfreier Kredit	Definition und Anstreben einer optimalen Größe
Feindliche Übernahme	Nichtüberlassung von Restmaterialien	Überlassen von Arbeitskräften	Teilnahme am Branchentisch zur Krisenbewältigung
Massenmediale Werbung	Nichtüberlassung überflüssiger Betriebsmittel	Überlassung von Aufträgen	Beteiligung an egalitärem Produktinformationssystem
Strategische Klagen	Nichtüberlassung freier HR	Gemeinsame F&E	Einspeisen in einen Insolvenzfonds
Schlechtes Bilanz-Ergebnis	**Schwaches Bilanz-Ergebnis**	**Gutes Bilanz-Ergebnis**	**Vorbildliches Gemeinwohl-Bilanz-Ergebnis**

zum Konkurs gibt, gibt es zwangsläufig die *Möglichkeit* zur Kontrakurrenz. Wird sie gefördert und angefacht, wird die Wirtschaft zum Schlachtfeld. Wird sie hingegen durch den rechtlichen Anreizrahmen gebremst und in Nachteil gestellt, kann sie innerhalb der Primärstruktur der Kooperation nahezu unsichtbar werden.

In der Gemeinwohl-Ökonomie ist Konkurrenz also möglich. (Theoretisch ist Konkurrenz auch in einer zu hundert Prozent »Solidarischen Ökonomie« möglich: Die Genossenschaften könnten gegen ihr Ethos verstoßen und einander zu konkurrenzieren beginnen, das liegt an der Möglichkeit, dass alle Menschen die gleiche Freiheit haben, eine Genossenschaft zu gründen.) Doch je mehr Unternehmen ihre Ellbogen ausfahren, je aggressiver sie *gegen* andere agieren, desto schlechter wird das Ergebnis ihrer Gemeinwohl-Bilanz und desto höher die Konkursgefahr. Je kooperativer sie sich hingegen verhalten und je mehr sie sich gegenseitig helfen, desto besser wird ihr Gemeinwohl-Bilanz-Ergebnis, und desto höher ist die Wahrscheinlichkeit, dass sie überleben – allerdings nicht auf Kosten anderer, sondern zu deren Nutzen. Aus der heutigen Win-lose-Anordnung wird eine Win-win-Anordnung.

Wie können sich Unternehmen gegenseitig helfen? Gleich wie NachbarInnen oder FreundInnen auf vielfältige Weise, zum Beispiel:

- indem sie ihr Wissen teilen nach dem Open-Source-Prinzip und mithilfe von »Creative-Commons-Lizenzen«;
- indem sie einander Arbeitskräfte überlassen;
- indem sie Aufträge weitergeben;
- indem sie sich kostenlose Darlehen geben oder Liquiditätsausgleich betreiben;
- und indem sie als ersten Schritt auf aggressives Gegeneinander verzichten, zum Beispiel:
- auf Werbung in Massenmedien, und stattdessen ein transparent-egalitäres Produktinformationssystem einrichten;
- auf Preisdumping zur Eroberung und Absicherung von Märkten;
- auf die Anwendung von Sperrpatenten;
- darauf, sich gegenseitig zu fressen.

Wenn Unternehmen für das gegenseitige Helfen belohnt werden, wird aus dem strukturellen Gegeneinander und der gegenwärtigen Vernichtungs- und Fresskonkurrenz im schlechteren Fall friedliche Koexistenz und im besten Fall (dank gesetzlicher Anreize) aktive Kooperation. Wer meint, das sei eine Einladung zur Kartellbildung, folgt noch der kapitalistischen Logik von heute. Heute sind Kartelle kein Selbstzweck, sondern ein Mittel, um den Gewinn zu steigern. Wenn das strategische und bilanzierte Ziel von

Unternehmen ihr Beitrag zum Gemeinwohl ist, Gewinne begrenzt und als Mittel für die Mehrung des Gemeinwohls eingesetzt werden, dann verliert auch Kartellbildung als Mittel dazu ihren Sinn. Kooperation ist hingegen ein effizientes Mittel, um den Unternehmenszweck – die Gemeinwohl-Mehrung – erfolgreicher zu erfüllen. Plötzlich steht die Kooperation nicht mehr im Widerspruch zum Endziel der Wirtschaft, sondern stimmt mit diesem überein.

Das Anstreben der optimalen Größe, und damit die Aufgabe des Wachstums als Ziel an sich, wird die Bereitschaft vieler Unternehmen zur Kooperation erhöhen. Denn ein Unternehmen, das seine optimale Größe erreicht hat, tut sich sehr viel leichter, sein Knowhow offenzulegen oder einen Auftrag weiterzuleiten. Aus der Evolution können wir lernen, dass a) immer mehr Arten entstehen und b) die Einzelexemplare der Arten nicht immer größer werden. Der Neurobiologe Joachim Bauer schreibt: »Ohne das Gelingen von Kooperation kann nichts entstehen, was lebenstüchtig ist.«[57] Und der Harvard-Mathematiker und Biologe Martin Nowak schlussfolgert: »Die Kooperation ist die Chefarchitektin der Evolution.«[58]

Konkurs

Die Möglichkeit des Konkurses ist – neben Geld und privatem (Produktiv-)Eigentum – ein drittes Kriterium dafür, dass es sich bei der Gemeinwohl-Ökonomie um eine Form der Marktwirtschaft handelt. Allerdings werden Konkurse im Vergleich zur kapitalistischen Konkurrenzwirtschaft weniger wahrscheinlich, weil

a. tendenziell nur noch sinnvolle Unternehmen gegründet werden, da Profit als Motiv für Unternehmensgründungen entfällt;
b. in demokratisierten Unternehmen eher alle gemeinsam an einem Strang ziehen und durch gemeinsame Vorgangsweise den Konkurs effektiver verhindern können;
c. drittens und am wichtigsten die Unternehmen untereinander mehr kooperieren und weniger einander konkurrenzieren (sie werden dafür belohnt; gezwungen werden sie nicht).

Schlechtere Karten haben tendenziell Unternehmen, die sich

WETTBEWERB HEUTE UND IN DER GWÖ		
	Worst case	**Best case**
Kapitalismus	Alle Unternehmen gehen in die Insolvenz dank eines perfekten Wettbewerbs	Nur die Unternehmen mit den schlechtesten Finanzbilanz-Ergebnissen gehen in Konkurs
Gemeinwohl-Ökonomie	Nur die Unternehmen mit den schlechtesten Gemeinwohl-Bilanz-Ergebnissen gehen in Konkurs	Alle Unternehmen überleben dank struktureller Kooperation

der Kooperation verweigern und nur die gesetzlichen Mindeststandards einhalten. Diese Unternehmen geraten am ehesten in Konkursgefahr, weil sie aufgrund ihrer unattraktiven Gemeinwohl-Bilanz weder das Vertrauen der KonsumentInnen erwerben, noch rechtliche Vorteile gewinnen, sondern sich vielmehr relative Nachteile gegenüber kooperationsfähigeren und verantwortungsvolleren Mitunternehmen einhandeln werden – genau spiegelverkehrt zu heute, wo die skrupellosen Lohndrücker, Umweltverschmutzer, Kannibalen und Steuervermeider Kostenvorteile gewinnen und damit an Wettbewerbsfähigkeit. Heute setzen sich sehr oft Größe und Skrupellosigkeit durch – gegen Qualität und gegen Werte.

Kooperative Marktsteuerung

Die Gemeinwohl-Ökonomie ist eine Markt- und keine Planwirtschaft. Deshalb wird es auch in Zukunft Marktschwankungen geben: Es kann sowohl vorkommen, dass die Nachfrage in einer Branche plötzlich einbricht, als auch, dass das Angebot durch den Markteintritt neuer Unternehmen sprunghaft steigt. (Steigende Nachfrage und sinkendes Angebot wären für die Unternehmen vermutlich kein Problem.) Was passiert nun in der Gemeinwohl-Ökonomie, wenn durch ein Absinken der Nachfrage oder durch eine technologische Innovation nicht mehr so viele Unternehmen oder jedenfalls nicht mehr so viele Arbeitsstunden wie bisher benötigt werden?

Zunächst die klassische Reaktion heute: Im »enger« werdenden Markt würde sich die Kon(tra)kurrenz verschärfen, und alle Beteiligten würden einander so lange unterbieten, bis einer oder mehrere – schlimmstenfalls alle gleichzeitig – aufgeben, Konkurs anmelden oder übernommen werden: Der heutige Marktwettbewerb ist eine Win-lose-Anordnung.

In der Gemeinwohl-Ökonomie könnten die kooperationsbereiten Unternehmen einer betroffenen Branche einen »Krisen- oder Kooperationsausschuss« einberufen und gemeinsam erörtern, ob es am besten für das Gemeinwohl ist, dass

a. alle proportional Arbeitszeit verkürzen;
b. alle proportional Arbeitsplätze abbauen und Umschulungen organisieren;
c. ein Betrieb entscheidend verkleinert oder durch gemeinsame Anstrengung auf eine neue Aufgabe spezialisiert wird;
d. ein Betrieb geschlossen und für die Betroffenen alternative Arbeitsplätze gefunden werden;
e. zwei Betriebe freiwillig fusionieren zu einer kleineren Gesamteinheit – unter der Voraussetzung, dass dieser Betrieb nicht zu groß ist (wofür es »objektive« = gesamtgesellschaftliche/gesetzliche und »subjektive« = betriebseigene Kriterien geben wird).

Oder sie finden noch andere Wege. Auch das regionale Wirtschaftsparlament könnte sich sinnvollerweise am Finden von systemischen Lösungen beteiligen. Vielleicht werden gerade in anderen Branchen dringend Arbeitskräfte benötigt und Umschulungen organisiert.

Auch unter Ausschöpfung aller Optionen lässt sich nicht immer vermeiden, dass ein Unternehmen ausscheidet. Auch in der Gemeinwohl-Ökonomie dürfen Projekte scheitern, so viel »Risiko« – und Freiheit – verbleibt. Während jedoch heute das Unternehmen mit der schlechtesten Finanzbilanz ausscheidet – unabhängig von Qualität, ökologischer Nachhaltigkeit und sozialer Verantwortung –, scheidet in der Gemeinwohl-Ökonomie am ehesten das Unternehmen mit der schlechtesten Gemeinwohl-Bilanz aus: das nicht gewillt ist, für die Gemeinschaft da zu sein, nicht mit anderen kooperiert und sich auch nicht helfen lässt.

Der entscheidende Unterschied zu heute wäre, dass die Unternehmen solidarischer vorgehen und versuchen, alle im Boot zu halten – während es heute erlaubt ist, andere von Bord zu stoßen oder zu kannibalisieren. Statt nach dem Motto »Fressen oder gefressen werden« werden die Unternehmen nach dem Motto »Leben und Leben ermöglichen« agieren.

Gemeinwohl und Globalisierung

Viele LeserInnen und VortragsbesucherInnen fragen, ob ethische Unternehmen in der globalen Konkurrenz nicht sofort vom Markt geschlagen würden, und bringen das Argument vor, dass »die ganze Welt« mitmachen müsste, damit die Gemeinwohl-Ökonomie funktioniere. Diese Sichtweisen sind Beweise für die erfolgreiche Indoktrination der Ideologen und Profiteure der gegenwärtigen Wirtschaftsordnung, die diese als »natürlich« oder »alternativlos« darstellen und die politische Grundlage für die unfaire Globalisierung, »Freihandel« und freien Kapitalverkehr, ausblenden.

In einem Freihandelsregime verliert tatsächlich der Ethischere, das ist ja genau der Fehler dieses Systems: Wohlverhalten und Verfassungstreue werden bestraft. »Freihandel« bewirkt die Gleichbehandlung von Ungleichen: einerseits Unternehmen, die alle Gesetze und Werte, die in der EU demokratisch errungen wurden, missachten und verletzen, und andererseits Unternehmen, welche diese Gesetze und Werte achten und erfüllen. Werden sie zu gleichen Bedingungen zum Markt zugelassen, ist sonnenklar, wer gewinnt. Freihandel ist die politische Einladung zur Standortverlagerung und zum Export von Arbeitsplätzen. Wie gering ist die Selbstachtung eines demokratischen Gemeinwesens, das seine eigenen Regeln und Gesetze untergräbt und aushebelt, indem es Freihandel mit Ländern beschließt, in denen diese Gesetze nicht gelten? Freihandel ist Verfassungsbruch!

Ich sehe zwei mögliche Lösungen:

Ansatz A wäre ein globaler ordnungspolitischer Ansatz: Erst wenn gemeinsame Rahmenbedingungen stehen – Arbeits-, Sozial-, KonsumentInnenschutz-, Umwelt-, Steuer- und Transparenzstandards –, werden die Wirtschaftsfreiheiten gewährt. Für diese Variante A wäre die UNO der beste Ort der Regulierung: der Kristallisationskern des Völkerrechts. Eine konkrete Option wäre, dass die EU allen Ländern Freihandel anbietet, die den UN-Zivil- und Sozialpakt (die beiden Menschenrechtskonventionen), die ILO-Arbeitsnormen, die UN-Umweltschutzabkommen einschließlich des Klimaschutzabkommens, die UNESCO-Konvention zur Förderung kultureller Vielfalt und das (zukünftige) Abkommen zum automatischen Austausch steuerrelevanter Daten ratifizieren. Für jedes nicht ratifizierte Abkommen gibt es Zollaufschläge, zum Beispiel:

UN-Zivilpakt	+20 % Zoll
UN-Sozialpakt	+20 % Zoll
UN-Klimaschutzabkommen	+20 % Zoll
Weitere UN-Umweltschutzabkommen	+10 % Zoll
Einzelne ILO-Kernarbeitsnorm	+ 5 % Zoll
Konvention kulturelle Vielfalt	+10 % Zoll
Automatischer Steuerinfo-Austausch	+20 % Zoll

Ansatz B wäre der anreizpolitische der Gemeinwohl-Ökonomie: Alle Unternehmen werden verpflichtet, eine Gemeinwohl-Bilanz zu erstellen. Je besser das Ergebnis, je »fairer« der Handel, desto »freier« der Marktzugang. Die fairsten genießen Freihandel. Je unfairer und unethischer, desto höher steigt hingegen der ethische Schutzzoll. Der unfaire Wettbewerb und die globale Standortkonkurrenz wären zu Ende. Der große Vorteil des zweiten Ansatzes ist, dass die EU nicht auf eine Einigung in der UNO warten müsste, sie könnte als größter und mächtigster Wirtschaftsraum der Welt problemlos einen Alleingang wagen. Das Beste wäre eine Doppelstrategie aus Variante A und B: Während der Binnenmarkt durch ein differenziertes Zollregime geschützt wird, drängt die EU im Rahmen der UNO auf faire und verbindliche Handelsregeln. Das wäre vom Ansatz her gar nicht neu: Es war ja auch die EU, die in gemeinsamer Anstrengung mit den USA den gegenwärtigen menschenrechtswidrigen, entwicklungshemmenden und nicht nachhaltigen Freihandel durchgesetzt hat. Voraussetzung dieser Vision ist deshalb eine radikale Demokratisierung der EU.

Solange nicht alle Länder mitziehen, könnte die EU mit einer Staatengruppe von Pionieren beginnen: mit einer Gemeinwohl-Zone. Diese wäre eine Fair-Trade-Zone, die sich auf gemeinsame soziale, ökologische und steuerrechtliche Regeln einigt. Und sich vor Ländern, in denen diese Regulierungen nicht gelten, schützt. Das wäre ein völlig legitimer Schutz: Verfassungsschutz![59]

Soziale Sicherheit und Freijahre

Solange die Möglichkeit des Konkurses besteht, kann es Menschen passieren, dass sie ihren Erwerbsarbeitsplatz und damit ihre Einkommensquelle verlieren. Das ist einer der Gründe, weshalb sich im System der Gemeinwohl-Ökonomie alle Menschen pro Dekade ihres Berufslebens ein Jahr Auszeit nehmen und anderweitig verwirklichen dürfen. Bei vierzig Arbeitsjahren wären das vier Freijahre pro Person. Zum Beispiel ein Jahr für die Familie, eines für die Fortbildung, eines für die Kunst und eines für die Muße. Aus heutiger Sicht würde das den Arbeitsmarkt um rund zehn Prozent entlasten, die heutige EU-Arbeitslosigkeit wäre dadurch rechnerisch mehr oder weniger beseitigt: Die Pausierenden wären »auf Freijahr«. Im Freijahr erhalten Menschen den gesetzlichen Mindestlohn oder ein Einkommen in anderer demokratisch festgesetzter Höhe. Dadurch, dass alle Menschen in den gleichen Genuss dieser »Erwerbskarenz« kommen, wird es keine Neiddebatte geben: Alle sind gleichberechtigt, niemand finanziert den anderen. Diese Lebens-Chance wird nicht nur das Selbstwertgefühl vieler Menschen, die heute arbeitslos sind, heben, sondern auch das allgemeine Freiheitsgefühl. Denn die Jahre können genutzt werden für die heiligsten Passionen und ein selbstbestimmtes Leben. Der Stellenwert der Produktions- und Erwerbsarbeit wird verringert, andere Lebensinhalte werden aufgewertet.

Ich bin zuversichtlich, dass diese vier Karenzjahre als soziale Sicherung ausreichen werden, weil die Zahl der vom System Ausgespienen sinken wird. In der Gemeinwohl-Ökonomie trachten Unternehmen ja nicht danach, Arbeitsplätze abzubauen, um den Profit zu erhöhen – und sie erfinden auch nicht immer neue Technologien zu diesem Zweck. Neue Arbeitskräfte werden in den Betrieben grundsätzlich willkommener sein als heute. Außerdem helfen die Unternehmen zusammen, dass alle Arbeitswilligen auch Arbeit finden werden – hierfür werden ebenfalls gesetzliche Anreize geschaffen. Die Systemdynamik wird vom Vorrang des Nehmens auf den Vorrang des Gebens umgekehrt: Dadurch entstehen systemisch nicht Knappheit und Ausgrenzung, sondern Inklusion und Fülle. Drittens wird die Motivation der großen Mehrheit der Werktätigen gegenüber heute zunehmen, weil sie mitbestimmen und mitgestalten dürfen und am Unternehmenserfolg beteiligt werden. Viertens wird die Motivation, sich in den Produktionsprozess einzubringen, höher sein, weil die Arbeitszeiten und das Arbeitsklima generell humaner sein werden. Aufgrund dieser geänderten Umstände erscheint es mir »systemwidrig«, dass Leistungen wie Arbeitslosen-, Notstands-, Sozialhilfe oder Hartz IV noch nötig sein werden.

Solidaritätseinkommen

Dennoch sollte für mögliche Notfälle ein Solidaritätseinkommen von zum Beispiel zwei Dritteln oder drei Vierteln des Mindestlohnes als letzter Rettungsanker vorbehalten werden. Die Praxis der Gemeinwohl-Ökonomie wird zeigen, ob es diesen brauchen wird oder nicht. Dem demokratischen Ansatz der Gemeinwohl-Ökonomie entsprechend kann auch ein bedingungsloses Grundeinkommen zum Beispiel in der Höhe des Mindestlohnes oder eine Gemeinwohlwährung »Gradido«[60] Element der Wirtschaftsordnung werden. Mögen die besten Alternativen gefunden und umgesetzt werden!

Für Menschen mit besonderen Bedürfnissen oder Einschränkungen, die sich nicht oder nur teilweise an der Erwerbsarbeit beteiligen können, soll es jedenfalls ein bedingungsloses Solidaritätseinkommen geben: zum Beispiel in der Höhe zwischen dem Mindestlohn und dem Durchschnittseinkommen.

Sichere Rente

Die Koppelung der Rente an die Finanzmärkte war einer der größten Politikfehler in der neoliberalen Ära. Denn durch die Hoffnung breiterer Bevölkerungsschichten, in Zukunft von Kapital- anstatt von Arbeitseinkommen zu profitieren – wenn auch im Vergleich zu den wirklich Vermögenden nur in einem unbedeutenden Ausmaß –, sitzt nicht nur einem grundlegenden Kurzschluss auf: dass Kapitaleinkommen genau gleich durch Arbeit erwirtschaftet werden wie Arbeitseinkommen: durch die Arbeit. Jedoch durch die Arbeit anderer! Dadurch wird einer der grundlegenden Interessengegensätze in der kapitalistischen Gesellschaft verwischt: der zwischen der Minderheit, die den Löwenanteil aller Kapitaleinkommen vereinnahmt, und der Mehrheit derjenigen, die diese erwirtschaftet und bezahlt.

Die Privatisierung der Renten macht diese weder sicherer noch sozialer, noch billiger – in allen drei Kernanforderungen an ein leistungsfähiges Rentensystem tritt das Gegenteil ein. Das habe ich ausführlich recherchiert und beschrieben.[61] Deshalb hier nur die Alternative: In der Gemeinwohl-Ökonomie wird der diskreditierte Generationenvertrag rehabilitiert und das solidarische Umlageverfahren gestärkt und wasserdicht gemacht. Das ist – entgegen dem inzwischen weitverbreiteten Glauben infolge propagandagleicher Gehirnwäsche – realistisch möglich: Die Finanzierbarkeit der Umlage-Rente hängt von ungefähr zehn Stellschrauben ab. Der demografische Wandel, der das Kapitaldeckungsverfahren vor unlösbare

Probleme stellt, kann im Umlageverfahren durch die Anpassung mehrerer Stellschrauben vollkommen abgefedert werden: von Maßnahmen zum Abbau der Arbeitslosigkeit und der Anhebung der Erwerbsbeteiligung über die Ausweitung der Bemessungsgrundlage auf Kapitaleinkommen und die betriebliche Wertschöpfung bis zur Erhöhung des Steueranteils und einer maßvollen Anhebung des faktischen Rentenantrittsalters.[62] Die Bevölkerung altert seit über hundert Jahren rasant, und es war nie ein Finanzierungsproblem für die Renten, bis die private Versicherungswirtschaft das größte anzunehmende Märchen von der angeblichen Unfinanzierbarkeit der solidarischen Rente infolge der »demografischen Bombe« in die Welt setzte, um daraus Profit zu schlagen. In der Gemeinwohl-Ökonomie gibt es keine profitorientierten Banken und Versicherungen mehr, das Finanzsystem wird zu einem öffentlichen Gut. Die (Umlage-)Renten werden nicht zuletzt deshalb sicher sein.

3. Geld als öffentliches Gut

»Das Geld ist indeß nicht Zweck,
sondern Mittel zum Zweck.«
Friedrich Wilhelm Raiffeisen[63]

Die Gemeinwohl-Ökonomie bedarf eines demokratischen und ethischen Geld- und Finanzsystems. Geld ist eine so essenzielle Infrastruktur für die Wirtschaft und die gesamte Gesellschaft, dass das entsprechende Ordnungssystem und die Spielregeln besonders achtsam und demokratisch erstellt werden müssen. Die Phänomene »too big to fail«, Schattenbanken, Steueroasen, Hedgefonds, Geierfonds, Hochfrequenzhandel, Nahrungsmittelspekulation oder Giralgeldschöpfung durch Geschäftsbanken sind ein unübersehbares Zeichen, dass hier die nötige Achtsamkeit und das demokratische Design der Spielregeln versagt hat. Das Geld- und Finanzsystem muss von Grund auf in den Dienst der Demokratie und des Gemeinwohls gestellt werden. Sonst entgleitet es der liberalen Gesellschaft und wird zum »Monster«, wie es der frühere deutsche Bundespräsident Horst Köhler trefflich formulierte.[64] Die Gemeinwohl-Ökonomie würde deshalb auf einem ganz anderen Finanzsystem fußen. Geld soll zu einem öffentlichen Gut und die Finanz*märkte* in Teilbereichen geschlossen werden. Sehen wir uns die dringendsten Reformen an den einzelnen »Stationen« des Geldsystems an:

1. **Zentralbank**. Die Zentralbank befindet sich im öffentlichen Eigentum – dieser Prozess ist international noch lange nicht abgeschlossen –, ihre Organe setzen sich aus VertreterInnen aller gesellschaftlichen Sektoren zusammen. Die Ziele, die sie als unabhängige Staatsgewalt (»Monetative«) verfolgt, werden ihr vom Souverän vorgegeben. Die EZB verfolgt heute das übergeordnete Ziel der Preisstabilität (bei Realgüterpreisen), aber weniger die Ziele Verteilungsgerechtigkeit, Vollbeschäftigung oder Finanzstabilität. Zu

diesen gleichwertigen Zielen könnten zwei neue hinzukommen: 1. Die Zentralbank kann Schulden des Staates in einem begrenzten Ausmaß (zum Beispiel bis fünfzig Prozent der Wirtschaftsleistung) direkt finanzieren – über zinsfreie Kredite. Die Freigabe für – zweckgebundene – Schuldenaufnahmen könnte aus dem Budgetausschuss des Parlaments kommen, der seinerseits nach demokratisch definierten Spielregeln entscheidet. 2. Die Bank könnte zur alleinigen Quelle für neues Geld – als Zahlungsmittel – werden, zur einzigen Geldschöpferin. Die Funktionen Geldausgabe (öffentliche Infrastruktur) und Kreditvergabe (private Dienstleistung) würden volkswirtschaftlich getrennt. Nicht zuständig ist die Zentralbank für die Bankenaufsicht, diese obliegt einer anderen Behörde, um das Geld- und das Finanzsystem auch hier klarer zu trennen als heute.

2. Geldschöpfung. Heute schöpfen Zentralbanken nur das Bargeld, nicht aber das elektronische Geld, mit dem die BankkundInnen ihre täglichen Zahlungen tätigen: per Überweisung, vom Online-Konto, von der Bankomat- oder Kreditkarte. Dieses »unbare« Geld wird ausschließlich von den Geschäftsbanken geschöpft, die auch den Geldschöpfungsgewinn dafür einbehalten.[65] Das Problem dabei: Private Banken schöpfen unbares Geld, indem sie Kredite vergeben oder Wertpapiere kaufen. In beiden Fällen führt spekulatives, profitorientiertes Verhalten (Vergabe von Finanzkrediten, Kauf von Wertpapieren zum Zweck der Kursgewinnerzielung) zur Aufblähung (»Inflation«) der Geldmenge. In Island verneunzehnfachte sich die Geldmenge in den zehn Jahren vor der großen Krise 2008.[66] Die Tatsache, dass private Geschäftsbanken das Geld erschaffen, ist der Mehrheit der SpitzenpolitikerInnen unbekannt. Im Londoner Parlament wusste das bei einer Umfrage nur eine von zehn Abgeordneten; siebzig Prozent glaubten, die Zentralbank würde alles Geld in Umlauf bringen![67] Mit der Vollgeld-Reform (nach Joseph Huber[68]) würde das Monopol der Zentralbanken auf Schöpfung und In-Umlauf-Bringung von Bargeld auf elektronisches Geld ausgeweitet. Damit gäbe es nur noch eine gesetzliche Sorte (Voll-)Geld, die Zentralbank könnte die Geldmenge steuern, der Geldschöpfungsgewinn ginge an die Allgemeinheit (zum Beispiel in den Abbau der Staatsschulden), und allein durch die Umstellung vom gegenwärtigen »Schuldgeldsystem« (Geld kommt als Kredit in Umlauf) könnten die Staatsschulden in der Eurozone um über fünfzig Prozent reduziert werden: den Betrag der aktuell von den Geschäftsbanken geschöpften Geldmenge. Gemeinsam mit dem »Bankwechsel« des Staates zur eigenen (!) Bank wären die Staatshaushalte vollständig saniert![69]

3. **Geschäftsbanken.** Auch Geschäftsbanken sind Teil des »öffentlichen Gutes« Geld- und Finanzsystem, der essenziellen Infrastruktur. Gewinnorientierung als oberstes Ziel ist hier fehl am Platz, das führt zum Versagen der Infrastruktur und zu einer Endlosreihe von Kollateralschäden und Kriminalfällen: vom exzessiven Größenwachstum, absurden Boni und Einkommen bis zum Aufbau einer Steuervermeidungsindustrie und der Verlagerung aufsichtsrelevanter Finanzgeschäfte in den Schattenbereich; von der Manipulation der Zinsen und Wechselkurse über das Ausnutzen der Instabilität auf den Finanzmärkten bis zu spekulativen Attacken auf Unternehmen, Rohstoffpreise und Währungen; von der Erfindung brandgefährlicher »finanzieller Massenvernichtungswaffen« (Warren Buffet), die kaum noch jemand versteht und deren realwirtschaftlicher Nutzen oft negativ ist, bis zur Einrichtung von Millionen Konten ohne das Wissen der KundInnen oder das Über-den-Tisch-Ziehen von Menschen, die Absicherung gegen Armut im Alter suchen.

Vorrangige Gewinnorientierung bringt Banken auf dumme Gedanken.

Banken sollten grundsätzlich gemeinwohl- statt gewinnorientiert sein. Für die Gemeinwohlorientierung könnte ein Kriterienkatalog entwickelt werden wie zum Beispiel

- Beschränkung auf nicht gewinnorientierte Rechtsformen wie Sparkassen oder Genossenschaftsbanken;
- keine Gewinnausschüttung an die EigentümerInnen;
- Ausstieg aus dem Zinseinkommenssystem;
- Gemeinwohl-Prüfung aller Investitionsvorhaben;

- höhere Transparenz- und Mitentscheidungsstandards gegenüber KundInnen und MitarbeiterInnen;
- Erstellung einer Gemeinwohl-Bilanz.

Ende 2016 wurde in einer Novellierung des Budgetgesetzes in Italien erstmals eine gesetzliche Definition für »Ethisches und Nachhaltiges Banking« getroffen, die der obigen Liste fast eins zu eins entspricht. Ergänzend ist eine Begrenzung der Gehaltsunterschiede mit dem Maximalfaktor fünf vorgesehen.[70] Dieser gesetzliche Anforderungskatalog könnte auf europäisches Recht gehoben und zur Grundlage für einen EU-weiten ethischen Bankenverband werden, dessen Mitglieder im Gegenzug zur Gemeinwohlorientierung eine deutlich geringere Regulierungslast zu tragen hätten, wodurch kleine und regionale Banken überhaupt überleben könnten. Sodann könnten die wichtigsten staatlichen Garantien und Vorteile für Banken:

- Einlagengarantie
- Refinanzierung durch die Zentralbank
- Geschäfte mit dem Staat
- Rekapitalisierung im Insolvenzfall

nur noch den gemeinwohlorientierten Banken zugutekommen. Die gewinnorientierten Banken könnten in den freien Markt entlassen werden, was bedeutet, dass sie um diese staatlichen Unterstützungsleistungen umfallen. Langfristig soll es nur noch gemeinwohlorientierte – öffentliche und private – Banken, Sparkassen und Kreditgenossenschaften geben. Und keine Bank darf »zu groß« sein, um zu fallen.

4. **Kredit.** So wie juristische Personen nicht die gleichen Freiheiten genießen und höhere Verantwortung tragen als natürliche Personen – sie müssen eine Gemeinwohl-Bilanz erstellen –, so ist Geld in seiner Funktion als »Kredit« strenger reguliert als in seiner Rolle als Zahlungsmittel. Kredite finanzieren Investitionen und entscheiden signifikant darüber mit, in welche Richtung sich eine Volkswirtschaft und eine Kultur entwickeln. Auch heute müssen Kreditansuchen nach gesetzlich vorgegebenen Regeln (Basel III) geprüft werden. Jedoch erschöpft sich das Prüfinteresse darin, ob

das finanzierte Projekt das »hineingegossene« (investierte) Geld vermehrt. Der Erfolg einer Investition wird am finanziellen Rückfluss gemessen, dem »Return on Investment«. Zum einen ist dieser Anspruch – alles investierte Geld wird mehr, und sobald es vermehrt wurde und erneut investiert wird, noch mehr – eine positive Rückkoppelung mit exponentieller Wachstumswirkung: auf Dauer mathematisch unmöglich. Zum anderen sagt die Finanzrendite, auch wenn sie zweistellig ist, nichts Verlässliches über die Auswirkung dieser Investition auf die Umwelt, das Klima, den sozialen Zusammenhalt, die Verteilung, die Demokratie, das Geschlechterverhältnis oder die Würde der betroffenen Menschen aus. (Genauso wenig, wie das BIP etwas Verlässliches über unser Wohlbefinden aussagt oder der Finanzgewinn eines Unternehmens, ob dieses zum »wealth« einer Nation beiträgt oder zu deren »misery«.) Deshalb wird in Zukunft vor einer Kreditvergabe die Auswirkung des finanzierten Projekts auf die Grundwerte der Gesellschaft (Verfassungswerte wie Menschenwürde, Gerechtigkeit, Solidarität, Nachhaltigkeit oder Mitentscheidung) geprüft sowie auf die ökologischen und kulturellen Gemeinschaftsgüter. Nur wenn diese nicht enteignet oder im Wert vermindert werden, kommt es überhaupt zu einer finanziellen Risikoprüfung (wie heute). Werden beide Prüfungen bestanden, fließt das Mittel Geld, wohin es fließen soll: in eine nachhaltige und umfassend ethische Wirtschaftsentwicklung – zu umso günstigeren Konditionen, je höher der gesellschaftliche Mehrwert, je größer der Beitrag einer Investition zum »wealth« einer Nation ist. Jedoch nicht mehr gemessen am BIP (»Chrematistik«), sondern am Gemeinwohl-Produkt (»Ökonomie«).

5. **Regionale Gemeinwohl-Börsen.** Die ethischen Banken einer Region oder die (Gemeinwohl-)Gemeinden könnten gemeinsam eine regionale Gemeinwohl-Börse gründen. Im Unterschied zu zentralen kapitalistischen (chrematistischen) Börsen werden Unternehmen an Gemeinwohl-Börsen nur finanziert, aber nicht gehandelt: Es kommt kein Kurs zustande, es gibt keine Kursgewinnspekulation, keine Einkommen aus Trading und weder gedeckte noch ungedeckte Leerverkäufe. Der zweite große Unterschied: In-

vestorInnen erhalten an Gemeinwohl-Börsen keine finanzielle Rendite mehr. Stattdessen müssen Unternehmen »Sinn« stiften, Nutzwerte bereitstellen und mit ethischem Verhalten überzeugen (in Form einer Gemeinwohl-Bilanz). Das sind – neben dem Mitspracherecht – die Investitionsmotive von morgen. Der Anreiz für Unternehmen, diese anspruchsvollen Immaterialgüter bereitzustellen: Sie erhalten kostenloses Eigenkapital.

6. Kasino schließen. Das Finanzsystem ist – neben der Größe von Unternehmen – das beste Beispiel dafür, dass die Wirtschaftsfreiheit im Übermaß gewährt und auf Kosten der Freiheit der Allgemeinheit überdehnt wurde. Nicht alles, was möglich ist, soll auch erlaubt sein. Die Chrematistik muss aus dem Finanzsystem vollständig entfernt werden. Das »öffentliche Gut« Geld- und Finanzsystem ist einfach zu halten, auf seine Kernfunktionen (Bank, Börse, Zahlungsverkehr, Währungstausch) zu beschränken und im Einklang mit den Grundwerten demokratischer Gesellschaften zu halten. Eine ganze Reihe von Spieltischen des globalen Finanzkasinos könnte geschlossen werden:

- *Staatsanleihen.* Wie beschrieben kann die Zentralbank in der Zukunft Staatsschulden bis zu fünfzig Prozent des BIP zinsfrei finanzieren. Die EZB könnte das bereits angelaufene Ankaufprogramm von Staatsschulden bis zur Obergrenze fortsetzen. Die andere »Hälfte« würde durch die Vollgeld-Reform zurückgezahlt werden. So könnten Staatsanleihen vollständig auslaufen, und die Märkte würden ihr Macht- und Erpressungspotenzial gegenüber Staaten verlieren. Das Damoklesschwert »Risikoprämie« und das (Todes-)Urteil von Ratingagenturen wären Geschichte.
- *Aktien.* Es gäbe weiterhin Aktiengesellschaften – sie würden jedoch an Gemeinwohl-Börsen gelistet und, wie beschrieben, nicht gehandelt. Die Börse wäre eine Intermediärin von Eigenkapital, aber kein Handelsplatz mehr. An die Stelle der Dividende würden Sinn, Nutzwerte, Mitbestimmung und Ethik treten. An der Gemeinwohl-Börse vermittelte Aktiengesellschaften dürften eine gewisse Größe nicht überschreiten, sie

müssten alle Beteiligungen offenlegen, ihre Steuererklärungen für jedes Land erstellen, sich ins globale Lobby-Register eintragen, die Zahl ihrer Töchter begrenzen und mit zunehmender Größe die Macht streuen (Mitentscheidungs- und Eigentumsrechte).

- *Immobilien*. Wohnen ist ein Menschenrecht, und Immobilien sind grundsätzlich keine Ware wie jede andere, allein schon aufgrund der immensen Auswirkungen auf Flächen-, Energie- und Rohstoffverbrauch. Immobilien dürfen deshalb nur noch von gemeinnützigen Errichtungs- und Betreibergesellschaften (mit Gemeinwohl-Bilanz) bereitgestellt und zu gesetzlich gesteuerten Preisen vermietet werden. Als »Geldanlage« ist nur noch eine zweite Wohnimmobilie möglich. Sonst dürfen nur noch Immobilien besessen werden, die auch selbst bewohnt werden. Werden Immobilien zu einem Anlage- und Spekulationsobjekt, führt dies zur Außerkraftsetzung des Menschenrechts auf leistbares Wohnen in immer mehr Städten und Regionen.
- *Derivate*. Derivate wie Kreditverbriefungen (CDO), Kreditausfallversicherungen (CDS) oder Optionen und Futures auf Rohstoffe, Aktien, Indizes und Währungen soll es in Zukunft nicht mehr geben. Es braucht sie schlicht nicht. Finanzprodukte, die über die klassischen Finanzmarktfunktionen (Kredit, Eigenkapital, Zahlungsverkehr, Währungswechsel ...) hinausgehen, bedürfen einer Risiko- und Zulassungsprüfung durch eine entsprechende EU- oder globale Finanzmarktaufsicht. Diese sind der Systemstabilität, der Schlichtheit von Geld als öffentlichem Gut und dem Gemeinwohl verpflichtet. Sie begrenzen die Wirtschaftsfreiheit im Geld- und Finanzsystem im Allgemeininteresse.
- *Ratingagenturen*. Wenn Aktien, Anleihen, Kredite und Derivate nicht mehr handelbar sind oder gar nicht mehr existieren, erübrigt sich deren Rating: Die Agenturen würden arbeitslos.
- *Terminbörsen und Rohstoffmärkte*. Die ökologisch oder menschenrechtlich sensiblen Rohstoffpreise sollten demokratisch festgelegt werden: nach Gesichtspunkten der Nachhaltigkeit, der globalen Verteilungsgerechtigkeit, des Grundrechts auf ein

menschenwürdiges Einkommen und des Grundrechts auf Ernährung. In einem entsprechenden UN-Ausschuss könnten ErzeugerInnen, KonsumentInnen, indigene Bevölkerungen und AnwältInnen der Erde sowie zukünftiger Generationen einander auf Augenhöhe begegnen und passende Preise oder Preiskorridore für alle Betroffenen vereinbaren.

– *Devisenmärkte*. Das Absichern gegen Wechselkursschwankungen erübrigt sich, weil ein zeitgemäßes »Bretton Woods II«, eine globale Währungskooperation mit stabilen Wechselkursen, errichtet wird.

7. **Kooperatives Währungssystem**. Als Lehre aus der Großen Depression und dem ihr vorausgegangenen Krach der Finanzmärkte errichteten 1944 mehr als fünfzig Staaten die internationale Währungskooperation von »Bretton Woods«, benannt nach dem Tagungsort der Konferenz in den USA. Dort lagen allerdings zwei unterschiedliche Vorschläge auf dem Tisch, und umgesetzt wurde der schlechtere, der von den USA vorgebracht wurde: Die eigene Währung, der US-Dollar, sollte zugleich die Weltleitwährung sein, das heißt, die Währung, in der Schulden vergeben werden und Rohstoffe notieren. Der bessere Vorschlag des britischen Abgesandten John Maynard Keynes wurde verworfen.[71] Keynes' Idee ist angesichts chronischer Währungsinstabilität, spekulativer Währungsattacken, unnötig hoher Devisenreserven armer Länder und aus dem Lot geratener Handelsbilanzen hochaktuell. Die wichtigsten Elemente dieser Währungskooperation sind:

– Schaffung einer neutralen Verrechnungseinheit für den internationalen Handel: Weltreserve- oder Welthandelswährung (zum Beispiel »Globo« oder »Terra«).
– Diese basiert auf einem breiten Währungs- oder/und Rohstoffkorb.
– Die nationalen Währungen bleiben bestehen. Ihre Wechselkurse zur Weltreserve- oder Welthandelswährung werden in einem globalen Ausschuss der Zentralbanken festgelegt und gegen allfällige Rest-Spekulation verteidigt.
– Bei Veränderung der realwirtschaftlichen Fundamentaldaten

(Inflation, Produktivität, Leistungsbilanz) werden die nationalen Währungen gegenüber der Welthandelswährung entsprechend auf- oder abgewertet, sodass Kaufkraftparität gewahrt bleibt (die »griechische Tragödie« hätte durch Abwertung ebenso verhindert werden können wie das historische Handelsungleichgewicht zwischen den USA und China).

- Wer sich der Auf-/Abwertung widersetzt, muss für Abweichungen von einer ausgeglichenen Handelsbilanz Strafzinsen bezahlen – umso höhere, je größer und länger die Abweichung ist. Deutschland, das derzeit das Handelsmodell »Germany first« auslebt, käme am empfindlichsten zum Handkuss.
- Die Abwicklung des grenzüberschreitenden Zahlungsverkehrs erfolgt über öffentliche Clearingstellen, die von den Zentralbanken betrieben werden. Über die Kontrolle des Kapitalverkehrs kann auch Steuerflucht effektiv unterbunden werden.

Nach der Finanzkrise 2008 tauchte der nahezu völlig in Vergessenheit geratene Vorschlag von Keynes wieder in der politischen Diskussion auf. Der Gouverneur der chinesischen Zentralbank Zhou Xiaochuan bedauerte, dass Keynes' Idee nie umgesetzt wurde.[72] Und die UN-Expertenkommission zur Lösung der globalen Finanz- und Wirtschaftskrise unter dem Vorsitz von Joseph Stiglitz unterstützt den Vorschlag von Keynes als »Idee, deren Zeit gekommen ist«.[73]

Damit sind die wichtigsten »Spieltische« des globalen Finanzkasinos, der globale Finanzmarkt, geschlossen.[74] Die Kernfunktionen der Finanzmärkte werden von der demokratischen Zentralbank, privaten und öffentlichen Gemeinwohl-Banken und Gemeinwohl-Börsen, durch ein solidarisches Rentensystem sowie eine globale Währungskooperation übernommen. Geld wird dadurch in seine dienende Rolle zurückverortet. Es wird zum Mittel für das Gemeinwohl. Die chronische Instabilität des »Monster«-Finanzsystems würde abebben. Auf monströse Bankenrettungen werden wir ungläubig zurückblicken. Mit der Instabilität wird auch die Ungleichheit zurückgehen. Niemand kann durch Geldbesitz allein reich werden, Einkommen entstehen aus Arbeit; Arbeitseinkommen reichen (auch) deshalb zu einem guten Leben für alle.

Demokratische Bank & Gemeinwohl-Bank

Infolge der Auswüchse, Fehlentwicklungen und systemischen Instabilität des chrematistischen Finanzsystems entwickeln sich seit einiger Zeit weltweit alternative und ethische Banken und auch Börsen. Der Dachverband Global Alliance for Banking on Values (GABV) wurde unter der Federführung der deutschen GLS Bank und der holländischen Triodos Bank eingerichtet. In Österreich hat das »Projekt Bank für Gemeinwohl«, das zeitgleich mit der Gemeinwohl-Ökonomie 2010 als ihre zivilgesellschaftliche Zwillingsschwester startete, 2017 mit einer Gemeinwohl-Prüfung für Crowdinvesting-Projekte den ersten Schritt auf den Markt gemacht. Das Projekt geht zurück auf die Vision einer »Demokratischen Bank«, die nach der Finanzkrise 2008 bei Attac Österreich entstand. Im Folgenden wird das idealtypische Bild einer öffentlichen »Demokratischen Bank« sowie einer privaten »Gemeinwohl-Bank« skizziert.

Ziele und Leistungen

Demokratische und Gemeinwohl-Banken sind nicht primär gewinn-, sondern gemeinwohlorientiert. Ihre Werte und Ziele sind die der Gemeinwohl-Ökonomie. Insbesondere sollen regionale Wirtschaftskreisläufe und sozial wie ökologisch nachhaltige Investitionen gefördert werden. Die Demokratischen und Gemeinwohl-Banken erbringen folgende Kernleistungen:

1. garantierte Spareinlagen;
2. erschwingliches Girokonto für alle WohnsitzbürgerInnen;
3. kostengünstige Kredite für Unternehmen und Privathaushalte bei a) ausreichender ökonomischer Bonität und b) Schaffung von ökologischem und sozialem Mehrwert durch die Investition;
4. flächendeckendes Filialnetz mit wertschätzender persönlicher Betreuung, tendenziell in Synergie mit Demokratischer Post, Demokratischer Bahn und öffentlichen Internet-Docks;

5. kostengünstige Ergänzungskredite (zur EZB-Finanzierung) an den Staat und Vermittlung von Staatsanleihen (solange nötig);
6. Wechsel von Währungen.

Demokratische und Gemeinwohl-Banken halten sich bewusst fern von jeder Form der Finanzspekulation, von Wertpapierhandel (Trading), Derivaten, renditeorientierten Fonds und kapitalmarktorientierten Rentenprodukten. Sie entsprechen dem traditionellen Verständnis einer Sparkasse oder Kreditgenossenschaft.

Subsidiarität und Demokratie

Die Demokratische Bank ist subsidiär aufgebaut. Die Mehrheit aller Kredite wird auf kommunaler Ebene vergeben. Die Demokratischen Banken entscheiden autonom. Auf der kommunalen Ebene wird der Vorstand ebenso direkt gewählt wie der Aufsichtsrat (»Demokratischer Bankenrat«), von dem er kontrolliert wird. Der Demokratische Bankenrat besteht aus VertreterInnen der Beschäftigten, KonsumentInnen, SchuldnerInnen, regionalen Kleinbetrieben (KMU) sowie einer Gender-Beauftragten und einer ZukunftsanwältIn. Alle Gremien bestehen zur Hälfte aus Frauen und Männern.

Für größere Investitionen und Staatskredite gibt es die Landes- und die Bundesebene; diese werden durch die lokale Ebene anteilsmäßig mitfinanziert. Überschüssige Spareinlagen werden an diese höheren Ebenen weitergeleitet, falls sie dort benötigt werden. VertreterInnen der lokalen Banken wählen aus ihrer Mitte Vorstand und Aufsichtsrat der Landes- und gemeinsam mit dieser die Bundesebene. Die Zentralen dienen ausschließlich dem Liquiditätsausgleich und der Vergabe größerer Kredite. Sie betreiben darüber hinaus keinen Eigenhandel mit Wertpapieren und Derivaten. Die Landes- und Bundesebene sind der kommunalen Ebene nicht hierarchisch übergeordnet, sie sind gleichberechtigte und autonome Elemente des Demokratischen Banken-Verbundes. Alle gewählten VertreterInnen sind dem Souverän Rechenschaft schuldig und können von diesem jederzeit abgewählt werden. Alle Gremien der Demokratischen Bank tagen öffentlich.

Transparenz und Sicherheit

Alle Geschäfte der Demokratischen Bank scheinen in der Bankbilanz auf, die Errichtung von Filialen oder Zweckgesellschaften in Steueroasen ist untersagt.

Kredite werden grundsätzlich veröffentlicht, um die Gemeinwohl-Wirkung auch transparent zu machen und Vertrauen zu schaffen. Die privaten Konten und Überweisungen unterliegen hingegen dem Datenschutz. Nur die steuerrelevanten Daten werden automatisch an die Finanzämter übermittelt (wie heute schon die Arbeitseinkommen).

Die Rolle der Demokratischen Bank ist auf Geldvermittlung zwischen SparerInnen und KreditnehmerInnen beschränkt. Die Bank muss gesetzliche Eigenkapitalvorschriften befolgen, sie darf jedoch nach dem bewährten Prinzip des Hausbankensystems arbeiten und in Krisenzeiten eine antizyklische Kreditvergabepolitik vornehmen: Wenn es für die Unternehmen in Krisenzeiten schwieriger wird, wird die Demokratische Bank großzügiger. Dafür hält sie ausreichend Eigenkapital vorrätig.

Soziale und ökologische Kreditprüfung

Bei der Kreditvergabe soll die Kenntnis der lokalen Situation und der Wirtschaftsakteure eine Rolle spielen, nicht anonymes Rating. Kreditansuchen werden nicht mehr ausschließlich auf ihre ökonomische Rentabilität geprüft, sondern auch auf ihren sozialen und ökologischen Mehrwert. Für diese »Gemeinwohl-Prüfung« gibt es ebenso gesetzliche Richtlinien wie für die ökonomische Bonitätsprüfung – manche sprechen bereits von einem »ökosozialen Basel IV«. Grundlage der Gemeinwohl-Prüfung wird ein der Gemeinwohl-Bilanz verwandtes Bewertungsverfahren sein, das vom »Projekt Bank für Gemeinwohl« entwickelt wurde und seit 2017 auf der eigenen Crowdinvesting-Plattform auf alle zur Finanzierung vorgeschlagenen Projekte angewandt wird.

Investitionsvorhaben mit besonders hohem sozialen und ökologischen Mehrwert erhalten Kredite kostenlos oder sogar mit »negativem Zins«, das heißt, sie müssen nicht einmal die volle Kreditsumme zurückzahlen. Dagegen zahlen KreditnehmerInnen, deren Projekte nur die gesetzlichen Mindestanforderungen erfüllen, eine entsprechend höhere Kreditgebühr. Projekte, die einen sozialen oder ökologischen *Minder*wert schaffen – zum Beispiel ein Stall für 10000 Tiere oder ein Atomkraftwerk –, erhalten gar keinen Kredit, selbst wenn sie betriebswirtschaftlich hochrentabel wären. Damit wirkt der Finanzmarkt endlich auch als Steuerungsinstrument für eine sozial und ökologisch nachhaltige Entwicklung. »Ethisches Investieren« wird zum gesetzlichen Standard.

Finanzierung, Refinanzierung, Konkurs

Die Bank finanziert sich entweder über Kreditgebühren oder negative Sparzinsen, dazu gleich mehr. Sie deckt damit ihre Kosten (inklusive der Kreditausfälle – diese betragen im Durchschnitt weniger als ein Prozent der Kreditsumme). Die Menschen, die in der Gemeinwohl-Bank arbeiten, genießen hohe soziale Sicherheit und umfassende Mitbestimmungsrechte. Die maximale Einkommensspreizung innerhalb der Bank beträgt 1:10. Diesen Maximalwert für Ungleichheit hat das Parlament des Schweizer Kantons Glarus Anfang 2013 für die öffentliche Kantonalbank beschlossen.[75]

Die Bank vergibt Kredite aus den Einlagen von Privaten, Unternehmen und Staat. Da diese Finanzvermögen in Relation zur realen Wirtschaftsleistung (BIP) immer weiterwachsen, ist für ausreichendes Kreditkapital (Refinanzierung) gesorgt.

Falls in einer Gemeinde, Region oder einem Bundesland die Spareinlagen nicht ausreichen, um alle sozial und ökologisch sinnvollen Kreditansuchen zu decken, verteilen andere Banken, in denen die Sparguthaben die Kreditsumme übersteigen, zu diesen um. Als »letzte Kreditgeberin« fungiert die Zentralbank. Ihre Refinanzierungsaktivitäten sind jedoch an die Bedingung der realen und ethischen Kreditvergabe gekoppelt. Spekulative Geschäftspraktiken werden nicht refinanziert.

Der Konkurs einer Zweigstelle der Demokratischen Bank ist sehr unwahrscheinlich, da

a. die Bank nicht gewinn- und damit schwach risikoorientiert ist;
b. die Geschäfte sich auf das »konservative« Kreditgeschäft beschränken; sie handelt nicht mit Wertpapieren und Derivaten;
c. für die Kreditvergabe gesetzliche Sicherheitsregeln gelten;
d. die Vorstände persönlich haften, wenn sie die Gesetze nicht einhalten;
e. ein ebenfalls direkt demokratisch gewählter Aufsichtsrat die Tätigkeit des Vorstandes prüft und kontrolliert;
f. die Vorstände zusätzlich dem Souverän Rechenschaft ablegen müssen und jederzeit abgewählt werden können.

Dennoch kann es im Einzelfall zum Konkurs kommen, falls eine hohe Zahl von Krediten gleichzeitig ausfällt. In diesem Fall verhindert die Zentralbank durch Rekapitalisierung den Konkurs. Die Demokratische Bank ist »too essential to fail« – gleich Schulen, Universitäten, der Bahn oder Krankenhäusern. Diese können heute auch nicht in Konkurs gehen.

Zinsen und Inflation

Das konventionelle Bild einer Bank ist, dass sie aus der Marge zwischen Kredit- und Sparzinsen ihre Kosten bestreitet und auch einen Gewinn erzielt. Dabei muss sie stets »austarieren«, weil auf beiden Seiten Wettbewerbsmärkte wirken und zu hohe Kredit- oder zu niedrige Sparzinsen zum Abwandern von KundInnen führen können. Das war nicht immer so: Bis 1967 gab es in Deutschland den sogenannten Eckzinssatz auf der Seite der Sparzinsen, um den Wettbewerb zu minimieren und die Banken in Ruhe das Kerngeschäft wahrnehmen zu lassen. Auch muss es nicht für alle Zeit so bleiben. Grundsätzlich hat eine Bank, so sie ihr Einkommen aus der Zinsmarge bezieht, die Wahl zwischen fünf möglichen Geschäftsmodellen:

1. Die Kosten des Bankbetriebs (drei Prozent) werden von den KreditnehmerInnen eingehoben plus die Abgeltung einer all-

fälligen Inflation (zwei Prozent) für die SparkundInnen plus ein darüber hinausgehender (realer) Sparzins (ein Prozent). Macht in Summe durchschnittlich sechs Prozent Kreditzinsen und drei Prozent Sparzinsen.

2. Kosten der Bank plus Inflationsabgeltung (fünf Prozent Kreditzins). Die Sparguthaben sind inflationsgesichert (zwei Prozent Sparzins).
3. Kosten der Bank (drei Prozent Kreditzins). Im Fall von Inflation verlieren die Sparguthaben entsprechend an Wert (Sparzins null Prozent).
4. Die Kosten werden hälftig von den KreditnehmerInnen (Kreditzinsen 1,5 Prozent) und hälftig von den SparerInnen (Sparzinsen -1,5 Prozent) getragen. Zusätzlich verlieren die Sparguthaben im Fall von Inflation an Wert.
5. Die SparerInnen übernehmen alle Kosten (Sparzins minus drei Prozent), und ihre Sparguthaben werden zudem durch Inflation entwertet. Im Fall von Deflation werden die Kosten (teilweise) wettgemacht.

Vermutlich werden Sie denken: Die fünfte Variante ist absurd. Dennoch ist sie – systemisch betrachtet – die mit Abstand vorteilhafteste. Das muss natürlich erklärt werden. Menschen, die sich über Zinseinkommen freuen, und sei es auch nur die Abgeltung der Inflation, haben üblicherweise nicht die Information, wer ihnen diese Einkommen erarbeitet und bezahlt – von selbst vermehrt sich Geld ja nicht. Zum kleineren Teil werden diese Zinsen über Konsumkredite direkt von den KäuferInnen von zum Beispiel Immobilien oder Autos finanziert. Zum größeren Teil werden die Kreditzinsen von Unternehmen bezahlt, die diese jedoch vollständig in die Produkt- und Dienstleistungspreise weiterverrechnen und von den KonsumentInnen bezahlen lassen. Das sind allerdings wieder die SparerInnen, die sich über Sparzinsen freuen, die sie selbst bezahlen. Das Ganze wäre ein – verteilungsneutraler – Kreisverkehr, wenn alle Menschen gleich viel konsumieren und sparen würden. Genau das ist jedoch nicht der Fall. Die breite Masse der Menschen hat eine relativ geringe Sparneigung, sie gib den Großteil ihres (niedrigen) Einkommens für Konsum aus, kann gar nicht sparen oder muss sogar Kredite aufnehmen, um über die Runden zu kommen. Während diese Mehrheit (fast) vom gesamten Einkommen Zinsen zahlt (über Konsum), sind ihre Sparzinsen unbedeutend. Hingegen kann es sich eine vermögende Oberschicht leisten, nur einen Teil des Einkommens für Konsum auszugeben (und davon Kreditzinsen mitzubezahlen) und einen größeren Teil anzusparen und dafür Sparzinsen zu lukrieren. Je nach Höhe von Einkommen und Ersparnissen, je nach Konsum- und Sparquote zahlen die einen in diesem Kreisverkehr mehr Zinsen, als sie bekommen, bei den anderen ist es umgekehrt. Helmut Creutz zufolge zählen mindestens achtzig Prozent der Bevölkerung zu den Netto-ZinsverliererInnen, und nur maximal zehn Prozent sind Netto-ZinsgewinnerInnen.[76] Das Problem: Darüber klärt uns keiner auf. Deshalb gibt es immer noch sehr viele Menschen, die sich über Sparzinsen freuen. Die Banken zeigen ihnen am Weltspartag nur die Sparzinsen. Das wäre so, als würden sie uns von den beiden Bilanzseiten nur eine zeigen: Wir glauben an einen Gewinn, obwohl wir einen Verlust erleiden. Die Demokratische Bank wird am Weltspartag einen »Persönlichen Zinsrechner« verteilen, mit dem mühelos ausgerechnet werden kann, ob jemand zur schmalen Elite der Netto-ZinsgewinnerInnen oder zur großen Mehrheit der Netto-ZinsverliererInnen zählt. Danach wird es rasch eine Verfassungsmehrheit von ZinsgegnerInnen geben.

Die Umverteilung beginnt mit dem ersten Zehntelprozent Positivzins, gilt also auch schon für die Abgeltung der Inflation. Ein kleines Beispiel: Wer ein Vermögen von fünfzig Millionen Euro auf dem Sparbuch hat (die reichsten Menschen besitzen fünfzig *Milliarden* Euro und mehr), erhält bei einem Sparzins von einem Prozent eine halbe Million Euro jährlich – geschenkt! Dieses Geld wächst jedoch nicht auf den Bäumen, sondern es wird umverteilt von einer großen Zahl von Netto-ZinsverliererInnen, die der vermögenden Person dieses für die meisten Menschen durch keine Arbeitsleistung der Welt erzielbare Einkommen im Schweiße ihres Angesichts zuschaufeln.

Jetzt kommt der Punkt: In einem Negativzinssystem kehrt sich der Verteilungseffekt um: Die Umverteilung findet von den zehn

Prozent Vermögendsten zu den neunzig Prozent bisherigen Netto-ZinsverliererInnen statt, die nun zu den Netto-ZinsgewinnerInnen zählen. Grob gerechnet kann man das so verstehen: Schmelzen meine hundert Euro Ersparnisse durch einen Negativzins von drei Prozent auf 97 Euro, bin ich zwar auf der Seite der Ersparnisse um drei Euro ärmer geworden. Wenn ich mir aber gleichzeitig auf der Seite meiner Konsumausgaben vier, fünf oder sechs Euro erspare, weil ich nicht länger die Sparzinsen (und die Inflationsabgeltung) der Großvermögenden finanzieren muss, habe ich unterm Strich gewonnen! Bei den Wohlhabendsten ist es genau umgekehrt. Zurück zum Beginn argumentiert: Auch die drei Prozent Marge für den Bankbetrieb würden in einem Negativzinssystem nicht von den neunzig Prozent finanziert, sondern von den zehn Prozent Wohlhabendsten. So würde das Finanz- und Zinssystem einen Beitrag zu einer gerechteren Verteilung leisten, es würde als gewisse »negative Rückkoppelung« wirken (dazu später mehr) und die Gesellschaft dadurch insgesamt etwas freier machen. Vermutlich deshalb nannte Silvio Gesell ein Negativzinssystem auch »Freigeld«.[77] Während Gesell in weiten Teilen der Wissenschaft ziemlich verschrien ist, war John Maynard Keynes voll des Lobes für ihn. In der »Allgemeinen Theorie« würdigte er Gesell als »zu Unrecht übersehenen Propheten (…) dessen Werk Einfälle tiefer Einsicht enthält«. Den Gedanken hinter der von Gesell vorgeschlagenen Schwundgebühr auf Geld bezeichnete Keynes als »gesund«.[78] Das praktische und internationale Aufmerksamkeit erregende Wirtschaftswunder in Wörgl in der Zwischenkriegszeit beruhte übrigens auf den Ideen von Silvio Gesell.

Der zweite eminent positive Effekt eines Negativzinssystems wäre, dass der Kreditzins für Unternehmen grundsätzlich auf null Prozent gesetzt werden könnte. Zumindest ab einem passablen Gemeinwohl-Bilanz-Ergebnis. Das würde nicht nur die Leistungen der Unternehmen würdigen und die herrschende »Kreditklemme« abschwächen (es muss auch weiterhin ausreichende finanzielle Bonität vorliegen), sondern es würde auch die aristotelische und Marx'sche Grundkritik, dass aus Geld immer mehr Geld werden müsse[79], auflösen: Unternehmen wären vom Wachstumszwang befreit, dem sie ab dem Moment unterliegen, in dem sie einen positiv verzinsten Kredit aufnehmen. Dieser Stress wäre weg. Ein Negativzinssystem wäre eminent unternehmensfreundlich – sie kämen grundsätzlich günstiger zu Eigen- und Fremdkapital als heute (weil Kapital ein Mittel, ein öffentliches Gut wird). Die Gesellschaft würde unternehmerische Leistungen auf diesem Weg belohnen und anreizen. Allerdings nicht undifferenziert: Würden die Zinsen für alle Investitionsvorhaben auf durchschnittlich null gesenkt, würde das sogar als Wachstumstreiber wirken, weil Investieren – und damit Einkommen- und Nachfrage-Schaffen – systemisch günstiger würde. Schon jetzt aber ist die Tragfähigkeitsgrenze der Erde deutlich überschritten. Der ökologische Fußabdruck der Menschheit ist bereits größer, als es der Planet langfristig aushalten kann. Systemische Wachstumstreiber sind aus der Wirtschaftsordnung zu entfernen. Deshalb muss der Effekt »günstigere Finanzierung« von Unternehmen durch einen gegenläufigen Effekt aufgehoben werden: Gemeinwohl-Prüfung und Gemeinwohl-Bilanz. Sie sorgen dafür, dass nur solche Investitionen getätigt und finanziert werden, die systemisch zu keinem weiteren Anwachsen des absoluten Ressourcenverbrauchs führen, sondern im Gegenteil zu dessen Rückgang im Sinne einer Postwachstumsökonomie.

Selbstverständlich bliebe auch auf der Seite der Kreditzinsen Spielraum: Banken könnten den Risiko-Spread, den sie heute schon anwenden (riskantere Kredite sind höher, weniger riskante Kredite niedriger verzinst), um den ethischen Risiko-Spread ergänzen: Vorhaben mit exzellentem Gemeinwohl-Prüfergebnis werden niedriger oder sogar negativ verzinst, Investitionen mit schwächerem Gemeinwohl-Prüfergebnis höher.

Konsumkredite sollten weiterhin positiv verzinst sein, sodass sie für den Betrieb der Bank aufkommen (drei Prozent), nicht jedoch für Sparzinsen.

Das größte Problem dieses sinnvolleren, nachhaltigeren und gerechteren Zinssystems ist die Wettbewerbssituation in einer Übergangszeit: Wenn eine Bank vorausgeht, wird sie zwar viele KreditkundInnen gewinnen, aber ebenso viele SparkundInnen verlieren. Von daher ist zu überlegen, ob der Zinswettbewerb zwischen Banken grundsätzlich Sinn ergibt, oder ob es besser wäre, den Preis des öffentlichen Gutes Geld (als Kredit) zu regulieren. Wie schon erwähnt war in Westdeutschland bis 1967 eine Zinsdeckelung wirksam. Anerkannte Ökonomen vertreten die Ansicht, dass die »wichtigsten Preise der Weltwirtschaft«, dazu zählen der Preis des Geldes (Zins), der Preis von Währungen (Wechselkurs), der Preis von Rohstoffen, aber auch der Preis menschlicher Arbeit (hier der Mindest- und der Höchstpreis), nicht auf Märkten gebildet, sondern politisch festgelegt werden sollten.[80] Stephan Schulmeister schreibt, dass beim Erdölpreis »jede Lösung besser wäre als die bisherige Marktlösung«.[81] In der Antike bestand weitgehend Konsens darüber, dass Geld keine Ware werden sollte. Die »Zivilökonomen« Luigino Bruni und Stefano Zamagni berichten: »Von Aristoteles bis Cato verurteilte die Antike die Kreditvergabe mit Zinsen aufgrund der Überlegung, Geld bringe keine Früchte und sei an sich unproduktiv; deshalb betrachtete man das Einfordern von Früchten (Zinsen) für etwas, das essenziell fruchtlos ist (das Geld), als widernatürlich.«[82] Aristoteles sah in der Zinsnahme »von allen Erwerbszweigen den naturwidrigsten«.[83] Von Gandhis sieben Todsünden der modernen Gesellschaft lautet die erste »Reichtum ohne Arbeit«.

Exkurs: Zins und exponentielles Wachstum

Viele kennen die Legende vom »Josephspfennig« aus dem Jahr 1772 von Richard Price: Ein einziger Pfennig, am Tag von Jesu Geburt mit jährlich fünf Prozent verzinst, wäre durch den Zinseszinseffekt auf einen Betrag im Wert von 150 Millionen Erdkugeln aus purem Gold angewachsen: ein illustrer Beweis für die mathematisch unmögliche dauerhafte Verzinsung von Kapital oberhalb der wirtschaftlichen Wachstumsrate. Thomas Pikettys Wälzer »Das Kapital im 21. Jahrhundert« lässt sich auf zwei Buchstaben reduzieren: »r > g« – was genau das bedeutet: Die Kapitalverzinsung liegt über der Rate des Wirtschaftswachstums, und das führt zu wachsender Ungleichheit bis zum Kollaps. Ganz abgesehen vom damit einhergehenden wachsenden Ressourcenverbrauch, der schon jetzt die Grenzen des Planeten überschritten hat und das Wohl der Menschheit zunehmend bedroht. Die Legende vom Josephspfennig ist aufschlussreich, in der Realität scheitert sie daran, dass die Wachstumsrate des Kapitals nicht über Jahrhunderte konstant und hoch über dem Wirtschaftswachstum liegt. Die größten Privatvermögen betragen heute deshalb nicht Dutzende goldene Erdkugeln, sondern »nur« fünfzig bis hundert Milliarden US-Dollar: immer noch viel zu viel. Das Bild von vielen goldenen Erdkugeln ist mächtig, doch so viel muss gar nicht bewiesen werden: Langfristig mathematisch ist die Verzinsung der gesamten Spareinlagen nicht einmal im Ausmaß der Inflation möglich: Mit jedem Jahr, in dem das Geldvermögen im Verhältnis zur realen Wirtschaftsleistung größer wird – und das tut es in jedem Jahr, in dem die Sparrate die Wachstumsrate übersteigt –, braucht es einen größeren Teil der jährlichen Wirtschaftsleistung, um das Geldvermögen in gleicher Höhe zu verzinsen. Zur Veranschaulichung: Ist das Geldvermögen dereinst hundertmal so groß wie die reale Wirtschaftsleistung, bräuchte es das gesamte BIP, um das Geldvermögen mit nur einem Prozent zu verzinsen (nominell). Bei einer Inflation von 1,5 Prozent wäre es dann nicht einmal mehr möglich, den Wert des Geldvermögens zu erhalten. Mathematisch sind Zinsansprüche ab einem gewissen (vielfachen) Verhältnis zwischen Finanzvermögen und BIP (in »reifen« Volkswirtschaften) schlicht nicht mehr einlösbar. Das ist der nüchtern-rechnerische Hintergrund – hinter den Glücks-, Verteilungs- und Nachhaltigkeitsargumenten –, warum Kapitaleinkommen grundsätzlich in Frage zu stellen und in der Gemeinwohl-Ökonomie nicht mehr vorgesehen sind.

Die Demokratische Bank betreibt deshalb Aufklärung, welche Folgen Zinsen im Speziellen und Renditeansprüche des Kapitals im Allgemeinen volkswirtschaftlich und gesamtgesellschaftlich haben, und bereitet die Gesellschaft auf das Ende »arbeitsloser« Kapitaleinkommen vor. Anstatt mit Sprüchen wie »Lassen Sie Ihr Geld für sich arbeiten« eine Nebelwand zwischen SparerInnen und

Geldanlage hochzuziehen, ermuntert die Demokratische Bank zu »Schauen Sie hin, was mit Ihrem Geld passiert«.

Da in der Gemeinwohl-Ökonomie kein Wachstumszwang mehr herrscht, besteht die Möglichkeit, dass die Inflation erlischt. Herman Daly hat diesen Zustand als »Steady-State Economy« bekanntgemacht.[84] Damit wäre auch das »Problem« der Geldentwertung gelöst (was den Vermögenden mehr nützt als der Unterschicht), und Kredite wären noch billiger, wenn auch die letzten Spareinlagen nicht mehr verzinst werden müssen, um »die Inflation auszugleichen«.

Regionale Komplementärwährungen

In Zeiten der Wirtschaftskrise und insbesondere der Hypertrophie großer Wirtschafts- und Finanzsysteme sprießen, dem Prinzip der Subsidiarität und Resilienz folgend, regelmäßig zahllose lokale und regionale Komplementärwährungen aus dem Boden. Vier triftige Gründe sprechen für solche *lokalen* Parallelwährungen (»der Globo« wäre eine »Komplementärwährung« auf internationaler Ebene): 1. Resilienz: Sie federn die schlimmsten Auswirkungen von Wirtschafts- und Finanzkrisen ab. Das Experiment von Wörgl in der Großen Depression wurde weltberühmt, weil die Wirtschaft in der Tiroler Stadt zweistellig wuchs, während ganz Deutschland und Österreich in der Depression versanken und dem Aufstieg der Nazis nichts entgegensetzen konnten. Dennoch wurde das höchst erfolgreiche Experiment von der Österreichischen Nationalbank untersagt und beendet. 2. Demokratische Kontrolle: Durch sie nehmen die Menschen, welche die großen Ordnungssysteme nicht gestrickt haben, ihr Leben selbst in die Hand und kontrollieren das »öffentliche Gut« Geld zumindest im unmittelbaren Lebensumfeld selbst. 3. Sozialer Zusammenhalt: Üblicherweise stärken Komplementärwährungen die Gemeinschaft und die sozialen Bande, sie führen zu einem höheren Maß an Solidarität und Gerechtigkeit. Viele dieser Währungen verstehen sich als zinsfrei, in anderen gilt eine Stunde gleich viel, egal, was geleistet wird. Oder die Ungleichheit ist zumindest begrenzt. 4. Nachhaltigkeit: Lokale Komplementärwährungen besitzen nur lokal begrenzte Kaufkraft, was regionale Wirtschaftskreisläufe und in der Regel nachhaltigere Strukturen fördert. Regionale Komplementärwährungen sind auch flexibler mit anderen ökologischen Innovationen kombinierbar wie zum Beispiel der Gemeinwohl-Bilanz von Unternehmen, der Gemeinwohl-Prüfung von Investitionen oder der Nutzung anderer Commons.

Im Unterschied zur bisherigen Freiwilligkeit sollten diese wertvollen Initiativen jedoch auf eine ebenso solide rechtliche und technische Basis gestellt werden wie die offizielle Währung. Der Euro basiert ja auch nicht auf Ehrenamt. Die lokalen Souveräne sollten deshalb die Möglichkeit haben zu entscheiden, ob sie das jeweilige Regiogeld zu einem gesetzlichen Zahlungsmittel mit regional begrenzter Gültigkeit und Annahmepflicht machen wollen. Falls ja, könnten die Demokratischen Banken zur Ausgabestelle von regionalen Komplementärwährungen werden – quasi zur Zentralbank für Regiogeld.

Auf zur Gründung!

Attac Österreich hat bei seiner AktivistInnenversammlung im April 2010 ein inhaltlich-strategisches Projektpapier zur Demokratischen Bank angenommen.[85] Darin ist die Idee einer flächendeckenden gesetzlichen Bank beschrieben. Da deren Umsetzung in der gegenwärtigen Form der Demokratie in naher Zukunft nicht zu erwarten ist – diese Option wird erst mit den demokratischen Wirtschaftskonventen realistisch –, rief Attac die Zivilgesellschaft in Österreich zur Gründung eines privaten Prototyps auf, der zum Vorbild für weitere Bankgründungsprojekte werden könnte. Im Juni 2010 startete das »Projekt Demokratische Bank«, an dem sich seit Oktober 2010, dem eigentlichen Beginn, rund 200 Personen beteiligt haben.

Das auf dem Weg umbenannte »Projekt Bank für Gemeinwohl« hat sich zunächst drei Jahre lang als Verein organisiert, der Ende 2014 in eine Genossenschaft mündete.[86] Mitte 2017 zählte die Genossenschaft knapp 5500 EigentümerInnen und sieht drei Standbeine vor: eine Finanzdienstleisterin, eine Akademie für Geld- und Wirtschaftsbildung sowie eine politische Akteurin für ein gemeinwohlorientiertes Geld- und Finanzsystem. Die erste große Errungenschaft war die Entwicklung der Gemeinwohl-Prüfung, die 2017 erstmals auf eine Reihe von Crowdfunding-Projekten angewandt wurde. Nächstes Etappenziel ist das Gemeinwohl-Konto für Privatpersonen, Vereine und Unternehmen. Mittelfristiges Ziel bleibt die Gründung einer ethischen Vollbank. Vielleicht, wer weiß, der ersten Bank für Freigeld und Vollgeld!

4. Eigentum

»Eigentum ist nur Mittel zum Zweck;
nicht Selbstzweck.«

John Stuart Mill[87]

Die Gemeinwohl-Ökonomie ist einerseits eine vollethische Marktwirtschaft und zum anderen eine wirklich liberale Marktwirtschaft. Das bedeutet dreierlei: 1. Alle Menschen und MarktteilnehmerInnen sollen die gleichen Freiheiten, Rechte und Chancen genießen. 2. Die wirtschaftliche Macht der einen muss dort begrenzt werden, wo sie die gleichen oder anderen Freiheiten anderer Menschen gefährdet. 3. Beim Eigentum, das gleichermaßen Fundament sein kann für Freiheit wie für Macht und Herrschaft, wird auf Vielfalt gesetzt: Privateigentum, öffentliches Eigentum, Gemeinschaftseigentum (»Commons«, Allmenden), Gesellschaftseigentum und Nutzungsrechte. Keiner Eigentumsform wird absoluter Vorrang eingeräumt. In der gegenwärtigen Wirtschaftsordnung ist die Absolutstellung des Privateigentums zur größten Gefahr für die Demokratie geworden. »Eigentum ist heilig«, denken manche. Doch durch die Nichtbegrenzung des Eigentumsrechts ist eine schmale Elite von Personen und Unternehmen so reich und mächtig geworden, dass sie die Medien kontrollieren und politische Prozesse zu ihren Gunsten lenken können. Das widerspricht dem demokratischen Grundprinzip der gleichen Rechte, Chancen und Beteiligungsmöglichkeiten für alle. Ebenso steht es dem liberalen Urprinzip entgegen, dass die Freiheit des einen dort enden muss, wo sie die des anderen – und damit die Gleichheit – einzuschränken beginnt. Beide Prinzipien implizieren, dass die Macht im Staat, in der Gesellschaft und auch in der Wirtschaft nicht allzu ungleich verteilt sein darf, damit es nicht zum Missbrauch dieser Macht kommt. Zahlreiche AutorInnen haben dieses Problem in den letzten Jahren aufgegriffen: Robert Reich (»Superkapitalismus«), Gerhard Schick (»Machtwirtschaft – nein danke!«), Lisa

Herzog (»Freiheit gehört nicht nur den Reichen«), Richard Wilkinson (»Gleichheit ist Glück«) oder zuletzt Thomas Piketty (»Das Kapital im 21. Jahrhundert«). Aber auch prominente Vertreter des Kapitals wie WEF-Gründer Klaus Schwab warnen vor den Gefahren der wachsenden Ungleichheit und fordern Begrenzungen.[88]

Negative Rückkoppelungen

Das Prinzip der Gewaltenteilung besagt im Kern: Die Macht im Staat muss aufgeteilt werden (zum Beispiel zwischen Legislative, Exekutive und Judikative), damit keine Instanz im Verhältnis zur anderen zu mächtig werden kann. Heute ist es dringend nötig, dieses Prinzip auf die Wirtschaft zu übertragen, weil dort die Macht so stark konzentriert ist, dass die übermäßige (Eigentums-)Freiheit der einen die Freiheit aller massiv gefährdet. Zur Trennung der Gewalten schlage ich sogenannte »negative Rückkoppelungen« vor. »Negative Rückkoppelung« ist ein Begriff aus der Systemtheorie und bedeutet, dass eine Tendenz innerhalb eines Systems – zum Beispiel Erwärmung – durch eine gegenläufige Tendenz – Abkühlung – aufgehoben wird. Wäre das nicht der Fall, würde sich das System überhitzen und explodieren oder kollabieren. Negative Rückkoppelungen halten lebende und komplexe Systeme stabil. »Positive Rückkoppelung« meint, dass Tendenzen sich gegenseitig noch verstärken, zum Beispiel kann das Abschmelzen des arktischen Eisschildes zu dunklerer Landoberfläche und damit zu weiterer Erwärmung der Erde führen – der Klimawandel beschleunigt sich. Kapitalismus ist ein positiv rückgekoppeltes System, weil es mit fortschreitendem Reicherwerden und Größerwerden für Individuen und Unternehmen immer leichter wird, noch reicher und größer zu werden. Die erste Million ist die schwierigste. Die zweite Million geht schon viel einfacher. Bei der 101. Million weiß man oft gar nicht mehr, was man für diese geleistet hat, und wer tausend Millionen beisammenhat, muss bei durchschnittlicher Verzinsung der letzten Jahrzehnte täglich 220 000 Euro ausgeben, um nicht *reicher* zu werden.[89] Negative Rückkoppelung hieße, dass die erste

Million die am leichtesten zu erwerbende ist und dadurch für die große Mehrheit erreichbar wird, während das zusätzliche Reicher- oder Größerwerden immer schwieriger wird, bis es schließlich gar nicht mehr weitergeht. Folgende »Rückkoppelungen« könnten das bewirken:

- die relative Begrenzung der Einkommensungleichheit;
- die Begrenzung des Rechts auf Aneignung von Privatvermögen;
- die Begrenzung der Größe von Unternehmensvermögen in Privatbesitz;
- die Begrenzung des Erbrechts.

Relative Begrenzung der Einkommensungleichheit

Wenn ich das – hochdiverse – Vortragspublikum befrage, das Wievielfache ein Mensch in einer Stunde im Verhältnis zu einem anderen Menschen leisten kann, wird mit großer Konstanz das Zweifache, Fünffache, manchmal das Zehnfache genannt; schlägt jemand das Zwanzigfache vor, folgt in der Regel bereits allgemeines Kopfschütteln. Und auf die Frage, das Wievielfache ein Mensch in der gleichen Arbeitszeit im Verhältnis zu einem anderen maximal verdienen dürfen soll, schlagen die Anwesenden mit ebensolcher Häufigkeit die Faktoren drei, fünf, sieben, zehn und zwanzig vor. Einzelne fordern das Hundert- oder Tausendfache. Wiederum andere das Doppelte oder Einfache: gleichen Lohn für gleiche Anstrengung pro Zeit. Heute verdient der bestverdienende Manager in den USA das 350 000-Fache des gesetzlichen Mindestlohnes: fünf Milliarden US-Dollar Jahreseinkommen. In Deutschland brachte es Porsche-Chef Wendelin Wiedeking 2007/08 als erster angestellter Manager auf über hundert Millionen Euro und damit auf das 8000-Fache eines angenommenen Mindestlohnes von tausend Euro pro Monat.[90] Nun geht aus sämtlichen Studien zu diesem Thema hervor, dass solche extremen Unterschiede

- weder Leistung noch Verantwortung fördern;
- die Reichen nicht glücklich, sondern gierig machen;
- die Armen sich (in jedem Sinn) minderwertig fühlen lassen;

- Unbehagen, Stress, Krankheiten und Sterblichkeit fördern;
- zu einem Anstieg von Misstrauen, Aggression und Kriminalität führen.[91]

Ab einer bestimmten Schwelle nützt Ungleichheit einer Gesellschaft nicht mehr, sondern beginnt ihr zu schaden. So angenehm eine Verdoppelung der Außentemperatur von dreizehn auf 26 Grad Celsius ist, so unangenehm ist ein weiterer Anstieg auf 39 Grad, und jedes weitere Grad wirkt immer unangenehmer. Erwärmung ist kein Selbstzweck, sondern nur angenehm, bis das jeweilige Optimum (des Wohlbefindens, der Lebensqualität) erreicht ist. Bei der ökonomischen Ungleichheit gibt es zwar kein »natürliches« Optimum, aber Menschen verfügen über ein intuitives Gerechtigkeitsempfinden, und es liegt auf der Hand, dass dieses sowohl beim 350 000-fachen als auch beim 8000-fachen Lohn für die gleiche Arbeitszeit verletzt wird. Laut einer Umfrage der *Financial Times* und dem Meinungsforschungsinstitut Harris sind in Spanien 76 Prozent der Befragten der Ansicht, dass die Ungleichheit zu groß geworden sei, in den USA 78 Prozent, in China achtzig Prozent und in Deutschland sogar 87 Prozent.[92] Diese Ergebnisse dürften sich quer durch die Wählerschaft aller Großparteien ziehen. Eine weitere Umfrage ergab, dass 81 Prozent der CDU-Mitglieder Manager-Gehälter als zu hoch empfinden.[93]

Der Vorschlag der Gemeinwohl-Ökonomie: Ein demokratischer Wirtschaftskonvent soll mehrere mögliche Grenzen für die Ungleichheit bei den Einkommen ausarbeiten, zum Beispiel das Sieben-, Zehn-, Zwölf-, Zwanzig-, Dreißig-, Hundert- und Tausendfache, und die Bevölkerung nach der Methode des »Systemischen Konsensierens« darüber abstimmen.[94] Wenn die Ehrgeizigsten mehr verdienen wollen, ist dies möglich, nur müsste dann der Mindestlohn mitsteigen: Arm und Reich wären schicksalhaft aneinandergekettet. Wichtiger Zusatz: Der Mindestlohn sollte ein menschenwürdiges Leben garantieren. Er könnte an einen »Gutes-Leben-Korb« gebunden und, als grober Richtwert, um die 1250 Euro netto angesiedelt werden.

Da es in der Gemeinwohl-Ökonomie keine Kapitaleinkommen

mehr gibt, stellt sich das Problem der Addition von Arbeits- und Kapitaleinkommen nicht. Mieteinkommen und Schenkungen werden dem Personeneinkommen hinzugerechnet und dieses in Summe mit dem Faktor zehn des Mindestlohnes begrenzt. Unternehmen könnten ihren Angestellten theoretisch mehr zahlen, doch steigt ab dem demokratisch festgelegten Vielfachen des Mindestlohnes der Spitzensteuersatz auf hundert Prozent. Das Verstecken von Einkommen oder Vermögen vor dem Finanzamt ist nicht mehr möglich, da die (gemeinwohlorientierten) Banken sämtliche Einkommen automatisch dem Finanzamt melden. Der internationale Kapitalverkehr ist unter der Kontrolle der Demokratischen Zentralbank. Somit bliebe nur die Möglichkeit, sich die Multimillionen bar aushändigen zu lassen und in den Kopfpolster zu stopfen. Dann fehlen sie allerdings in der Bilanz. Und der Kopfpolster würde bald so groß, dass er das ganze Zimmer ausfüllen würde …

Begrenzung der Privatvermögen

Haben Sie schon einmal – theoretisch – versucht, eine Milliarde Dollar auszugeben? Sie bräuchten einen ganzen Stab an Helfern und Helferinnen, um diese Monsteraufgabe überhaupt bewältigen zu können. Sie müssten einen wachsenden Teil Ihrer Tages- und Lebenszeit dafür aufwenden, Ihr Vermögen zu »verwalten«, Sie würden in gewisser Weise zum Angestellten Ihres Vermögens: Wer allzu viel besitzt, wird besessen. Die Glücksforschung hat ergeben, dass materieller Reichtum nur bis zu einer relativ niedrigen Grenze die Lebenszufriedenheit steigert, danach sind es andere Werte. Dies ist aber nicht das Hauptproblem (weil eine freie Gesellschaft niemandem das Recht auf selbstverschuldetes Unglücklichsein nehmen sollte). Das Hauptproblem ist, dass Personen, die Multimilliarden akkumulieren, enorme Macht anhäufen und damit gewaltige Hebel zur Beeinflussung der Gesellschaft in der Hand haben (und so das Glück anderer beeinträchtigen). Wozu Milliardäre in der Lage sind, lässt sich exemplarisch an den Beispielen Donald Trump (kauf dir das Präsidentschaftsamt in den USA), Silvio Berlusconi (Medienoligopol), George W. Bush (Öl-Imperium) oder Frank Stronach (Partei in Österreich gekauft) erfahren. Wird Einzelnen die Eigentumsfreiheit unbegrenzt gewährt, leidet die Freiheit der Mehrheit – oder sie geht sogar ganz verloren, weil in einer Gesellschaft mit extremer Ungleichheit Misstrauen, Angst, Gewalt, Kriminalität und Korruption zunehmen. Die Epidemiologen Kate Pickett und Richard Wilkinson haben eine Fülle von Studien zum Thema gesammelt. Eine ihrer Schlussfolgerungen: »Würden die USA die in ihrem Land herrschenden Einkommensunterschiede auf ein Maß reduzieren, wie es in den Industrieländern mit der höchsten Gleichheit – Japan, Norwegen, Schweden und Finnland – zu konstatieren ist, dann würde der Anteil der Amerikaner, die glauben, anderen vertrauen zu können, um 75 Prozent steigen. Die Raten von Menschen mit psychischen Störungen oder Übergewicht könnten um jeweils zwei Drittel zurückgehen, die Zahl der Teenagerschwangerschaften könnte halbiert werden, die Zahl der Gefängnisinsassen um 40 Prozent sinken, die Menschen würden länger leben und dabei jährlich um das Äquivalent von zwei Monaten weniger arbeiten.«[95] Deshalb soll in der Gemeinwohl-Ökonomie auch über eine Obergrenze für Privateigentum diskutiert werden, zum Beispiel zehn, zwanzig oder dreißig Millionen Euro (hier wäre wieder der Konvent gefragt). Zehn Millionen sind immer noch so viel, dass sich der/die Betreffende fast jeden Luxus leisten kann, aber es ist zu wenig, um die Regierung zu kaufen und die Gesellschaft nach dem eigenen Willen zu formen. Das Eigentumsrecht wäre ein liberaleres!

Demokratisierung von Großunternehmen

Ein tief verwurzelter – oder blendend eingeübter – Reflex, wenn jemand die Macht des Privateigentums kritisiert, ist, dass ihm vorgeworfen wird, er wolle es abschaffen. Doch das ist genauso schlüssig, als würde man Personen, die für Arbeitspausen eintreten, vorwerfen, sie wollten die Arbeit abschaffen, oder MobilitätsforscherInnen, die für Geschwindigkeitsgrenzen eintreten, sie hätten etwas gegen Fortbewegung.

Eine TischlerIn, HandwerkerIn, WirtIn, Software-ProgrammiererIn, ArchitektIn oder BlumenhändlerIn ist UnternehmerIn, sie besitzt Privateigentum, aber sie gefährdet damit niemandes Freiheit, weil sie die politische Macht dazu nicht hat. Deshalb sollten kleine und mittlere Unternehmen auch in Zukunft zur Gänze oder überwiegend im Privateigentum bleiben dürfen (auch wenn sie für gemeinwohlförderndes Verhalten belohnt werden). Kleine und mittlere Unternehmen bilden die große Mehrheit aller Unternehmen. In Österreich haben 99,6 Prozent der Unternehmen weniger als 500 Beschäftigte. Ganz anders verhält es sich bei Großunternehmen: Globale Konzerne sind heute mächtiger als viele Regierungen: Ihre Entscheidungen können Hunderttausende Menschen betreffen, und sie haben einen unverhältnismäßigen Einfluss auf Medien, Parteien, Wissenschaft und Justiz. Es ist zutiefst undemokratisch, dass wenige Privatpersonen über den Kurs dieser Kolosse bestimmen können, während alle anderen Betroffenen – innerhalb und außerhalb der Unternehmen – kein Mitspracherecht besitzen. Dieser Zustand ist mit dem höchsten Wert der westlichen Kultur, der Demokratie, unvereinbar. Deshalb sollten große Unternehmen in dem Maße, in dem sie größer werden, demokratisiert, und die Mitbestimmung der Gesellschaft sollte ausgeweitet werden. Das könnte zum Beispiel so aussehen:

- ab 250 Beschäftigten erhalten die Belegschaft und die Gesellschaft 25 Prozent der Stimmrechte;
- ab 500 Beschäftigten erhalten sie fünfzig Prozent der Stimmrechte;
- ab 1000 Beschäftigten zwei Drittel der Stimmrechte;
- ab 5000 Beschäftigten gehen die Stimmrechte zu je einem Fünftel an EigentümerInnen, Beschäftigte, KundInnen, Gender-Beauftragte und Umwelt-AnwältInnen über.

Die verpflichtende Mitbestimmung der Belegschaft in den Aufsichtsräten großer Unternehmen gibt es in Deutschland in Unternehmen seit 1976[96] – sie würde gestärkt werden. Die größere Herausforderung ist die Mitsprache der Gesellschaft, obwohl es diese auch schon gibt: Das Land Niedersachsen hält eine zwanzigprozentige Sperrminorität an VW. Doch Staatseigentum, das von Regierungen verwaltet wird, löst bei vielen Menschen zu Recht Unbehagen aus. Je nach Regierung würde das Unternehmen einmal in die eine Richtung, einmal in die andere gelenkt und schlimmstenfalls auch missbraucht werden.

Besser wäre daher ein von der Regierung unabhängiges Organ der Gesellschaft, das die Unternehmen mitlenkt. Denkbar wäre ein regionales Wirtschaftsparlament, das als Vertretung des Souveräns fungiert und in allen Großunternehmen einer Region im Aufsichtsrat sitzt. Dieses Parlament würde direktdemokratisch gewählt. Die »Aufsichtsräte des Souveräns« müssten hohe Qualifikationsanforderungen sowohl in Unternehmensführung als auch in Ethik und Gemeinwohl-Kunde erfüllen. Sie müssten periodisch Bericht erstatten, wie sie ihr Stimmrecht zum Wohl aller ausüben. Damit würde eine wirtschaftspolitische Öffentlichkeit geschaffen, die sich nicht mit der Entwicklung von Aktienkursen beschäftigt, sondern mit der Befriedigung von Bedürfnissen und der Lenkung von Investitionen.

Wenn die Öffentlichkeit und die Beschäftigten mit wachsender Unternehmensgröße die Entscheidungen zunehmend verantworten, wäre es auch gerecht, dass sie im Falle von Verlusten diese mittragen. Freiheit und Verantwortung sollten aneinandergekoppelt sein. In der Banken- und Wirtschaftskrise 2008 war es so, dass die privaten Eigentümer die Entscheidungen trafen und die Allgemeinheit die Verluste trug. Das ist genauso falsch wie das umgekehrte Verhältnis. Deshalb muss die öffentliche Hand auch in dem Maß finanzielle Verantwortung übernehmen, wie sie mitentscheidet. Will sie das nicht, kann sie das Unternehmen wieder verkleinern und dadurch »vollprivatisieren«. Dieselbe Freiheit bleibt auch den privaten Eigentümern: Wollen sie die Alleinentscheidenden bleiben, müssen sie das Unternehmen nur entsprechend klein halten. In Österreich hat nur jedes 1000. Unternehmen mehr als 500 Beschäftigte. Bei den vorgeschlagenen Grenzwerten blieben 999 von 1000 Unternehmen in mehrheitlicher privater Verfügungsgewalt und mehrheitlich privatem Eigentum.

MitarbeiterInnenbeteiligung

Langfristiges Ziel der Gemeinwohl-Ökonomie ist, dass möglichst viele Menschen zu MiteigentümerInnen an den Unternehmen werden und diese in gemeinsamer Verantwortung steuern inklusive des gemeinsamen Tragens des Verlustrisikos. Demokratie bedeutet nicht nur, dass alle mitbestimmen dürfen, sondern auch, dass alle Mitverantwortung und das gemeinsame Risiko tragen. Deshalb sollten auch kleinere Unternehmen dafür belohnt – aber nicht verpflichtet – werden, wenn sie jene Beschäftigten am Eigentum des Unternehmens beteiligen, die Verantwortung und Risiko übernehmen wollen. Oft wird argumentiert, dass das nicht alle wollen; sie müssen es auch nicht. Aber niemand wird behaupten, dass es gar keine Beschäftigten gibt, die am Eigentum beteiligt werden und auch finanzielle Verantwortung mittragen *wollen*! Ihnen könnte die Möglichkeit geboten werden, indem etwa Jahr für Jahr eines oder wenige Prozent des Eigentums des Unternehmens zum Beispiel an einen MitarbeiterInnenfonds überschrieben werden, über den die Beschäftigten als vollwertige EigentümerInnen alles mitentscheiden können. Wenn Unternehmen dies tun, gibt das Pluspunkte in der Gemeinwohl-Bilanz.

Gewinnbindung an das Unternehmen

Nach gegenwärtigem Recht kann sich die UnternehmenseigentümerIn den gesamten Gewinn, der von allen Mitarbeitenden erwirtschaftet wird, allein aneignen. Begründet wird das – neben der Eigentumsfreiheit – mit der (anfänglichen) Kapitaleinbringung durch die UnternehmerIn und dem damit verbundenen Kapitalverlustrisiko. Hinzu kommt die rechtliche Verantwortung und Haftung. Häufig bringt die UnternehmerIn auch mehr Arbeitsleistung ein als die Angestellten, manchmal weniger.

Unbestreitbar steigt jedoch mit wachsender Unternehmensgröße der Beitrag der NichtgründerInnen zum Gewinn. Deshalb sollte der Gewinn nicht für alle Zeiten ausschließlich der GründerIn zufließen, zumal sie ja nur für einen (schrumpfenden) Teil des Erfolgs verantwortlich ist; sondern im gleichen Maß abnehmen, in dem die Beiträge anderer Menschen zum Unternehmenserfolg zunehmen. Das könnte zum Beispiel so aussehen:

- ab zehn Beschäftigten sinkt der Anteil des Gewinns, den sich die GründerIn ausschütten kann, um ein Prozent pro Jahr;
- ab zwanzig Beschäftigten um zwei Prozent;
- ab dreißig Beschäftigten um drei Prozent;
- ab fünfzig Beschäftigten um vier Prozent;
- ab hundert Beschäftigten um fünf Prozent pro Jahr.

Rechnerisch hätte damit die GründerIn eines Unternehmens mit hundert Beschäftigten nach zwanzig Jahren keinen Zugriff mehr auf den Gewinn; wichtige Unterscheidung: Es handelt sich hier um den Bilanzgewinn und nicht das Einkommen der UnternehmerIn! Unverändert kann sich die GründerIn einen Lohn/ein Gehalt vom zum Beispiel Zehn- oder Zwanzigfachen des gesetzlichen Mindestlohnes als UnternehmerInnen-Arbeitslohn auszahlen. Der hier entwickelte Gedanke wird auf die allermeisten Kleinunternehmen gar keine Auswirkung haben – es geht darum, Großunternehmen vor übermäßiger Gewinnabschöpfung zu schützen. Speziell durch Erben, die das Unternehmen nicht aufgebaut haben, aber jetzt besitzen und sich neben ihrem Arbeitslohn auch einen Teil des Gewinns aneignen. Viele Familienbetriebe schütten schon heute gar keinen Gewinn aus – aus Prinzip. Sie praktizieren freiwillig die höchste Stufe dessen, was hier vorgeschlagen wird. Weil sie offenbar heute schon den Wert leben, dass a) Gewinne im Unternehmen verbleiben und b) alle, die arbeiten, dafür (nur) einen Arbeitslohn erhalten sollen; auch die UnternehmensgründerInnen.

Auf der anderen Seite gründen manche Menschen Unternehmen mit dem Motiv der Altersvorsorge. Deshalb könnte hier eine Ausnahme für die Regel »keine Kapitaleinkommen« angedacht werden: Die UnternehmensgründerInnen dürfen nach Antritt des Ruhestandes gleich viele Jahre eine – begrenzte – Rente aus den Erträgen des von ihnen gegründeten Unternehmens beziehen. Zum Beispiel: Wer ein Unternehmen 25 Jahre lang aufgebaut hat, kommt 25 Jahre lang in den Genuss einer »GründerInnenrente«. Diese würde zur gesetzlichen Rente, die für sich allein genommen schon für ein Altern in Würde ausreichen sollte, hinzukommen, sowie zu den Ersparnissen, die während des Unternehmensaufbaus gebildet wurden. Die Höhe der GründerInnenrente sollte sich auch daran bemessen, wie viel Geld die GründerIn schon in der Aufbauphase aus dem Unternehmen herausgenommen hat. Das ist der Kern: Wer sich den Unternehmensaufbau vom Mund abgespart hat, soll eine höhere GründerInnenrente erhalten als jene, die von Beginn an großzügig mit sich selbst waren und dadurch größere Ersparnisse bilden konnten und im Alter bereits gut versorgt sind.

Begrenzung des Erbrechts, Generationenfonds und »demokratische Mitgift«

> »Die Erbschaftssteuer dient auch dem Zwecke, die Ansammlung von Riesenvermögen in den Händen einzelner zu verhindern.«
>
> *Verfassung des Freistaates Bayern, Art. 123*

Das (unbegrenzte) Erbrecht annulliert die einzige »natürliche« negative Rückkoppelung des Kapitalismus: dass aufgebaute und konzentrierte Vermögen wieder dekonzentriert und zerteilt werden. Damit ist es das vielleicht größte Einzelhindernis auf dem Weg zu einer chancengleichen, egalitären und demokratischen Gesellschaft.

Das uneingeschränkte Erbrecht führt dazu, dass einige von uns mit einem Startkapital von mehreren Milliarden Euro in das Erwerbsleben eintreten, andere mit null (und unter Umständen auch noch mit psychischen Traumata und Selbstwert-Defiziten). Bis 2001 kamen in Deutschland nur fünfzehn Prozent der Erwachsenen in den Genuss einer Schenkung oder Hinterlassung.[97] 85 Prozent sind also faktisch vom Erbrecht ausgeschlossen. Da Eigentum in hoher Konzentration einen Machtfaktor darstellt, gesellt sich zur ökonomischen Ungerechtigkeit die politische: Vergleichen Sie die politischen Teilhabemöglichkeiten eines Hartz-IV-Haushalt-Abkömmlings mit denen der Söhne und Töchter von Aldi, Porsche oder BMW: Wer wird es »weiter« bringen im Leben? Elite-Studien zeigen, dass die Manager von morgen im Regelfall die Söhne und Töchter der Manager von heute sind – und nicht die Begabtesten und Intelligentesten. Achtzig Prozent der Manager der hundert größten Unternehmen Deutschlands stammen aus den oberen drei Prozent der Bevölkerung. 2003 war nur ein Chef aus den DAX-30-Unternehmen ein Arbeiterkind. Deshalb meint Elitenforscher Michael Hartmann wie in feudalen Zeiten: »Zum Manager wird man geboren.«[98]

Wäre es nicht gerechter und leistungsfördernder, wenn alle unter gleichen Bedingungen starten könnten? In Bezug auf das Erbrecht gibt es bei nüchterner Betrachtung zwei Extrempositionen:

1. *Die feudale Position.* Allein die Geburt entscheidet, wer etwas und wie viel erbt und wer nichts. Begabung, Leistung und Chancengleichheit zählen nichts. Das ist das heutige – unbegrenzte – Erbrecht in Deutschland und Österreich.
2. *Die liberale Position.* Alle starten unter denselben Bedingungen, und allein die Leistung entscheidet, wer sich ein größeres Vermögen erwirbt und wer nicht. Diese Position setzt die vollkommene Abschaffung des Erbrechts voraus oder die Gleichverteilung der Erbmasse an alle.

Die Gemeinwohl-Ökonomie vermeidet Extreme: Weder wird das feudale Prinzip uneingeschränkt beibehalten noch das Erbrecht zur Gänze abgeschafft. Die Lösung könnte ein Mittelweg sein: Das Erbrecht bleibt bis zu einer demokratisch festgesetzten Höhe aufrecht, darüber hinausgehende Erbvermögen gehen in einen öffentlichen »Generationenfonds« und werden aus diesem zu gleichen Teilen an die Nachkommen der nächsten Generation als »demokratische Mitgift«[99] verteilt. Die Grenze könnte bei Finanz- und Immobilienvermögen zum Beispiel bei 500000 oder 750000 Euro pro Person liegen (Beispielwerte für den Konvent).

Das vererbte Vermögen summiert sich in Deutschland jährlich auf 130 bis 200 Milliarden Euro[100] – ungefähr ein Fünfzigstel des Gesamtvermögens von 11,3 Billionen Euro.[101] Würde dieses auf alle neu in das Erwerbsleben Eintretenden gleichmäßig verteilt, wären das bis zu 200000 Euro pro Person – kein schlechtes Startkapital!

Vermindert wird der Betrag allerdings dadurch, dass Erbschaften bis 500000 oder 750000 Euro nicht zerteilt und »demokratisiert« würden. Die tatsächliche »demokratische Mitgift« richtet sich nach der Verteilung: Je konzentrierter die Vermögen sind, desto weniger, aber größere Vermögen werden »dekonzentriert« und verteilt; und wer zum Beispiel 15000 Euro erbt, erhält nur die Differenz auf die durchschnittliche »demokratische Mitgift« als »negative Erbschaftssteuer« (gleich einem Lohnzuschlag zur Erreichung des Mindestlohnes). Mit jedem Jahr, in dem das volkswirtschaftliche Vermögen steigt, steigt auch die durchschnittliche »demokratische Mitgift«. Umgekehrt würden bei Beibehaltung des unbegrenzten Erbrechts die Startbedingungen und damit die Machtverhältnisse immer ungleicher. Bald gäbe es Billionenerben und Habenichtse und – das Ende der Freiheit für die Allermeisten.

Die Idee einer Begrenzung des Erbrechts ist nicht neu: Schon John Stuart Mill schrieb in den »Prinzipien der Politischen Ökonomie« 1848: »Ich habe bereits vorgeschlagen, als eine mögliche Form der Begrenzung der Anhäufung großer Vermögen in den Händen derer, die sie nicht durch eigene Leistung verdient haben, eine Begrenzung des Betrags, der einer Person erlaubt ist zu erhalten in Form von Geschenk, Hinterlassenschaft oder Erbschaft.«[102] Winston Churchill bezeichnete die Erbschaftssteuer »als gewisses Korrektiv, um die Entwicklung einer Klasse fauler Reicher zu verhindern«.[103] Diese klaren Stellungnahmen konnten eine Abschwächung der Erbschaftssteuer auch im angelsächsischen Raum nicht verhindern.

Immobilien

Der Umstand, dass gut die Hälfte des Privatvermögens Immobilienvermögen sind, ist der einzige schwerwiegende Grund für die Beibehaltung des Erbrechts bei Privatvermögen bis zu einer gewissen Grenze. Sonst könnte man das Erbrecht gänzlich abschaffen, um allen eine gleich hohe »demokratische Mitgift« auf den Weg zu geben und zumindest finanzielle Chancengleichheit am Start herzustellen. Das wäre bei Immobilien allerdings nicht sinnvoll, weil dann schon bewohnte Wohnungen oder Einfamilienhäuser aufgegeben werden müssten – nicht gerade menschlich. Bereits mit einem Freibetrag von 500 000 Euro wäre das Problem jedoch so gut wie gelöst: Laut Österreichischer Nationalbank besitzen a) überhaupt nur fünfzig Prozent aller Haushalte eine Immobilie und b) nur fünf Prozent der Bevölkerung ein Haus, das mehr wert ist als 450 000 Euro.[104] Das heißt, dass nur fünf Prozent der Bevölkerung von der Begrenzung des Erbrechts überhaupt betroffen wären und vor der Wahl stünden: Entweder sie teilen das ererbte Haus, das wertvoller ist als 500 000 Euro, mit einer weiteren ErbIn (die ebenfalls 500 000 Euro erben darf) – dann könnte zum Beispiel ein Haus im Wert von 850 000 Euro an zwei Kinder vererbt werden –, oder aber eine einzelne Person, die dieses Riesenhaus allein besitzen möchte, müsste den 500 000 Euro übersteigenden Wert des Hauses der Allgemeinheit ablösen: in den Generationenfonds. Heute passiert genau das sehr oft: Eine Immobilie, die an mehrere Kinder zu gleichen Teilen vermacht wird, wird nur von einem Kind übernommen, das den anderen ihre Erbanteile ablösen muss. Selbstverständlich kann die Erbschaftsgrenze auch in jeder anderen Höhe festgesetzt werden – der Souverän ist frei.

Vererbung von Unternehmen

Nun zur größten Herausforderung: die Vererbung von Unternehmen. Heute können alle Unternehmen, selbst Weltkonzerne bis zu jeder beliebigen Größe, vollkommen steuerfrei an die Kinder vererbt werden. Bildung, Begabung, Leistung oder soziale Verantwortung spielen nicht die geringste Rolle. Das ist extrem.

Und es ruft prominente Kritiker wie den US-Milliardär Warren Buffett auf den Plan: »Fänden Sie es gut, dass die Mitglieder des aktuellen Olympiateams aus den Söhnen und Töchtern der GewinnerInnen von vor zwanzig Jahren zusammengesetzt werden?«[105] Das Erbrecht funktioniert leider genau so. Das uneingeschränkte Erbrecht führt dazu, dass die meisten Unternehmen, die heute von

UnternehmerInnen aufgebaut werden, morgen von Personen geführt werden, die sich allein dadurch »qualifiziert« haben, Sohn oder Tochter der VorbesitzerIn zu sein. Letztere muss nicht einmal die GründerIn des Unternehmens sein. Sie kann es selbst geerbt oder gekauft haben. Mit einer Leistungsgesellschaft, in der sich jede und jeder aus eigener Kraft und eigenem Verdienst ein Vermögen aufbauen können soll, hat das ebenso wenig zu tun wie mit einer demokratischen Gesellschaft, in der alle die gleichen Teilhabemöglichkeiten und die gleiche soziale Sicherheit vorfinden sollen.

In der Gemeinwohl-Ökonomie ist das Ziel, dass das Eigentum an Unternehmen von möglichst vielen Personen gehalten wird, damit möglichst viele Menschen in die Mitverantwortung gehen: eine Form von Freiheit. Deshalb werden demokratische Unternehmensstrukturen gefördert, und es ist anzunehmen, dass es einen wachsenden Anteil von Genossenschaften und ähnlichen Unternehmensrechtsformen geben wird. In diesen Fällen entfällt die Erbschaftsproblematik: Genossenschaftsanteile sind in der Regel sehr klein.

Mit Aktiengesellschaften gäbe es ebenfalls kein Problem, weil Aktien als Finanzvermögen gewertet werden. Wenn die Anteile die Erbgrenze für Privatvermögen übersteigen, gehen sie in den Generationenfonds. Ein weiterer Sonderfall ist eine von den eigenen Eltern gegründete Aktiengesellschaft.

Wirklich »knifflig« sind damit nur die Familienunternehmen. Als Kompromiss zwischen liberaler Position (Chancengleichheit) und (quasifeudaler) Familientradition könnte das Erbrecht hier so gestaltet werden, dass Familienmitglieder Unternehmensanteile im Wert von maximal fünf, zehn oder zwanzig Millionen Euro erben dürfen (Beispielwerte). Die darüber hinausgehenden Anteile gehen:

a. in das kollektive Eigentum der Beschäftigten über, die das Unternehmen mittragen und zum Teil mit aufgebaut haben (im Unterschied zu manchen EigentümerInnen); für diese Lösung gibt es Gemeinwohl-Punkte;
b. an ausgewählte Nichtfamilienmitglieder, die Verantwortung im Unternehmen zu übernehmen bereit sind. Hier ist der Anteil

wiederum zum Beispiel mit einer halben oder Dreiviertelmillion Euro begrenzt und würde als »demokratische Mitgift« gewertet;

c. in den Generationenfonds; und von diesem als »demokratische Mitgift« an Personen, die in diesen Unternehmen mitarbeiten wollen und diese dann auch gleich zu einem kleinen Teil mitbesitzen.

d. Für landwirtschaftliches Vermögen könnte eine Sonderregelung gelten, dazu später mehr (»Eigentum an Natur«).

Ein Familienbetrieb, der von fünf Familienmitgliedern geführt wird, könnte bei einer Obergrenze von zehn Millionen Euro je Kind im Wert von bis zu fünfzig Millionen Euro »steuerfrei« an diese vererbt werden. Trotz dieser Kompromissgrenze ruft dieser Vorschlag (heute noch) starke emotionale Reaktionen hervor. Oft wird das Gegenargument angeführt, dass Eltern keinen Anreiz mehr hätten, ein Unternehmen aufzubauen, wenn sie dieses nicht zur Gänze (!) ihren Kindern vermachen dürften. Wäre dem tatsächlich so, wäre der Beweis erbracht, dass Menschen doch nicht rein egoistisch handeln, wie man ihnen andauernd unterstellt, sondern nur für andere – ihre Kinder – sich anstrengen. Kinderlose Menschen hätten in dieser Logik gar keinen Anreiz, irgendetwas zu leisten. Das ist das diametrale Gegenteil der marktwirtschaftlichen Ideologie der letzten 200 Jahre: Jeder strebt nach dem eigenen Nutzen und Vorteil, gerade davon erhoffen wir uns eine maximale Motivation und Effizienz.

Es ist nicht neu, dass UnternehmerInnen keine Kinder haben oder dass die Kinder das Unternehmen nicht weiterführen wollen. Nicht selten spaltet die Unternehmensnachfolge die gesamte Familie oder sogar Sippe. In solchen Fällen könnte das Unternehmen an diejenigen übertragen werden, die mitarbeiten und Verantwortung (gegebenenfalls auch Schulden) übernehmen wollen; falls es Kinder gibt, erhalten sie bei Nichtantritt des Unternehmenserbes ein Anrecht auf die volle »demokratische Mitgift«. Spekulatives Erben-und-sofort-Weiterverkaufen (an Privatpersonen) könnte unterbunden werden, indem nur einen Unternehmensanteil erben darf, wer mindestens drei Jahre lang auch tatsächlich im Betrieb arbeitet. Unternehmen sind kein Spielzeug, sie sollen von denjenigen gesteuert werden, die bereit sind, persönliche Verantwortung zu übernehmen, und mit ihrer Arbeitskraft und Lebensenergie die Wertschöpfung erbringen.

Was ist das Ziel dieser Vorschläge? Eine gerechtere Verteilung von Unternehmensbesitz, die Demokratisierung von Unternehmen und damit letztlich die Ablösung kapitalistischer Verhältnisse durch demokratischere und liberalere Strukturen. Denn die Freiheit des Einzelnen wird damit – in Summe – nicht eingeschränkt, sondern erhöht. Dem »Freiheitsverlust« eines Erben, der Mamas/Papas Großunternehmen nicht allein erben und ohne Rücksicht auf Qualifikation weiterführen darf, steht der Freiheitsgewinn zahlloser Menschen gegenüber, die heute ohne Erbe und Mittel in das Erwerbsleben eintreten (auch wenn ihre Eltern jahrzehntelang mit ihrer Arbeitsleistung Unternehmen mit aufgebaut haben). Womöglich finden diese Menschen bei jenen Unternehmenserben Arbeit, die nichts zum Aufbau des Unternehmens beigetragen haben, dieses aber infolge von Erbschaft nun besitzen und sich den Mehrwert der Arbeit derjenigen aneignen, die nichts geerbt haben und deshalb für andere arbeiten müssen: strukturelle Sklaverei. Heute ist für NichterbInnen die einzige Alternative zum Verkauf der eigenen Arbeitskraft, selbst ein erfolgreiches Unternehmen zu gründen. Dazu sind nicht alle Menschen in der Lage – aus den unterschiedlichsten und sehr oft nicht selbstverschuldeten Gründen. Und im Kapitalismus wird es zudem den Neuen von den Platzhirschen nicht leichtgemacht. Viele sind daher gezwungen, für andere zu arbeiten und diesen den Mehrwert ihrer Arbeit abzuliefern – deshalb ist der Kapitalismus systemisch eine unfreie und ausbeuterische Struktur. Der mögliche Einwand, dass jeder die Möglichkeit zur UnternehmerIn habe und deshalb diejenigen, die auf diese Option verzichten, folglich freiwillig für andere arbeiten, ist realitätsfremd, weil nicht alle Menschen die Voraussetzungen für eine Unternehmensgründung mitbringen: Es gibt keine Chancengleichheit, weil Menschen unterschiedlich gesund, begabt, erzogen und vermögend sind – alles »unverschuldete« Ungleichheiten. Das »Alle-könnten-ja-Argument« ist, zu Ende gedacht, auch gar nicht logisch, weil wenn tatsächlich alle das unternehmerische Risiko eingehen würden, was stets als freie Willensentscheidung behauptet wird, gäbe es keine »Unselbständigen« mehr: Niemand könnte auch nur eine Arbeitskraft oder einen Lehrling anstellen – die arbeitsteilige Marktwirtschaft würde zusammenbrechen. Der Beitrag der »Unselbständigen« zum Wirtschaftsprodukt ist daher genauso unverzichtbar wie derjenige der Selbständigen und sollte deshalb gleich bewertet und ähnlich entlohnt oder eben, noch besser, anders organisiert werden: Mitsprache und Miteigentum für alle, die wollen – anstatt dass eine Minderheit alles entscheiden und sich den Mehrwert der anderen aneignen darf mit der pauschalen – und je nach Fall mehr, weniger oder gar nicht zutreffenden – Begründung, dass sie mehr leisteten und mehr Risiko und Verantwortung trügen. Es wäre systemisch logischer und gerechter, dass

a. die Entscheidungen zumindest von allen Arbeitenden und Geldgebenden gemeinsam getroffen werden;
b. die Erträge unter allen Arbeitenden/Wertschöpfenden aufgeteilt werden;
c. möglichst viele am Eigentum beteiligt werden und
d. damit auch das unternehmerische Risiko und die unternehmerische Verantwortung mittragen.

Gegen mehr Demokratie in den Unternehmen wird oft reflexartig eingewandt: »Viele wollen doch gar keine Verantwortung übernehmen!« und: »Es sind doch nicht alle in der Lage zu leiten!« Das müssen sie auch gar nicht. Sie sollen nur gleichberechtigt mitbestimmen dürfen, wer das Unternehmen führen soll. Eine basisdemokratische Führung ist in einem typischen Kleinunternehmen mit fünf Beschäftigten problemlos möglich. Bei Großunternehmen mit 300 Beschäftigten wird es sicher einige geben, die »nur« ihre Arbeit verrichten wollen. Das sei ihnen auch vergönnt; aber sie sollen das Recht haben, diejenigen mitzubestimmen, die die Entscheidungen im Unternehmen treffen. Dann regieren die Menschen und nicht das Kapital.

Oder um auf das Familienunternehmen zurückzukommen: Wenn Unternehmen nicht ausschließlich an die Söhne und Töchter übergehen, sondern an eine demokratische EigentümerInnenschaft, heißt das mitnichten, dass die Söhne und Töchter das Unternehmen nicht (mit)führen können. Nur erwerben sie darauf kein automatisches – der Thronfolge gleiches, dynastisches – Anrecht, sondern sie müssen sich der verantwortlichen Position würdig erweisen, indem sie kandidieren und die Belegschaft überzeugen. Das heißt, Söhne und Töchter können in der Gemeinwohl-Ökonomie auch in größeren Familienbetrieben die Führung der von ihren (Groß-)Eltern gegründeten Unternehmen übernehmen, allerdings nur dann, wenn sie die Besten dafür sind, siehe Warren Buffett. Wenn andere besser sind, ergibt sich aus dem Erbrecht nicht länger ein automatischer Besitz- und Führungsanspruch. Das ist, im Grunde genommen, nur ein noch ausständiger Schritt aus dem feudalen Zeitalter, den wir bisher – dank intensiver ideologischer Indoktrinierung – noch nicht unternommen haben.

Mit den vorgeschlagenen Maßnahmen würde eines der zentralen Probleme der Gegenwart – die ungleiche Verteilung des Kapitals und die damit verbundene zu große ökonomische und politische Macht globaler Konzerne und einzelner Personen – doppelt negativ rückgekoppelt: durch unternehmensinterne Demokratisierung und durch progressive Streuung des Eigentums mit wachsender Unternehmensgröße. Das Ergebnis wäre eine demokratischere und freiere Wirtschaft: Mehr Menschen könnten mitbestimmen und mitgestalten, die Meinung und Kompetenz von mehr Menschen wäre gefragt, der Wert von mehr Menschen als bisher würde geschätzt – nicht nur durch anerkennendes Schulterklopfen, sondern durch materielle Eigentums- und Mitbestimmungsrechte.

Schenkung

Manch einer möchte einwenden, dass die vorgeschlagenen Begrenzungen des Erbrechts einfach umgangen werden könnten, etwa, indem Väter oder Mütter ihren Sprösslingen zu Lebzeiten Multimillionen schenken. Diese Umgehungsanstrengungen ließen sich auf einfache Weise verhindern, indem analog zum Erbschaftsfreibetrag ein Schenkungsfreibetrag in gleicher Höhe eingeführt wird. Den Eltern ist es freigestellt, ihren Kindern zum Beispiel 500000 oder 750 000 Euro zu schenken. Doch die Schenkungen werden auf das Erbe angerechnet. Außerdem wäre noch denkbar, dass Eltern ihre Kinder im eigenen Unternehmen anstellen und mit überhöhten Gehältern entlohnen. Dieser Umgehungsversuch erscheint mir als recht unwahrscheinlich, weil er auf verschiedene Hindernisse und Schranken stößt:

a. auf das zum Beispiel Zehnfache des gesetzlichen Mindestlohnes beim Einkommen;
b. auf maximales Privateigentum, zum Beispiel zehn oder zwanzig Millionen Euro;
c. die Eltern müssen Extremgehälter gegen allfällige Mitentscheidende durchsetzen, was mit fortschreitender Demokratisierung immer schwieriger und unwahrscheinlicher wird;
d. Unternehmensanteile lassen sich nicht ohne weiteres als »flüssiges« Gehalt auszahlen. Da müsste das Unternehmen ja verkauft werden – was wiederum seine Demokratisierung wahrscheinlicher macht.

Natürlich sollten wir uns bei Einführung einer neuen Gesellschafts- und Wirtschaftsordnung Gedanken darüber machen, wie die Umgehung dieser Ordnung sanktioniert werden kann. Doch nirgendwo haben wir so sehr bewiesen, dass wir dazu in der Lage sind, wie beim Eigentumsrecht: Wer heute den Schutz des Privateigentums »umgehen« möchte, muss mit harten Strafen, Verfolgung durch die Justiz und Gefängnis rechnen. Folglich gäbe es in der Gemeinwohl-Ökonomie nicht mehr Eigentumsregeln und Gesetze, sondern andere: Die Mindestteilhabe aller würde dann ebenso konsequent geschützt wie heute der grenzenlose Privatbesitz weniger.

»Demokratische Allmenden«

Neben einer Mehrheit von privaten Kleinunternehmen und einer kleinen Zahl von Großunternehmen im gemischten Eigentum soll es in der Gemeinwohl-Ökonomie – so wie in der sozialen Marktwirtschaft – eine dritte Kategorie von Eigentum geben: öffentliches Gemeinschaftseigentum. Jedoch nicht in der gewohnten Form. In der Nachkriegszeit wurden Straßen, Eisenbahnen, Stromnetze, Trinkwasser- und Gasversorgungsbetriebe, Schulen, Universitäten, Krankenhäuser, Post und Telefonleitungen vom Staat aufgebaut und betrieben: »Daseinsvorsorge« oder »öffentliche Dienstleistungen«. Seit den 1980er Jahren wird dieser öffentliche Sektor wieder zunehmend liberalisiert und privatisiert, ein Prozess, der sich in den 1990er und 2000er Jahren auf dem Höhepunkt befand und zu dem infolge von schlechten Erfahrungen und Protesten inzwischen Gegentendenzen eingesetzt haben.[106] Mein Vorschlag ist nicht, dass wir zurückkehren zu staatlichen Versorgungsunternehmen, wie wir sie kannten, sondern dass essenzielle Wirtschaftszweige direkt von der Bevölkerung kontrolliert und gesteuert werden. Ich habe für diese Idee den Begriff »moderne Allmenden« in die Diskussion eingebracht.[107] Häufig ist auch von »Commons« die Rede. Eine Allmende ist – wie ein »Common« – traditionell ein Gemeinschaftsgut, das allen gehört. Sie war im Mittelalter typischerweise ein Stück Wald oder Weide, das von allen DorfbewohnerInnen genutzt werden konnte. Davon inspiriert könnten »moderne« oder »demokratische Allmenden« die Bahn oder die Post sein, Universitäten, Stadtwerke, Kindergärten oder eben die Banken. Die souveränen EigentümerInnen würden in diesen Betrieben Verantwortung ausüben, indem sie die Steuerung dieser Unternehmen selbst in die Hand nehmen. Wie das funktionieren könnte, lässt sich an internationalen Erfolgsbeispielen studieren: In der kalifornischen Hauptstadt Sacramento versorgt das Energieversorgungsunternehmen SMUD 1,5 Millionen Menschen mit Strom; das Leitungsgremium des Energieversorgers wird direktdemokratisch gewählt. Dieses muss sich deshalb nach den Prioritäten der Bevölkerung richten, was ihm exzellent gelingt. SMUD ist bei den Präferenzen der Bevölkerung – Umweltschutz und hochwertiger Service – konstant an der Spitze der USA und weit über dem gesetzlichen Mindeststandard in Kalifornien. In den wichtigsten Fragen dürfen die EigentümerInnen selbst entscheiden. Diese unternehmensinterne direkte Demokratie wurde bisher einmal angewandt: 1989 stellte SMUD den BürgerInnen-EigentümerInnen die Frage, ob das einzige betriebseigene Atomkraftwerk weiterlaufen oder ein neuer Weg in Richtung alternativer Energien eingeschlagen werden solle. Die Mehrheit der Versorgten entschied sich für die Einfriedung des Atomkraftwerks und die massive Förderung grüner Energiequellen. Der Erfolg dieser »souveränen« Entscheidung ist heute gut sichtbar.

Einen ähnlichen Erfolg für die Umwelt erzielten die SchweizerInnen via direkte Demokratie. Die Regierung wollte die staatliche Eisenbahn in den 1980er Jahren kaputtsparen und privatisieren – ähnlich wie in Deutschland. Doch in der Schweiz legte der Souverän sein Veto ein. Die für den Straßenbau vorgesehenen Milliarden wurden von der Bevölkerung über eine erzwungene Volksabstimmung in den Ausbau der Eisenbahn umgelenkt. Deshalb verfügt die Schweiz heute über die beste und beliebteste Bahn der Welt.

Ein drittes Beispiel: In der brasilianischen Millionenstadt Porto Alegre wird das kommunale Budget unter Mitwirkung der Bevölkerung erstellt (»partizipatives Budget«) und die städtische Trinkwasserversorgung in einem »Public Popular Partnership« organisiert. In dieser alternativen PPP arbeiten die städtische Verwaltung und die Bevölkerung zusammen. Das Ergebnis ist ähnlich sensationell wie in Kalifornien: 99 Prozent der Bevölkerung sind an das Trinkwassernetz angeschlossen, die Kanalanschlussrate hat siebzig Prozent erreicht. Weil die Vermögenden, die ihre Golfplätze gießen oder Swimmingpools anfüllen, stark progressive Tarife bezahlen, können nicht nur die Armen mit günstigem Trinkwasser versorgt werden, sondern der Volksbetrieb kommt auch ohne einen Cent Steuergeld aus.[108]

Bezüglich der Organisation der »demokratischen Allmenden« könnte ein direkt gewähltes Leitungsgremium aus VertreterInnen der Behörden (»Staat«), der Beschäftigten und der NutzerInnen sowie einer Gender-Beauftragten und einer ZukunftsanwältIn komponiert werden. »Klassische Staatsunternehmen«, die von der Regierung oder von der BürgermeisterIn kontrolliert werden, muss es in der Gemeinwohl-Ökonomie nicht geben. Ein Daseinsvorsorge-Konvent könnte diejenigen Wirtschaftsbereiche definieren, welche diesem öffentlichen Gemeinwohl-Sektor angehören, und die Spielregeln für ihre Organisation bestimmen.

Eigentum an Natur

Der Mensch hat die Natur nicht erschaffen, weder die Wälder noch die Tiere, auch nicht die Pflanzen. Er kann sie nutzen, aber wenn er nicht achtgibt, zerstört er seine eigenen Lebensgrundlagen und sich selbst: Wir sind nur unter bestimmten Bedingungen – ökologischer Empathie – geduldete Gäste auf dieser Erde. Dieser Respekt könnte dadurch zum Ausdruck gebracht werden, dass kein Mensch Eigentum an der Natur besitzen darf, weder geistiges Eigentum an Lebewesen noch Eigentum an Grund und Boden.[109] Allerdings soll, wer Grund und Boden für konkrete Nutzungszwecke benötigt oder bewirtschaftet, dafür eine begrenzte Fläche kostenlos nutzen dürfen. Diese Haltung zu Eigentum mag insbesondere bei BäuerInnen, die sich sehr daran gewöhnt haben, ein Stückchen Erde zu »besitzen«, bewirken, dass sie sich in ihrer fruchtbringenden Arbeit nicht wertgeschätzt sehen. Doch das »Besitzen« bleibt, nur das Eigentum geht an die Natur zurück. Für die Arbeit und Kultur der BäuerInnen ändert sich nichts, es wird sogar billiger, weil keine Grundsteuer mehr anfällt: Das ist Ausdruck höchster Wertschätzung der Gemeinschaft für ihre wertvolle Arbeit. Im Gegenzug ist die Fläche, die einer Person als Nutzfläche zugeteilt wird, begrenzt. Konkret könnte das so aussehen:

a. Die Gemeinden regeln die Zuteilung von Nutzflächen.
b. Jedem Menschen steht das Recht auf Wohnfläche bis zu einer Grenze zu, zum Beispiel maximal 10 000 Quadratmeter. Die Nutzung dieser Fläche kann zu einem festgelegten Quadratmeterpreis erworben werden. Diese Flächen können getauscht werden gegen andere Flächen innerhalb der Größengrenze, immer aber nur zum Zweck des Wohnens.
c. Landwirtschaftliche Betriebe erhalten bis zu einer bestimmten Größe Land kostenlos unter der Bedingung, dass sie es pfleglich bewirtschaften. Auch hier kann die Gemeinwohl-Bilanz Auswirkungen haben, zum Beispiel auf die Größe des zur Nutzung überlassenen Landstückes – eine weitere Steuerungswirkung der Gemeinwohl-Bilanz.
d. Unternehmen aller anderen Branchen können – ähnlich Privat-

personen – für ihre Büros und Produktionsstätten die dafür nötigen Flächen gegen Nutzungsgebühren erwerben. Im Gegenzug könnte die Grundsteuer entfallen.

Der Effekt dieser Maßnahmen wäre, dass

1. die Wertschätzung für die Natur gefördert wird. International gibt es einen Trend, die Natur aus dem Eigentum der Menschen in ein schutzpflichtiges Rechtssubjekt zu befreien. Im Rahmen der Vereinten Nationen ist das Projekt »Earthcharter« gediehen. Ecuador hat als erstes Land der Welt in seiner Verfassung von 2008 der Natur, der »Pachamama«, eigene Rechte eingeräumt.[110] Etwas, das selbst »Rechte« hat, kann nicht »Eigentum« anderer sein. Auch in Europa ist eine Initiative für eine EU-Richtlinie »Rights of Nature« gestartet[111];
2. die extreme Ungleichverteilung von Immobilieneigentum verringert wird: Derzeit besitzen zehn Prozent der österreichischen Bevölkerung zwei Drittel des gesamten Immobilieneigentums. Die Hälfte der ÖsterreicherInnen hat gar kein Immobilieneigentum;
3. die Erbfolge bei Bauernhöfen einfacher wird, weil es kein Eigentum an Grund und Boden mehr gibt, sondern die Zuteilung an die Bewirtschaftung gekoppelt ist und der Grundbesitz den Mit-ErbInnen nicht abgelöst werden muss. Außerdem entfällt die Grundvermögenssteuer.
4. Immobilienspekulation und Landgrabbing, zwei logische Erscheinungen im illiberalen Kapitalismus, wären Geschichte.

Auch für diese Gedanken steht bereits John Stuart Mill Pate: »Das Eigentumsprinzip kann nicht auf etwas angewandt werden, was nicht das Produkt von Arbeit ist: die Rohstoffe der Erde.«[112] In der Bibel heißt es, im gleichen Geist wie in der Kosmovision indigener Bevölkerungen: »Nicht werde das Land unwiderruflich verkauft, denn mein ist das Land, denn Fremde und Pächter seid ihr bei mir.«[113]

Freiheit und Gleichheit

Im neoliberalen Kapitalismus wird Eigentumsfreiheit als eine der höchsten Freiheiten angesehen und deshalb absolut gestellt: »Eigentum ist heilig«, hört man immer wieder. Heilig ist jedoch das Leben, das nicht zum Eigentum werden darf. Und Gleichheit im Sinne der gleichen Rechte (zum Beispiel auf Leben), Chancen und Freiheiten aller Menschen ist ein höherer Wert als Freiheit, weil die zu große Freiheit der einen die Freiheit anderer gefährdet: Wenn ich zu schnell rase (»Bewegungsfreiheit«), andere beleidige (»Meinungsfreiheit«), verletze (»Tobfreiheit«), vergewaltige (»Triebfreiheit«) oder aber Millionen Hektar Land kaufe, schränke ich die Freiheit anderer ein – bis zur Gefährdung ihres Lebens. Gleichheit ist deshalb ein absolutes Prinzip, Freiheit ein relatives. Es gibt ein Freiheitsbegrenzungsprinzip, aber kein Gleichheitsbegrenzungsprinzip. Für Eigentum bedeutet das, dass alle Menschen das gleiche Recht auf ein begrenztes (für ein gutes Leben nötiges) Eigentum erhalten sollten, aber niemand ein unbegrenztes Eigentumsrecht. Spätestens beim Erreichen des Extrems der Ungleichverteilung würden wohl auch die Letzten diesem Gedankengang zustimmen: wenn ein Mensch die ganze Welt besäße und für alle anderen nichts übrig bliebe. Freiheit ist wichtig, aber noch wichtiger ist das gleiche Recht aller auf Freiheit. Deshalb muss das Eigentumsrecht relativ begrenzt werden.

5. Motivation und Sinn

»Wirtschaften ist ja nicht Selbstzweck, sondern Mittel zum Zweck des guten Lebens.«

Peter Ulrich[114]

Motivation

Einer der häufigsten Vorbehalte, wenn Menschen das erste Mal von der Gemeinwohl-Ökonomie hören, ist die Sorge, dass die Motivation in der Wirtschaft erlahmen würde, wenn Unternehmen nicht nach grenzenlosem Finanzgewinn und Personen nicht vorrangig nach ihrem eigenen Vorteil streben könnten; und wenn die Konkurrenz »abgeschafft« würde: Woher sollen denn dann der Leistungsanreiz, die Innovation – unser Wohlstand – kommen?

Diese Befürchtungen entspringen dem kapitalistischen = sozialdarwinistischen Menschenbild, dem zufolge der Mensch vor allem durch Egoismus und Konkurrenz motiviert wird. Wenn keine Konkurrenz droht, dann arbeiten Menschen nur mit halber Kraft oder liegen gar faul auf der Haut; sie wissen wenig mit sich und ihrem Leben anzufangen, wenn sie sich nicht mit anderen vergleichen und messen können; wenn sie nicht von Angst vor Statusverlust oder vom Verlangen nach Geltung und Überlegenheit getrieben werden. Intrinsische Motivation, kindliche Neugierde, Inspiration oder spontane Kreativität – gibt es in diesem Menschenbild kaum oder gar nicht. Bevor ich auf diese wissenschaftlich nicht haltbaren Befürchtungen eingehe, was in keinem Widerspruch dazu steht, dass jede/r von uns viele Menschen persönlich kennt, die tatsächlich so »ticken« und sich entsprechend verhalten (weil sie es nicht anders gelernt haben), zunächst ganz pragmatisch:

1. Der häufigste und einfachste Beweggrund in einer Gemeinwohl-Ökonomie, sich an einem Unternehmen zu beteiligen oder es zu gründen, liegt darin, dass Menschen unverändert ein monetäres

Einkommen benötigen. Der Erwerbszwang ist nicht abgeschafft, wenn auch abgeschwächt, zumal es neben der »demokratischen Mitgift« und einer verringerten Arbeitszeit auch noch vier Freijahre gibt. Das Solidaritätseinkommen reicht für das Überleben in Würde, aber nicht zu einem »guten Leben«. Wer ein gutes Leben haben möchte, muss dafür etwas tun. Der Rahmen wird aber ein ganz anderer und für das Finden und Annehmen einer Erwerbsarbeit viel günstigerer sein als heute: Denn die Menschen werden in der Gemeinwohl-Ökonomie a) mehr mitgestalten und mitentscheiden können, weil die Rollen von »UnternehmerInnen« und »ArbeiterInnen« zunehmend verschwimmen; b) mehr Sinn in der Erwerbsarbeit finden; c) weniger gestresst und überfordert sein; und d) werden die Unternehmen nicht zueinander in Kontrakurrenz stehen und höhere Gewinne erzielen müssen als die anderen, weshalb sie nicht um die Wette Arbeitsplätze abbauen werden. Im Falle struktureller Arbeitslosigkeit wird die Gemeinwohl-Bilanz so justiert, dass die Unternehmen für das Einstellen zusätzlicher Arbeitskräfte stärker belohnt werden.

2. Einkommen in privaten Unternehmen dürfen auch weiterhin ein bestimmtes Vielfaches des gesetzlichen Mindestlohnes ausmachen – die genaue Höhe beschließt der Souverän. Somit besteht selbst für Menschen, denen viel an Geld liegt, ein unveränderter Anreiz, eine Arbeit anzunehmen oder ein Unternehmen zu gründen. Da der Mindestlohn so bemessen sein wird, dass er für ein menschenwürdiges Leben ausreicht – beispielsweise mit netto 1250 Euro pro Monat in Mitteleuropa –, hat jemand, der viel Geld begehrt, die Möglichkeit, zum Beispiel das Zehn- oder Zwanzigfache dessen zu verdienen, was für ein gutes Leben nötig ist. Dadurch, dass das Erbrecht begrenzt und Besitzen nicht mehr belohnt wird, sondern nur noch Arbeit, ist sichergestellt, dass Einkommen durch tatsächliche Leistung zustande kommen. Für höhere Einkommen muss jetzt wirklich mehr geleistet werden. Besitzen allein reicht nicht mehr aus.

3. Die Glücksforschung hat gezeigt, dass hohe Einkommen ab einer gewissen Grenze nicht mehr glücklicher machen und deshalb auch keine sinnvolle Motivation sein können. Internationalen Studien zufolge liegt diese Schwelle schon bei 20000 US-Dollar Jahreseinkommen, das wäre nicht einmal das Doppelte des angenommenen gesetzlichen Mindestlohnes von 1250 Euro pro Monat.[115] Die höchste mir bekannte Schwelle liegt bei 290000 US-Dollar Jahreseinkommen[116] – auf Dollar-Basis das Zwanzigfache des vorgeschlagenen Mindestlohnes. Darüber hinausgehende Einkommenszuwächse bringen keinen nachweisbaren Zuwachs an Lebensglück. (Und auch nicht an Leistung: Die 45 bestbezahlten Toyota-Manager verdienten 2009 im Schnitt 320000 Euro.[117] Will jemand behaupten, die Autos wären besser, wenn sie 3,2 Millionen Euro verdienten? Oder gar 3,2 Milliarden?)

4. Nicht nur die Glücksforschung, sondern auch sozialpsychologische und neurobiologische Forschungen kommen zum Schluss, dass Menschen durch andere Faktoren viel stärker motiviert werden als durch Geld: unter anderem durch das Streben nach Autonomie, Identität, Kompetenz, Beitrag, Gemeinschaft und Beziehung.

a. *Autonomie*. Menschen sehnen sich nach Freiheit in der Bedeutung, dass sie ihre Gefühle, Bedürfnisse und Gedanken frei wahrnehmen und artikulieren dürfen. Niemand will in seinem grundlegenden Menschsein eingeschränkt werden. »Geld« ist niemandes Menschen Ureigenstes, weil Geld kein Gefühl, kein Basisbedürfnis und kein kreativer Gedanke eines Individuums ist.

b. *Identität*. Alle Menschen sind einzigartig, und ein möglicher Sinn des Lebens besteht darin, diese Einzigartigkeit herauszufinden und zur Entfaltung zu bringen. Es geht nicht darum, *besser* zu sein als andere, sondern *anders*. Nicht darum, im Gleichen besser zu sein, sondern im Unvergleichlichen einzigartig.

c. *Kompetenz*. Es ist ein Grundbedürfnis, die Fähigkeiten, die in uns stecken, zu erkennen, zu fördern und zu entwickeln. Darin sollten wir gefördert werden. Das geht in kooperativen Strukturen ebenso gut wie in Konkurrenzstrukturen.

d. *Beitrag*. Jeder Mensch hat etwas zum Ganzen beizutragen, und jeder Mensch will etwas beitragen. Durch die Beiträge aller entstehen Gemeinschaft und Fülle.
e. *Gemeinschaft*. Menschen sind soziale Gemeinschaftswesen. Menschen sterben lieber, als dass sie sich – isoliert von anderen Menschen – um ihr Überleben kümmern.[118] Unser Gehirn ist auf soziales Netzwerken programmiert. Die Gemeinschaft befriedigt weitere Grundbedürfnisse wie Geborgenheit, Sicherheit, Wertschätzung, Anerkennung und Zuhören.
f. *Beziehung*. »Gelingende Beziehungen sind das unbewusste Ziel hinter allem menschlichen Bemühen«, schreibt Joachim Bauer.[119] Das ist das Ergebnis zeitgenössischer neurobiologischer Forschungen. Ich überprüfe diese Erkenntnisse immer wieder bei Vorträgen und ersuche die Anwesenden, kurz in sich zu gehen und die Situation zu benennen, in der sie in ihrem bisherigen Leben am glücklichsten waren. Stets werden Momente von Verbundenheit genannt und das Erleben gelingender Beziehungen auf vier Ebenen:
   1. gelingende Beziehung zu sich selbst;
   2. gelingende Beziehung mit anderen Menschen;
   3. gelingende Beziehung mit der Natur;
   4. gelingende Beziehung mit dem großen Ganzen.

Am häufigsten fallen – neben intensiven Naturerlebnissen wie Sandstrände, Sonnenuntergänge, Berggipfel oder Gartenarbeit – die Stichworte »Geburt«, »Freunde«, »Partnerschaft« und »Liebe«, also gelingende zwischenmenschliche Beziehungen. Diese Erfahrungen könnten auch in der Wirtschaft als Ziel definiert, wertgeschätzt und rechtlich belohnt werden. Wir wären nicht sehr weise, wenn wir die »Expertise« oder kollektive Erfahrung, die wir mit Glück und gelingender Gemeinschaft schon wissenschaftlich gesichert haben, nicht auch in der Wirtschaft anwenden würden. Das Gelingenlassen von zwischenmenschlichen und ökologischen Beziehungen würde in der Gemeinwohl-Ökonomie zur neuen Bedeutung von Leistung und wirtschaftlichem Erfolg. Dann streben wir endlich nicht nur nach einem sinnvollen Ziel, sondern sind dabei erwiesenermaßen auch stärker motiviert als im momentanen strukturellen Gegeneinander und im Streben nach dem persönlichen Vorteil auf Kosten anderer. Die Demokratisierung von Unternehmen wird nicht nur die Motivation aller Beteiligten erhöhen, sondern auch den Wohlstand: »Wenn eine Firma durch größere Mitbestimmung zu einer Gemeinschaft verwandelt wird, steigt auch die Produktivität«, hat der Epidemiologe und Ungleichheitsforscher Richard Wilkinson anhand zahlloser Studien herausgefunden.[120]

Auch wenn der Weg noch ein weiter ist. Heute genießen KapitalbesitzerInnen immer noch verbreitet hohes Ansehen, weil ihnen zugeschrieben wird, dass sie bereit sind, ein persönliches Risiko auf sich zu nehmen, und sie dabei zahlreiche Arbeitsplätze und volkswirtschaftlichen Wohlstand schaffen. Wie sähe das in der Gemeinwohl-Ökonomie aus? Zunächst hätten immer mehr Menschen die Möglichkeit, Unternehmen zu gründen, weil sie mit einem ansehnlichen Startkapital ins Berufsleben starten: Sie können sich sofort an Unternehmen beteiligen oder selbst neue Unternehmen gründen. Wenn mehrere Personen ihre »demokratische Mitgift« zusammenlegen, kommt rasch eine Gründungsmillion zusammen. Da die GründerInnen oft nicht einmal einen Bankkredit benötigen, verringert sich ihr unternehmerisches Risiko signifikant.

Hinzu kommen die vorgeschlagenen Maßnahmen:

- die progressive MitarbeiterInnenbeteiligung am Unternehmenseigentum;
- der progressive Schutz des Gewinns gegen Ausschüttung;
- die verpflichtende Mitsprache der Beschäftigten in Großunternehmen.

Die gerechtere Verteilung von Kapital und Stimmrechten bewirkt, dass sich die Risikobereitschaft gleichmäßiger über die Bevölkerung verteilt. Das Gemeinwesen ist dann weniger auf schillernde Persönlichkeiten angewiesen, die zu herausragenden LeistungsträgerInnen stilisiert werden, obwohl sie ihre Vermögen zum Teil bloß geerbt und nicht selbst erarbeitet oder durch positive Rückkoppelungseffekte auf Kosten anderer erworben haben. In fast allen Fällen sind sie zudem auf die unsichtbare Beziehungsarbeit von Frauen angewiesen, deren essenzielle, lebenserhaltende und glückbringende Leistungen kaum gesehen, wertgeschätzt und belohnt werden. Die schleichende Enthebung von – ganz überwiegend – Männern aus ihrer »Alleinverantwortung« für Unternehmen würde auch eine immer noch wirkende patriarchale Gesellschaftsstruktur oder besser: -fessel langsam (auf)lösen.

Sinn

Eine der großen Stärken der Gemeinwohl-Ökonomie wäre, dass Geldverdienen nicht mehr das Ziel ist, dessen Nebeneffekte Bedürfnisbefriedigung, Wohlstand und sinnvolles Tätigsein sein können, aber nicht müssen; sondern umgekehrt: Bedürfnisbefriedigung, Gemeinwohl und sinnvolles Tätigsein sind der Zweck; die Unternehmensgründung und -führung das Mittel dafür. Wenn die Beteiligung am Produktionsprozess, die Aufnahme von Erwerbsarbeit systemisch leichter wird (sowohl für UnternehmensgründerInnen als auch für Unselbständige); wenn die Möglichkeit, materiellen Reichtum anzuhäufen, begrenzt wird; und wenn das gesamtgesellschaftliche Klima das Gelingen von Beziehungen fördert, dann ist die Hoffnung berechtigt, dass mehr Menschen ihren Arbeitsplatz nach seinem sinnstiftenden Potenzial auswählen oder dahingehend gestalten (können). Und Sinn stellt eine mächtige Quelle von Motivation dar, wenn nicht die mächtigste überhaupt: Er motiviert intrinsisch. Intrinsische Motivation kommt von innen und wirkt stärker als extrinsische Motivation, die durch äußere Anreize, Belohnungen oder Strafen zum Handeln bewegt. Wenn ich mich für eine Sache aus freien Stücken entschieden habe, weil sie mir sinnvoll erscheint, dann tue ich sie in der Regel gerne, ich widme mich ihr mit aller Kraft und Aufmerksamkeit und gebe mich ganz hin. Bin ich intrinsisch motiviert und gehe ich in einer Tätigkeit auf, komme ich gar nicht auf die Idee, links oder rechts zu schielen, wo meine »KonkurrentInnen« geblieben sind. Das würde mich nur ablenken, in meiner Konzentration stören und damit in meiner Leistungsfähigkeit schwächen. (Außer ich bin ein Mensch, der von Angst zu Höchstleistungen angespornt wird oder dessen Selbstwert vom Übertrumpfen anderer abhängt.) Wer extrinsisch motiviert ist, hängt fremdbestimmt vom relativen Stand zur Konkurrenz ab: Die Motivation lässt in dem Moment nach, in dem diese Person den KonkurrentInnen überlegen ist – schließlich ist es nicht die Tätigkeit an sich, die sie motiviert. Oder aber jemand verliert so oft und chronisch, dass die Motivation ebenfalls erlischt. Menschen scheiden gedemütigt aus dem Wettbewerb aus und landen gebrochen in Arbeitslosigkeit, Obdachlosigkeit, Depression und verfestigter Armut. In Deutschlands Großstädten wachsen heute 25 Prozent der Kinder in Hartz-IV-Haushalten auf, in Leipzig sind es 36 Prozent, in Berlin 37 Prozent.[121] In siebzehn von 28 EU-Mitgliedsstaaten ist die Jugendarbeitslosigkeit auf über zwanzig Prozent gestiegen. Die kapitalistische Marktwirtschaft ist, gemessen am Anspruch, für alle Menschen sinnstiftende und humane Arbeitsplätze bereitzustellen, ein gleichermaßen unmenschliches wie ineffizientes System. Warum ist dann der Glaube an die segensreiche Wirkung der Konkurrenz so tief verwurzelt und so wenig hinterfragt?

Aus meiner Sicht kommt jetzt der unangenehmste Teil der Analyse, der uns verstehen lässt, warum die Konkurrenz gar so fest auf dem Thron unseres Wertesystems sitzt: Viele, wahrscheinlich die Mehrheit von uns, sind nicht (oder schwach) intrinsisch motiviert, weil sie sich nicht gut kennen und in sich nichts Sinnvolles erfahren, das sie zu Höchstleistungen ohne jede Konkurrenz treiben könnte. Sie sind innerlich leer und können Sinn nur von außen beziehen. Und wenn die Außenwelt unentwegt schreit: Geld, Karriere, Erfolg und Macht sind die »Werte«, auf die es ankommt, dann »verinnerlichen« viele von uns diese Werte, auch wenn sie noch keinen Menschen glücklich gemacht haben. Da aber so viele dabei mitmachen und die Medien immer wieder solche Personen porträtieren und auszeichnen, eifert ihnen eine große Zahl von Menschen, die sich selbst nicht spüren, nach. An der Wurzel des Problems stehen somit innerlich verarmte Menschen, die ihrem Leben keinen eigenständigen Sinn zu verleihen vermögen – es mangelt ihnen an Selbstvertrauen, sich selbst als Letztverantwortliche ihres eigenen Lebens und ihrer eigenen Entscheidungen anzuerkennen.

Die Gretchenfrage lautet: Woher kommt die innerliche Leere?

Wieso können so viele Menschen ihrem Leben keinen eigenen Sinn geben und Glück finden? Der Schlüssel liegt meines Erachtens in der Erziehung. Die meisten von uns wurden nicht unvoreingenommen »erkannt« und bedingungslos geliebt, was uns erlaubt hätte, unser eigenes Ich zu finden, uns liebend anzunehmen und ebenso tiefe Wertschätzung für andere zu entwickeln; sondern viele, zumindest der Erwachsenengeneration, wurden zu Gehorsam und Leistung erzogen. Wenn die Eltern ein bestimmtes Bild, eine konkrete Vorstellung haben, wie wir sein sollen, verlieren sie den Blick dafür, wie wir wirklich sind. Kinder können sich in ihrem Anderssein nicht erkennen, weil sie von den Eltern nicht »gespiegelt« oder, noch schlimmer, dafür bestraft werden, wenn sie es doch versuchen. Um die Liebe der Eltern nicht zu verlieren, »entscheiden« sich die meisten Kinder für Gehorsam, und der erste »Befehl« sehr vieler Eltern ist Leistung (und damit Selbstverleugnung). So lernen Kinder schon früh, ihre eigenen Gefühle, Bedürfnisse und Gedanken zu unterdrücken und stattdessen das zu fühlen, denken und wollen, was sie sollen.[122] Das passiert natürlich nicht in Extremen in dem Sinne, dass Kinder sich entweder spüren, reich an Sinn werden und ihr Leben lang intrinsisch motiviert und unabhängig von Moden und Konventionen bleiben; oder dass sie ihr Inneres verdrängen, ausschließlich fremde Werte hereinnehmen, danach leben und in der Illusion verhaftet bleiben, dass diese »internalisierten«, aber fremden Werte sie zum Glück führen werden. Aber die gesellschaftliche Tendenz geht in diese Richtung. Und das reicht schon aus, dass eine Kultur »extrinsische« Werte wie Konkurrenz, Profitstreben oder Karrieredenken von Generation zu Generation tradiert und heute noch die Mehrheit glaubt, dass Menschen von Natur aus so seien, bloß weil sich die Mehrheit der GenerationskollegInnen, die dazu erzogen wurde, tatsächlich so verhält.

Kinder, die nicht gelernt haben, ihre eigenen Gefühle, Bedürfnisse und Gedanken wahrzunehmen, sondern stattdessen für Gehorsam und Leistung mit »Liebe« belohnt wurden, werden ihr Leben lang weiterversuchen, durch Leistung die Liebe anderer zu erheischen. Sie werden nicht oder nur halbherzig hinterfragen, was sie da eigentlich tun, und – anstelle von elterlicher Liebe – bald

Geld für ihre Leistung annehmen, bis sie fast alles nur noch für materielle Entlohnung machen. So wird den innerlich ärmsten Menschen Geld zum höchsten Gut – eine wichtige erste Erklärung dafür, dass auffallend viele besonders reiche Menschen innerlich besonders arm sind.

Eine weitere Konsequenz: Wer sich selbst nicht spürt, spürt auch andere – und die Umwelt – nicht. Empathie für andere setzt feine Selbstwahrnehmung voraus. Das ist ein wichtiger Grund, warum erfolgreiche Männer und Frauen oft weniger Skrupel haben, ökonomischen »Erfolg« auf Kosten sozialer und ökologischer Verletzungen durchzusetzen. Innerliche Leere macht unsensibel und hart. Die dem kapitalistischen System inhärenten Werte formen sie zu skrupellosen ExekutorInnen des Systemziels, Kapital zu mehren – koste es, was es wolle. (Sie haben keinen anderen Halt als die nackten Zahlen. Sie müssen sich auf das Berechenbare reduzieren.) Sozialmedizinische Studien zeigen, dass in den höchsten ökonomischen Entscheidungsetagen ein – gemessen am Durchschnitt der Bevölkerung – signifikant höherer Anteil an soziopathologischen, nicht zu Empathie und Mitgefühl fähigen, narzisstischen und suchtkranken Persönlichkeiten vertreten ist[123]: eine fatale Selektionswirkung unseres gegenwärtigen Wirtschaftssystems, die von immer mehr Betroffenen eingesehen und zugegeben wird: »In zwanzig Jahren als Vorstandsvorsitzender habe ich gelernt, dass Märkte im Prinzip seelenlos sind«, bekannte der damalige Deutsche-Post-Chef und Steuerhinterzieher Klaus Zumwinkel.[124] Eine der wenigen Spitzenmanagerinnen Österreichs, Brigitte Ederer, berichtet über die Auswirkung ihres Jobs: »Man wird härter, sich selbst und anderen gegenüber.«[125] Ist das nicht eine Katastrophe?

Um diese Selektionswirkung umzupolen, braucht es nicht nur eine Verkehrung der Marktanreize – die Anerkennung, Messung und Belohnung kooperativer, solidarischer, empathischer, verantwortungsvoller und großzügiger Verhaltensweisen –, sondern schon eine Grundvoraussetzung dafür: dass Eltern ihre Kinder bedingungslos lieben und sie so annehmen und wertschätzen, wie sie sind. Das heißt mitnichten, ihnen alles zu erlauben, keine Grenzen zu setzen, sie ohne jede Führung aufwachsen zu lassen oder ihnen stets zuzustimmen, sondern ihre Gefühle, Bedürfnisse und Gedanken a) wahrzunehmen, b) ernst zu nehmen und sie c) darin zu bestärken, dies auch selbst zu tun. Erst dann stellt sich die Frage, was die Gefühle, Bedürfnisse und Meinungen der Eltern sind, und diese werden oft ganz andere sein. Aber mithilfe respektvoller und gewaltfreier Kommunikation lässt sich lernen, dass unterschiedliche, bisweilen gegensätzliche Bedürfnisse oder Meinungen kein unüberwindbares Hindernis für das Zusammenleben und für gelingende Beziehungen sein müssen, im Gegenteil: Da wir alle einzigartig und deshalb prinzipiell unterschiedlich sind, sind Beziehungen, in denen die PartnerInnen keine unterschiedlichen Bedürfnisse und Meinungen haben, gar nicht vorstellbar. Deshalb sollten wir immer davon ausgehen, dass unsere KollegInnen, PartnerInnen, FreundInnen – und Kinder – andere Bedürfnisse, Gefühle und Meinungen haben als wir, und danach trachten, diese ernst zu nehmen und wertzuschätzen – und nicht die eigenen Meinungen, Bedürfnisse und Interessen gegen die anderen durchzusetzen versuchen. Wir sind hier wieder ganz am Anfang des Buches: beim Einander-Begegnen unter dem Leitstern der Menschenwürde anstelle des vorrangigen Strebens nach dem eigenen Vorteil. Diese zwischenmenschliche Basis ist so grundlegend, dass sie unbedingt Eingang in unser Erziehungssystem finden sollte.

Erziehung und Bildung

Eine der wichtigsten Voraussetzungen und Rahmenbedingungen für das Gedeihen der Gemeinwohl-Ökonomie ist die Vermittlung neuer Werte, die Sensibilisierung für das eigene Menschsein, die Einübung von sozialer und kommunikativer Kompetenz und das Vorleben von Achtung vor der Natur. Deshalb schlage ich sieben Basisinhalte für alle Schulstufen vor, die mir allesamt wichtiger erscheinen als die meisten der gegenwärtigen Unterrichtsfächer: Gefühlskunde, Wertekunde, Kommunikationskunde, Demokratiekunde, Naturerfahrenskunde, Kunsthandwerk und Körpersensibilisierung.

a. Gefühlskunde. Hier erfahren Kinder, Gefühle wahrzunehmen, ernst zu nehmen, sich nicht dafür zu schämen, darüber zu sprechen. Die gewaltfreie Kommunikation hat gezeigt, dass Myriaden von Beziehungskonflikten nicht gelöst werden, weil Menschen es nicht schaffen – zumal sie es nie gelernt haben –, über ihre Gefühle und Bedürfnisse zu sprechen. Stattdessen werfen sie denjenigen, die ihre Bedürfnisse nicht erfüllen und damit Verletzungen auslösen, alle möglichen Dinge an den Kopf, die von den eigenen Bedürfnissen und Gefühlen, um die es eigentlich geht, ablenken und die andere Person verletzen: Eine endlose Verletzungsspirale nimmt ihren Lauf, während das Problem bestehen bleibt, ohne Chance auf Lösung.[126]

b. Wertekunde. Hier werden nicht nur unterschiedliche Werteinstellungen gelehrt und im Sinne der Bildung einer kritischen Vernunft diskutiert, sondern vor allem auch unbewusste Werteinstellungen bewusst gemacht. Beispielsweise lernen Kinder, dass sie miteinander konkurrieren können, und welche Auswirkungen das hat; oder dass sie kooperieren können, und was das bewirkt. Sie lernen auch die ethischen Grundprinzipien verschiedener philosophischer Strömungen und Religionen in einer Übersicht. Das »Projekt Weltethos« macht Mut, dass es universale Grundwerte gibt, die in allen Kulturen hochgehalten werden und die dem Gelingen des Zusammenlebens und dem Erhalt des Friedens dienen.[127]

c. Kommunikationskunde. Hier lernen Kinder zunächst vor allem eines: zuhören; achten; ernst nehmen; sachlich diskutieren ohne persönliche Beleidigungen oder Wertungen. Das mag banal erscheinen, aber von einer wertschätzenden und gewaltfreien öffentlichen Diskussionskultur sind wir noch Äonen entfernt. Das betrifft nicht nur das internetbedingte Phänomen der »Hasspostings«, auch hochrangige Meinungsbildner vergreifen sich im Ton. Ein Beispiel von vielen: In seiner Funktion als Chefredakteur der Qualitätszeitung *Die Presse* verwendete Michael Fleischhacker gleich drei Leitartikel, um mich einmal als »anarchomarxistisch«, einmal als »schwadronierender Held der Antikapitalisten« und einmal als

»herzjesumarxistischen Enteignungseuphoriker« zu bezeichnen.[128] Offenbar ertragen manche Meinungsbildner andere Meinungen nicht. Doch eine demokratische und tolerante Diskussionskultur zeichnet sich gerade dadurch aus, dass ich Andersdenkenden mit Respekt begegne, indem ich ausschließlich auf der sachlichen Ebene argumentiere. Ich träume davon, dass Menschen, die, egal in welchem Gespräch, statt Sachargumenten Werturteile oder persönliche Untergriffe vorbringen, sofort und hermetisch aus diesem Gespräch ausgegrenzt werden. So wie wir in den letzten Jahrzehnten langsam lernen, über sexistische Witze nicht mehr zu lachen, dagegen aufzustehen oder die Witzemacher zu »schneiden«, wird eines Tages jede Form der Gewalt in der Kommunikation sanktioniert und aus ihr verbannt werden.

In der Kommunikationskunde lernen Kinder auch das unterschiedliche Kommunikationsverhalten von Männern und Frauen, um sich Rollenmuster bewusstzuwerden und diese ablegen zu können. Oder dass Missverständnisse die Regel sind und es immer einen gewissen Aufwand braucht, um Verständnis herzustellen.[129]

d. Demokratiekunde. Zum einen gilt die Demokratie als der höchste Wert im Westen. Doch wie dieser Wert mit Leben gefüllt und am Leben erhalten werden kann – durch Einmischung, Mitverantwortung, Mitbestimmung und Mitgestaltung in allen Bereichen des öffentlichen Lebens –, ist nicht oder kaum Gegenstand der schulischen Aufklärung. Demokratie wird als gesichertes – historisches – Faktum gelehrt, und nicht als fragile, verwundbare Errungenschaft, die jederzeit wieder verlorengehen kann und de facto schon wieder verlorengegangen ist, weil die Mehrheit der Menschen keine Beteiligungsmöglichkeiten vorfindet, sich nicht einmischt und sich von der »polis« abwendet, aus Ekel und Frust, und weil uns andere Lebensinhalte – Konsum, Unterhaltung und Drogen – von einer öffentlichkeits- und demokratiefeindlichen Geisttötungsindustrie medial aufgenötigt werden.

Folgende Elemente der Demokratiekunde könnten gelehrt werden:

- wie aus vielen Interessen eine Regel wird;

- wie Entscheidungen getroffen werden, dass alle damit möglichst gut leben können;
- dass ein wertschätzender Umgang mit unterschiedlichen Bedürfnissen die Grundvoraussetzung für eine zufriedenstellende und von einer breiten Mehrheit getragene Willensbildung ist;
- dass das wachsame Engagement aller gefragt ist, damit sich Partikularinteressen nicht durchsetzen;
- dass demokratische Verantwortung nicht delegiert werden kann, sondern nur die Umsetzungsbefugnis.

Und vor allem das: dass die Demokratie erst begonnen hat. Wir haben ungefähr ein Zehntel des Demokratie-Potenzials gekostet, die große Erfahrung »echter Demokratie« – das Motto der Occupy-Bewegung – oder »souveräner Demokratie« steht noch aus. Mehr dazu im nächsten Kapitel.

e. Naturerfahrens- oder Wildniskunde. Eine Wirtschaft, die auf immerwährendes Wachstum des Geldes, der Einkommen, der Vermögen und der materiellen Güter setzt, ist krank in dem Sinne, dass sie aus jedem Beziehungsgleichgewicht gefallen ist; sie ist »absolut«, lateinisch »losgelöst«, von allen anderen Werten und von ihrer natürlichen Grundlage: den planetaren Ökosystemen. Die Bindungsschwäche und geringe Beziehungsfähigkeit vieler Menschen zu sich selbst, zu anderen Menschen, zu ihrer natürlichen Umwelt und zum großen Ganzen ist der Kern dieser Krankheit. Heilung kann darin bestehen, diese Beziehungen wiederaufzunehmen, zu pflegen und ins Gleichgewicht zu bringen, was ein verlässlicher Weg zum Glück ist. Zahllose Menschen aller Kulturen berichten, dass eine intensive, wertschätzende Beziehung zur Umwelt, den Lebewesen, Flüssen, Wäldern, Bergen und Himmelserscheinungen Menschen zu heilen vermag. Einige Stunden intensiv in der Natur verbracht, und der Tag geht mit hoher Wahrscheinlichkeit glücklich zu Ende.[130] In diesem Unterrichtsfach lernen Kinder nicht nur Pflanzen, Tiere, Gewässer und Steine kennen, sie erfahren die heilende Wirkung der Natur am eigenen Leib und an der eigenen Seele: Wind und Regen, Wolken und Wasser, die Sterne, die Blumen, die Berge, die Stille. Wer eine tiefe Verbindung mit der Natur erfährt, für die/den verlieren das Einkaufszentrum, die Börse und vielleicht auch das Auto an Attraktivität. Jedenfalls aber kann ein Jahr des Weniger an materiellem Konsum ein Mehr an Lebensqualität und -intensität bringen, auch wenn das aus Sicht klassischer MarktökonomInnen Wirtschaftsverrat, Standortvernichtung und Rezession bedeutet.

f. Kunsthandwerk. Die »Generation Sitzfleisch« verbringt einen wachsenden Lebensanteil im virtuellen Raum: am Computer, Handy, Fernseher und anderen elektronischen Geräten und Medien. Diese virtuelle Welt trennt Menschen von der stofflichen Natur und ihrer manuellen Bearbeitung. Zu einem ganzheitlichen Leben gehört aber die Befassung mit Materialien und Stoffen, Werkzeugen und Formen, Farben und Gerüchen. Nicht alle müssen HandwerksmeisterInnen werden, aber alle Menschen sollten die Erfahrung machen, wie es sich anfühlt, etwas Handwerkliches und Manuelles herzustellen und anderen zur sinnvollen Verwendung zu schenken. Der Begründer der Anthroposophie Rudolf Steiner hat sich für ein umfassendes In-Berührung-Kommen der SchülerInnen mit der »Praxis« des Lebens ausgesprochen, deshalb pflegen die Waldorfschulen Landwirtschafts-, Forst-, Betriebs-, Industrie- und Sozialpraktika. Wichtig ist, dass dafür ausreichend Zeit und Muße zur Verfügung steht, um die Seele mit der Arbeit zu verbinden und das ganze kreative Potenzial in den jungen Menschen zu entfalten. Nützliche Dinge selbst zu erschaffen stiftet Sinn, und Schenken macht glücklich. Und wenn aus mancher KünstlerIn eine professionelle MeisterIn wird, ist das ein großer Gewinn für die Gesellschaft.

g. Körpersensibilisierung. »Solidarität ist die Zärtlichkeit der Völker«, soll Che Guevara gesagt haben. Doch wie sollen ganze Staaten miteinander zärtlich umgehen, wenn wir es nicht schaffen, mit uns selbst zärtlich zu sein? Viele von uns essen schlecht, bewegen sich wenig, umarmen und berühren einander noch weniger, massieren sich oder andere fast nie und werden auch nie massiert. Obwohl das einer der schnellsten Wege zum Glück für bisher alle Menschen ist, die ich kennengelernt habe. Wenn wir die Lebenszeit vergleichen, die wir für Einkaufen, Fernsehen, Geldverdienen und Massieren/ Massiertwerden aufwenden, käme die traurige Nachrangigkeit von Berührung und Zärtlichkeit zutage. Der menschliche Körper ist ein unendlich sensibler Organismus mit feinsten Sinnesorganen, und wir besitzen alle die Anlage, so fein zu empfinden, dass jeder Schritt und jede Berührung mit einem Gegenstand zu einer tiefen sinnlichen Erfahrung oder Massage – der Seele – werden kann. Die Intensität und Qualität des Lebens könnten durch progressive Sensibilisierung so sehr steigen, dass für nichtsinnliche Erfahrungen kaum Zeit bliebe. Je schwächer das sinnliche Empfinden, die physische Selbstwahrnehmung, desto stärker müssen diese Versagungen durch Geld und andere Götzen ersatzbefriedigt werden.

Deshalb sollten Kinder schon früh darin begleitet werden, eine feine, achtsame, wertschätzende und Authentizität und Kreativität fördernde Beziehung zum eigenen Körper – und auf dieser Grundlage zu den Körpern anderer Menschen und Wesen – zu entwickeln. Das kann mit Spielen, Tanz und Gruppenakrobatik beginnen und später, nach der Pubertät, um Elemente von Körperarbeit, Massage, Energiearbeit und Yoga ergänzt werden. Auch hier weist Vielfalt den Weg.

6. Weiterentwicklung der Demokratie

»Echte Demokratie ist doch keine hohle Phrase.«
Albert Einstein

Obwohl wir formal in Demokratien leben, empfinden immer weniger Menschen, dass sie das gesellschaftliche Leben tatsächlich mitbestimmen können. Immer häufiger treffen Regierungen Entscheidungen, die den Bedürfnissen und Interessen der Mehrheit der Bevölkerung zuwiderlaufen: die Deregulierung der Finanzmärkte, die Nichtzerteilung systemrelevanter Banken, die Privatisierung öffentlicher Dienstleistungen wie Trinkwasser- und Energieversorger, Bahn oder Post; das Lostreten globaler Standortkonkurrenz durch »Freihandelsabkommen«, die Liberalisierung des Kapitalverkehrs bis in die letzte Steueroase; die Rettung systemrelevanter Banken mit Steuergeld; das Zulassen grenzenloser Einkommensungleichheit; die Legalisierung von Patenten auf Lebewesen; die Durchsetzung von Gentechnik in der Landwirtschaft; der Euratom-Vertrag; die Aufrüstungsverpflichtung im EU-Lissabon-Vertrag; Folter in Guantánamo, der völkerrechtswidrige Angriffskrieg gegen den Irak oder die »Verteidigung Deutschlands am Hindukusch«[131]: Bei direktdemokratischen Verfahren wäre in den meisten Ländern vermutlich keine dieser Entscheidungen mehrheitsfähig. Trotzdem wurden sie formal von demokratisch legitimierten Regierungen und Parlamenten getroffen. Die Ursachen für die wachsende Distanz zwischen den BürgerInnen und ihren VertreterInnen, in der Politikwissenschaft auch »Krise der Repräsentation« genannt[132], sind mehrere:

1. Wer nur alle vier oder fünf Jahre einmal ein Parteiprogramm wählen darf, hat so gut wie nichts in der Hand. Denn die Wahlversprechen sind genauso inflationär wie unverbindlich. Wenn die Regierung ihre Versprechen nicht einlöst, sind wir WählerInnen weitgehend machtlos. Wir müssen bis zur neuen Wahl warten und

könnten dann eine Regierung dafür »abstrafen«, dass sie ein uns besonders wichtiges Versprechen gebrochen hat. Bloß wie? Müssen wir deswegen die Partei wechseln? Gibt es überhaupt eine Partei, deren Programm mir in Summe besser gefällt? Was, wenn gar keine kandidierende Partei die für mich wichtigsten Inhalte im Programm hat? Was, wenn die »bestrafte« Partei gar nicht versteht, wofür sie bestraft wurde, weil es nicht möglich ist, sie für eine einzelne Sachentscheidung zu bestrafen, sondern nur für die gesamte Legislaturperiode – in der diese Regierung aber Hunderte Entscheidungen getroffen hat?

2. Die **ökonomischen Eliten** verschmelzen immer mehr mit den **politischen Eliten**, oft wechseln Spitzenmanager oder Großunternehmer direkt in die Regierung und Minister und Kanzler zurück in den Lobbyismus.[133] Eine kleine Auswahl: Theo Waigel zur *Texas Pacific Group*; Rudolf Scharping zu *Cerberus*; der ehemalige Chef der Bundesanstalt für Arbeit Florian Gerster zu *Fortress*; Ron Sommer (unter dem die Deutsche Telekom an die Börse ging) zu *Blackstone* (alles Private-Equity-Fonds), Gerhard Schröder zu *Gazprom*, Wolfgang Schüssel zu *RWE*, Brigitte Ederer zu *Siemens*, Alfred Gusenbauer zur *Strabag* und Karl-Heinz Grasser zu diversen Finanzfonds. »Umgekehrt« arbeiten in Deutschland 300 »Leihbeamte« von Konzernen direkt in den höchsten Etagen der Verwaltung mit.[134] Die mächtigsten Banker schreiben die Bankenrettungsgesetze, und die Parlamente unterschreiben sie. Das Problem dieser Intimität zwischen Politik und Wirtschaft wird umso brennender, je reicher und mächtiger die ökonomischen Eliten werden. Das zeigt, dass ökonomische Eliten *an sich* das Problem sind – und untermauert die Forderung nach Begrenzung der Ungleichheit. Materielle Eliten stehen im Widerspruch zu einer demokratischen Gesellschaft, in der alle Menschen gleiche Rechte, Chancen und Mitbestimmungsmöglichkeiten vorfinden sollten.

3. Diese Eliten haben auch einen überproportionalen Einfluss auf die **maßgeblichen Medien**: durch persönliche Kontakte mit leitenden JournalistInnen, die diesen Kontakt suchen und pflegen, um

sich wertvolle Informationsquellen zu sichern; durch das Teilen von Werten mit den medialen Eliten (die Mächtigen sind, wenn es um Machterhalt geht, hochgradig kooperativ); durch Werbeeinschaltungen, von denen die Medien ökonomisch abhängig sind und an die sie die redaktionelle Linie anpassen; und in Form direkter Kontrolle über Eigentum: Viele Zeitungen und TV-Sender gehören heute den mächtigsten Finanzinvestoren oder sogar Rüstungskonzernen: Das darf nicht sein.

4. Auch der **wissenschaftliche Mainstream** folgt mitunter der Meinung der Mächtigen. Zwar bieten »freie« Universitäten immer auch Raum für alternative Ansätze, doch der »Hauptstrom« fließt entlang der Weltbilder der Mächtigen, weil a) viele Intellektuelle aus gutem Hause kommen und Partei für die eigene »Klasse« ergreifen; b) die Universitäten im Zuge der Liberalisierung immer mehr auf Drittmittel aus der Wirtschaft angewiesen sind; und c) private Interessengruppen den öffentlichen Geldmangel nicht nur (strategisch) verursachen, sondern auch ausnutzen, indem sie ihre ideologischen MultiplikatorInnen über Gast- und Stiftungsprofessuren an den Hochschulen platzieren. Der »Nobelpreis« für Wirtschaftswissenschaften ist ein »genialer PR-Coup« (Ulrike Herrmann), der die ökonomische Wissenschaft in den Rang einer Naturwissenschaft und speziell Märkte in den Rang von Naturgesetzen hieven soll.[135]

5. **Thinktanks** arbeiten für diejenigen, die sie bezahlen. Das sind im Regelfall einflussreiche ökonomische Kreise, deren Bedürfnisse wenig mit den Mehrheitsbedürfnissen der Bevölkerung gemein haben. So ist zum Beispiel die Initiative Neue Soziale Marktwirtschaft[136] weniger ein der Aufklärung verpflichteter Intellektuellenkreis oder eine karitative Armenküche als vielmehr eine Kampagne mächtiger Industriearbeitgeberverbände mit dem Ziel, den solidarischen Wohlfahrtsstaat abzubauen. In Österreich wird die medial äußerst präsente »Agenda Austria« vom Who's Who der Großindustrie finanziert.[137]

6. Parteien werden von Unternehmen, in den USA die ParlamentarierInnen direkt von LobbyistInnen finanziert – mit entsprechenden Ergebnissen. Zwei Beispiele: Kongressabgeordnete, die für die Regulierung von Finanzderivaten stimmten, erhielten in Summe 0,9 Millionen US-Dollar, während solche, die dagegen stimmten, 27 Millionen US-Dollar erhielten. Die UnterstützerInnen der Kontrolle der US-Notenbank erhielten 0,04 Millionen US-Dollar, die GegnerInnen zehn Millionen US-Dollar. Das Gesetz ging sang- und klanglos unter.[138]

Eine Übersichts-Studie der Universität Princeton kam anhand von 1779 Politikmaßnahmen zum Schluss, dass »wirtschaftliche Eliten und organisierte ökonomische Interessengruppen einen substanziellen Einfluss auf die US-Regierungspolitik haben, durchschnittliche BürgerInnen und Massenorganisationen dagegen einen geringen oder gar keinen«.[139] Die Demokratie ist infolge dieser Bedingungen und Entwicklungen in einer schweren Krise. Wenn wir die ökonomischen Ungleichheiten, Lobbyismus und Medienkonzentration unangetastet lassen und »Demokratie« auf ein Wahlkreuz für eine Partei alle vier oder fünf Jahre reduzieren, dann erodiert sie unweigerlich in Richtung Auflösung. Um lebendige Demokratie zu erreichen, muss es – neben der Entflechtung von Politik und Ökonomie und der Begrenzung der Ungleichheit – zu einem umfassenden Ausbau demokratischer Beteiligungs- und Kontrollrechte kommen, möglichst viele Menschen müssen auf möglichst vielen Ebenen mitdiskutieren, mitentscheiden und mitgestalten können – auch in der Zeit zwischen den Parlamentswahlen und in demokratisierten Bereichen des sozialen und wirtschaftlichen Lebens.

Wir sind Souverän!

Die erste Grundvoraussetzung der Renaissance der Demokratie ist die Entwicklung eines Souveränsbewusstseins. Souverän kommt vom lateinischen »superanus« und bedeutet »über allem stehend«. Während im Absolutismus der König der Souverän war und über allem stand, sollte es seit der Aufklärung und den bürgerlichen Revolutionen die allgemeine Bevölkerung sein. Doch der theoretische Anspruch findet sich in der Realität noch nicht wieder. Denn die einzigen Souveränsrechte, über welche die BürgerInnen verfügen, sind die Wahl von Parteien und das letzte Wort bei gesamthaften Verfassungsänderungen. Alle andere Macht – von der Entscheidung über Krieg und Frieden über den Beschluss völkerrechtlicher Verträge bis zu Verfassungsänderungen – liegt bei der Vertretung des Souveräns. Selbst die Entscheidung, wie oft der Souverän seine Vertretung wählen darf, liegt bei seiner Vertretung.[140] Für echte Souveränität ist das zu wenig. Diese müsste dem Souverän zumindest folgende Rechte in die Hand geben:

1. die Verfassung ändern;
2. eine vollständig neue Verfassung in einem demokratischen Prozess ausarbeiten;
3. ein Rahmenmandat für internationale Verhandlungen in ebendieser demokratischen Verfassung erteilen (zum Beispiel für Handelsabkommen);
4. ein Gesetzesvorhaben des Parlaments stoppen;
5. selbst ein Gesetz auf Schiene bringen und verabschieden (Volksinitiative mit bundesweitem Volksentscheid);
6. eine bestimmte Regierung(skonstellation) wählen;
7. die Regierung abwählen (bei besonders triftigen Anlässen, zum Beispiel einer Kriegserklärung);
8. einen Grundversorgungsbereich unter direkte Regie der Bevölkerung nehmen (zum Beispiel Wasser oder Energie);
9. Letztentscheidung über das Geldsystem (Geldrecht);
10. Letztentscheidung über das Zollsystem (Zollrecht).

Das Souveränsbewusstsein ist jedoch so schwach ausgeprägt, dass die meisten von uns nicht einmal bemerken, dass uns dieses Basiswerkzeug eines echten Souveräns noch fehlt – das es in der Monarchie schon gab.

Der König/die Kaiserin konnte über Krieg und Frieden entscheiden (Sicherheitspolitik), das Geld ausgeben (Geldpolitik), Zölle festlegen (Außenhandelspolitik) oder Grundstücke enteignen und zueignen. Im Mittelalter hießen diese Königsrechte »Regalien«

(von »rex« = König). Das waren keine Personenrechte, sondern Rechte der souveränen Instanz. In der Demokratie spielt das Souveränitätsprinzip eine unverändert wichtige Rolle, ganz explizit auch die »Volkssouveränität«. Dennoch scheint unklar zu sein, wer der Souverän nun tatsächlich ist. Faktisch sind derzeit die gewählten Parlamente und Regierungen die souveräne Instanz – obwohl es in den Verfassungen anders steht: »Alle Staatsgewalt geht vom Volke aus«, heißt es im Grundgesetz (Art. 20, 2). Die österreichische Bundesverfassung bestimmt: »Österreich ist eine demokratische Republik. Ihr Recht geht vom Volk aus.« (Art. 1) Hier klafft auffallend eine Lücke auf. Mögliche Erklärung: Beim Übergang von der Monarchie zur Demokratie haben wir offenbar unser ganzes Augenmerk auf die Entwicklung der individuellen Grund- und Menschenrechte gerichtet, was zu einer der wichtigsten Errungenschaften der Menschheit führte. Doch gleichzeitig haben wir die kollektiven Grund- oder eben Souveränsrechte aus den Augen verloren und damit eine unnötige Machtkonzentration bei der gewählten Vertretung verursacht. Manchen war das vermutlich bewusst und nicht unrecht. Dieser »Anfängerfehler« der Demokratie zeigt sich nun immer klarer und erfordert eine Nachjustierung im Sinne der Ergänzung der individuellen um die kollektiven Grundrechte oder eben »souveräner Demokratie«.

Ausbau der Gewaltentrennung

Bei genauerer Betrachtung handelt es sich dabei um eine Weiterentwicklung des Prinzips der Gewaltentrennung. Dieses Grundprinzip ist – wie selten eines – unumstritten. So selbstverständlich uns heute jedoch die Aufteilung der Staatsgewalt auf Parlament, Regierung und Justiz und deren gegenseitige Kontrolle sind, so wenig denken und fragen wir noch nach, welcher Grundgedanke eigentlich hinter der Teilung der Gewalten steht: Was will das Prinzip im Kern? Es geht darum, dass die Macht nicht zu sehr konzentriert sein darf, um nicht missbraucht werden zu können. Keine Instanz sollte deshalb im Verhältnis zur anderen zu mächtig werden, dann wäre es mit der größtmöglichen Freiheit aller vorbei. Aktuell ist dieses Prinzip doppelt in Gefahr: auf den Weltmärkten, wo es keine Fusionskontrolle gibt und systemrelevante Konzerne entstehen; und in den demokratischen Nationalstaaten, wo die Souveräne im Verhältnis zu ihren Vertretungen faktisch entmachtet sind, weshalb ich gegenwärtig vom »impotenten Souverän« spreche.[141]

Verfassungen durch den Souverän

Für die Ausbalancierung der Machtverhältnisse zwischen dem Souverän und seiner Vertretung ist das erste Souveränsrecht das wichtigste: das Recht, die Verfassung zu schreiben und zu ändern. Das höchste Dokument – die Verfassung – sollte ausschließlich von der höchsten Instanz geschrieben und geändert werden dürfen. Aus zwei Gründen: Zum einen unterscheidet die Politikwissenschaft die »verfassunggebende Gewalt« (Souverän) von der »verfassten Gewalt« (Parlament, Regierung). Der Gedanke dahinter leuchtet ein: Wenn die demokratischen Institutionen die Spielregeln des Regierens selbst machen dürfen, dann werden sie dem Volk möglichst wenige Rechte einräumen (»no power for the people«), um selbst die meiste Macht zu behalten. Schreibt hingegen das souveräne Volk die Verfassung, dann wird es sich sehr wahrscheinlich das letzte Wort sowie umfassende Mitbestimmungs- und Kontrollrechte reservieren. Warum wählt sich ein Souverän überhaupt eine Vertretung? Weil in den Nationalstaaten so viele Menschen leben, dass sich nicht mehr alle an allen Abstimmungen sinnvoll beteiligen können. Die Basisdemokratie findet ihre Grenze in der Zahl der Mitglieder der Demokratie. Hinter der Wahl von Regierung und Parlament steht somit Arbeitsteilung; es geht nicht um die Schaffung eines neuen Organs um seiner selbst willen, das dem Souverän übergeordnet ist. Regierung und Parlament sind nur seine (repräsentative) Vertretung, deren ausschließlicher Zweck darin besteht, den (relativen) Mehrheitswillen des Souveräns umzusetzen. Dass die Regierung dies auch tatsächlich tut, ist jedoch durch nichts garantiert; und die Verlockung, die vorübergehend gepachtete Macht zu missbrauchen, ist umso größer, je weniger Kontrollrechte der Souverän in der Hand hat und je mächtiger die Interessengruppen sind, die an der Regierung zerren: »Nichts ist gefährlicher als der Einfluss privater Interessengruppen auf die öffentlichen Angelegenheiten«, schrieb Jean-Jacques Rousseau schon 1762.[142] Deshalb wäre es fatal, wenn dem souveränen Auftraggeber bis zur nächsten Auftragsvergabe (Wahl) die Hände gebunden wären und er nur noch hilflos hoffen könnte, dass die Regierung seinem Willen entspricht. Dann passiert genau das, was jetzt immer öfter der Fall ist: Regierung und Parlament entscheiden immer öfter gegen den Mehrheitswillen der Bevölkerung und verwandeln sich in eine »Diktatur auf Zeit« – weil sie den drängendsten Lobby-Gruppen nachgeben und von ihnen durchsetzt oder sogar besetzt sind. Der übergangene Souverän kann protestieren und demonstrieren, zappeln und betteln, aber was hilft das schon, wenn er keine Rechte hat? Leuchtet es nicht ein, dass der souveräne Auftraggeber seinen Auftragnehmer jederzeit korrigieren können muss, wenn dieser nicht macht, was er will? Rousseau meinte, der Souverän müsse »die Macht, die er in die Regierung gelegt hat, einschränken, abändern und zurücknehmen können, wann immer es ihm beliebt«.[143]

Damit sind wir beim zweiten Grund, der dafür spricht, dass die Verfassung vom Souverän geschrieben und angenommen wird: Der Souverän erhält damit die Möglichkeit, grundlegende Richtungsentscheidungen für alle Politikfelder vorzugeben – die vom Parlament dann umgesetzt werden müssen. Für jedes Politikfeld könnten auf ein bis zwei Seiten Grundsatz- und Richtungsentscheidungen vorgegeben werden. Diese könnten auch in Themenkonventen ausgearbeitet und für eine intelligente Entscheidung durch den Souverän aufbereitet werden. Die Gemeinwohl-Ökonomie-Bewegung hat sowohl einen prozessualen Leitfaden für solche Themenkonvente ausgearbeitet als auch erste inhaltliche Leitfäden für einen Wirtschaftskonvent (im Anhang dieses Buches), einen Geldkonvent und einen Handelskonvent.

Dieser Punkt ist besonders vor dem Hintergrund der Entwicklung der Europäischen Union relevant. Bisher wurden die Grundlagenverträge stets von den Regierungen geschrieben. Die Bevölkerung war vom Entwicklungsprozess der neuen Verträge ausgeschlossen und durfte auch über das Endergebnis nur selten abstimmen. Diese Praxis wird in dem Maße problematischer, in dem die EU immer mehr Kompetenzen übertragen bekommt und staatsähnlichen Charakter annimmt. Spätestens aber bei der sogenannten »EU-Verfassung«, die 2003 ausgearbeitet wurde, hätten die Regierungen die Souveräne ans Ruder lassen müssen. Denn der Titel »Verfassung« weist auf die Gründung eines souveränen Staates hin, und die souveräne Macht in einem Staat muss in den Händen der Bevölkerung liegen, und nicht bei der Regierung oder dem Parlament. Tatsächlich war der »Verfassungsvertrag« sogar noch mehr als eine Verfassung: Er war Verfassung plus politische Verträge in einem monströsen 500-Seiten-Konvolut zusammengepackt: ein abstoßendes Manöver gegen die Demokratie.

Nachdem zwei von vier abstimmenden Souveränen (in Frankreich und Holland) das bereits unterzeichnete Vertragsmonster abgelehnt hatten, beschlossen die Regierungen, dem Text die »Verfassungsschminke« abzunehmen (»Gesetze«, Außenminister, Flagge, Hymne), um ihn als »gewöhnlichen« Vertrag durchdrücken zu können. Entlarvenderweise betonten sie gleichzeitig, dass 95 Prozent des Inhalts »gerettet« worden seien[144]; so wurde ein nahezu identischer Text ganz ohne Mitbestimmung der Souveräne diesen aufgezwungen. Ein einziger Souverän, der irische, stimmte ab, weil die lokale Verfassung das vorschreibt. Auch die Iren und Irinnen sagten nein, als dritter Souverän. Da sie aus der Sicht ihrer VertreterInnen »falsch« abgestimmt hatten, mussten sie jedoch »wiederholen« – erneut ein schwerer Missbrauch der direkten Demokratie. Direkte Demokratie sollte ein Instrument des Souveräns sein, um die Regierung zu korrigieren, und nicht eines der Regierung, um den Souverän zu korrigieren!

Wie könnte ein EU-Vertrag auf demokratische Weise zustande kommen? Siebzehn europäische Attac-Organisationen haben hierzu einen konkreten Vorschlag unterbreitet: Damit die Menschen Vertrauen in die EU fassen und sich mit dieser identifizieren können, müssen sie am Bau des »Hauses Europa« beteiligt werden.

Wenn jemand anderer das Haus baut und die Hausordnung festlegt, wird dieses Heim für viele nicht so gemütlich sein, wie wenn die BewohnerInnen das Haus selbst gestalten und festlegen dürfen, welche Regeln darin gelten. Der Vorschlag von Attac lautet: Aus der Mitte der Bevölkerung soll eine demokratische Versammlung gewählt werden, die sich aus VertreterInnen aller Mitgliedsstaaten und mindestens fünfzig Prozent Frauen zusammensetzt und den neuen Grundlagenvertrag, heiße er nun Verfassung oder nicht, schreibt.[145]

Üblicherweise wird eine solche Versammlung Konvent genannt. Der Verfassungsvertrag war auch von einem Konvent geschrieben worden, jedoch wurde dieser nicht vom Souverän eingesetzt, sondern von den Regierungen und Parlamenten. Der Konvent hatte auch keine demokratische Geschäftsordnung, denn die Letztentscheidung lag beim dreizehnköpfigen Präsidium und nicht beim Plenum. Das Präsidium »overrulte« auch das Plenum, dessen Mitglieder sich mehrheitlich für Volksabstimmungen in allen Mitgliedsstaaten über den Verfassungsvertrag ausgesprochen hatten: Der Konvent war eine Farce. Der luxemburgische Premierminister Jean-Claude Juncker meinte: »Ich habe noch keine dunklere Dunkelkammer erlebt als den Konvent.«[146] Kein Wunder, dass das Endprodukt dieses Finsterzimmers von drei der fünf befragten Souveräne abgelehnt wurde!

Im Vorschlag von Attac sollten allein die Souveräne über das Ergebnis des demokratischen Konvents entscheiden. Die Wahrscheinlichkeit, dass die Menschen einen Vertrag annehmen, der a) von eigens dafür direkt gewählten Vertrauenspersonen geschrieben wurde, die b) während der Textredaktion in regem Austausch mit den Menschen stehen, und über den c) ausschließlich die Souveräne entscheiden, ist sehr hoch. Ich bin davon überzeugt, dass er in allen Mitgliedsländern angenommen würde. Die zentrale politische Konfliktlinie verläuft nämlich nicht zwischen »Nationalstaaten« oder den vielfältigen europäischen »Kulturen«, sondern zwischen den gesellschaftlichen Eliten und der Bevölkerungsmehrheit innerhalb aller Staaten.

Dass das Endprodukt eines wirklich demokratischen Konvents

wahrscheinlich angenommen wird, lässt sich andernorts verifizieren. In Island wählte die Bevölkerung nach der verheerenden Finanzkrise 2008 aus der eigenen Mitte eine Verfassungsversammlung aus 25 Frauen und Männern. Diese schrieben im lebendigen Austausch mit der Bevölkerung eine »people's constitution«, die in einer Volksabstimmung mit 67 Prozent Mehrheit angenommen wurde. Ugly end: Laut alter Verfassung darf nur das Parlament die Verfassung ändern, und dieses weigert sich bis heute …

Besser lief es in Ecuador: Die neue Verfassung wurde in einer partizipativen Versammlung entwickelt und 2008 per Volksabstimmung mit breiter Mehrheit angenommen.[147]

Drittes Beispiel: Im Kanton Zürich fand zwischen 1999 und 2005 der soeben beschriebene Prozess statt: Direktwahl eines Konvents zur Neuschreibung der Verfassung, intensiver Austausch mit der Bevölkerung, Abstimmung durch den Souverän, Annahme mit klarer Mehrheit von 64,8 Prozent.[148]

Ein demokratisch entstandener Grundlagenvertrag würde nicht nur das schmerzlich vermisste Vertrauen der BürgerInnen in die EU stärken, er würde das Projekt der europäischen Integration auch auf einen anderen inhaltlichen Kurs bringen. Meine Wette ist: Anstelle des Vorrangs der Wirtschaftsfreiheiten, des Standortwettbewerbs, der bedingungslosen Kapitalverkehrsfreiheit, des schrankenlosen Eigentumsrechts, des Aufrüstungsimperativs und der mangelnden Gewaltenteilung würde eine demokratischere, nachhaltigere und friedlichere EU wachsen. Die BürgerInnen würden vieles von dem, was in den jetzigen Verträgen steht, nie und nimmer hineinschreiben. Dafür würden die Grundrechte an höchster Stelle stehen und einen gedeihlichen Rahmen für den inneren und äußeren Frieden und nicht zuletzt für eine Gemeinwohl-Ökonomie bilden.

Die Gemeinwohl-Ökonomie-Bewegung hat die Idee eines souveränen Konvents von Attac weiterentwickelt und detailliert. Ein möglichst demokratischer Prozess beginnt in den kleinsten politischen Einheiten: den Gemeinden. Ein Konvent aus fünfzig bis hundert Personen könnte zusammengesetzt werden. Mehrere Verfahren dazu sind denkbar: von der persönlichen Direktwahl (analog zur Bundespräsidentschaftswahl) über die Nominierung von KandidatInnen durch die fünfzig bis hundert größten Vereine in der Kommune bis zur Methode des »BürgerInnenrates«: Hier werden die Mitglieder aus dem Melderegister per Zufallsprinzip ausgewählt, jedoch ausgewogen nach Alter, Geschlecht und Beruf – ähnlich einem Schöffengericht. Die bisherigen Erfahrungen damit, zum Beispiel im österreichischen Vorarlberg, sind sehr gut.[149] Die Konventsmitglieder könnten sich im Verlauf eines Jahres zum Beispiel alle zwei Monate treffen:

- zum Kennenlernen und Vorstellen des Settings;
- zur Definition der zehn bis zwanzig Fragestellungen;
- zur Grobabstimmung auf halbem Weg;
- zur Feinjustierung der zur Wahl gestellten Alternativen;
- nach der Abstimmung durch den Gemeindesouverän zur Nachbereitung und Beratung der weiteren Schritte (zum Beispiel Einladung weiterer Gemeinden).

Der Konvent splittet sich in Arbeitsgruppen auf, und jede Arbeitsgruppe recherchiert verschiedene Optionen zu jeder Fragestellung. Am Ende wird nämlich nach dem Prinzip des Systemischen Konsensierens der Widerstand gegen alle Optionen gemessen, und es gewinnt derjenige Vorschlag, der den geringsten Widerstand im Souverän auslöst. So ist es nicht erforderlich, dass der Souverän eine *Meinung* hat, dennoch kann er »geschmeidig« zu einer gemeinsamen *Entscheidung* finden. Das rechtsphilosophische Prinzip hinter dem Systemischen Konsensieren ist folgendes: Jede Regelung eines politischen Sachverhalts schränkt die Freiheit der BürgerInnen ein – mehr oder weniger, das ist unvermeidlich. Das SK-Prinzip ermöglicht es, diejenige Regel zu finden, welche die Freiheit aller BürgerInnen zusammen betrachtet so gering wie möglich einschränkt und den »Summenschmerz« im Souverän minimal hält.

Während des transparenten Prozesses stehen die Konventsmitglieder in regem Austausch mit den interessierten BürgerInnen (»liquid democracy«). Außerdem laden sie zu jedem Thema ExpertInnen mit möglichst unterschiedlichen Ansichten ein, um zu jeder Fragestellung mehrere Optionen entwickeln zu können und das gesamte existierende Meinungsspektrum abzubilden.

Das Abstimmungsergebnis ist zunächst nur ein Meinungsbild des Souveräns einer Gemeinde zur Wirtschafts-, Finanz- oder Handelsordnung. Doch in dem Maße, in dem die Idee eines Wirtschaftskonvents bekannt wird und kommunale Konvente starten, wächst auch der politische Druck auf Parteien und Parlamente, einen solchen Konvent formal zuzulassen – über direkte Wahl oder durch die Delegation aus den kommunalen und regionalen Konventen. Ein pragmatischer Weg könnte sein, dass ein Bundeskonvent konstituiert wird, nachdem in mindestens hundert Kommunen lokale Konvente getagt und eine Delegierte für den Bundeskonvent nominiert haben.

Durch diesen Prozess erwarten wir mehrere Effekte:

- Vielen Menschen wird bewusst, dass die Wirtschaft keinen Naturgesetzen folgt, sondern auf frei gestaltbaren politischen Regeln beruht.
- Vielen Menschen wird bewusst, dass die Regeln, die gegenwärtig die Wirtschaft steuern, nicht mit ihren Grundwerten übereinstimmen und sogar im Widerspruch zu diesen stehen.
- Viele Menschen entwickeln die Sehnsucht, dass der Konvent auf der entscheidenden Ebene wiederholt wird, und verleihen ihrer Forderung nach bundesweiten Wirtschaftskonventen Nachdruck.
- Die Demokratie erfährt einen Vitalisierungsschub. Die »Politikverdrossenheit« und ihre unschönen Symptome wie Wahlabstinenz, Pegida, Brexit oder Trump könnten vielleicht abklingen.

Erstmals in der Geschichte würden in einem demokratischen

Verfahren die Spielregeln für die Wirtschaft festgelegt. Hundert Jahre nach Beginn der Demokratie in Deutschland und Österreich wäre das ein passender historischer Entwicklungsschritt.

Bildungskonvent

Ein weiterer Konvent könnte zum Thema Bildung eingerichtet werden. Im Bildungswesen werden die Weichen dafür gestellt, welche Menschen die Gesellschaft von morgen formen werden: Haben sie gelernt, einander zuzuhören, zu kooperieren und die Meinung des anderen zu achten? Oder haben sie gelernt, besser sein zu wollen als die anderen, die Ellbogen auszufahren und für den persönlichen »Erfolg« alles andere außer Acht zu lassen? Lernen sie, was es heißt, Demokratie zu gestalten (»zoon politikon«), oder verstehen sie sich nur als »Privatpersonen« (»idiotes«)? Erfahren sie, was die Welt im Innersten zusammenhält, oder werden sie mit zusammenhanglosem Detailwissen vollgestopft?

Es gibt wohl kaum einen Sektor, in dem Frustration auf allen Seiten so ausgeprägt ist wie im Bildungssektor: SchülerInnen fühlen sich bevormundet und werden aggressiv; LehrerInnen fühlen sich überfordert und als Sündenböcke an den Pranger gestellt; Universitäten werden verschult und finanziell ausgehungert; sie müssen sich zunehmend wie Unternehmen verhalten und Drittmittel aus der profitorientierten Privatwirtschaft lukrieren; externe Evaluierungsmethoden schaffen ein Klima der Überwachung und Kontrolle anstatt der Freiheit und Kreativität. Kinder und junge Erwachsene werden auf die Bedürfnisse des Marktes und der globalisierten Wirtschaft abgestimmt, anstatt sich zu freien und kritischen Menschen entfalten zu können.

Entspricht diese Entwicklung dem Ideal freier Bildung? Warum dürfen SchülerInnen und Eltern die Lehrpläne nicht mitbestimmen? Warum macht das die Regierung allein? Gehen die Lerninhalte nicht alle an? Sind nicht alle Bildungsbetroffenen einer Gesellschaft in Summe intelligenter als eine Regierung, an der die Interessengruppen zerren?

Ein Ausweg wäre ein demokratischer Bildungskonvent, in den alle Betroffenen des Bildungssektors – SchülerInnen, Studierende, Lehrende, Eltern – Personen ihres Vertrauens wählen, welche die Ziele und zentralen Inhalte für das Bildungssystem sowie die Mitspracherechte der Betroffenen festlegen. Gute Chnacen hätten Persönlichkeiten wie Margret Rasfeld, Gerald Hüther, Richard David Precht, Konrad Paul Liessmann oder Joachim Bauer. Ich gehe jede Wette ein, dass andere Inhalte und Unterrichtsfächer gewählt würden, als der 2009 amtierende ÖVP-Vorsitzende und Vizekanzler Josef Pröll in seiner programmatischen Grundsatzrede »Projekt Österreich« ausgerechnet am Höhepunkt der Finanzkrise vorschlug: »Financial Education« solle zum »Bestandteil jeder schulischen Ausbildung« werden.[150] Nachdem die Banken zu globalen Kasino-Playern geworden sind, sollen jetzt alle Menschen lernen, wie man sich an den Spieltischen am erfolgreichsten betätigt. Dem Fass den Boden schlug der Umstand aus, dass der einzige Vertreter Österreichs in der gleichnamigen Arbeitsgruppe der EU-Kommission (nämlich zu »Financial Education«) der Geschäftsführer der Hedgefonds-Firma Superfund ist, die ihren KundInnen Jahresfinanzrenditen von zwanzig bis siebzig Prozent in Aussicht stellt.[151] (Die beiden deutschen Mitglieder kommen vom Banken- und vom Versicherungsverband.[152]) Ich bin mir sicher, dass eine repräsentative Vertretung von LehrerInnen, Eltern und SchülerInnen niemals auf die Idee kommen würde, Financial Education zum verpflichtenden Unterrichtsgegenstand zu machen und dabei Hedgefonds-Manager zu Rate zu ziehen; sie würden andere Prioritäten setzen als eine Regierung, die immer mehr mit den finanziellen Eliten verschmilzt und deren Profitinteressen vertritt.

Daseinsvorsorgekonvent

Ein dritter Konvent könnte den Bereich der wirtschaftlichen Grundversorgung, auch »Daseinsvorsorge« genannt, definieren: Welche Sektoren der Wirtschaft sind von so grundlegender Bedeutung (und in vielen Fällen am besten als einheitlicher Betrieb zu organisieren), dass sie gänzlich unter der Kontrolle des Souveräns stehen sollten? Laut Umfragen steht die Bevölkerung mit großer Mehrheit hinter einer öffentlichen Post, Bahn, Rentenversicherung und Gesundheitsversorgung sowie öffentlichen Kindergärten und Universitäten. Diese Grundversorgungsbetriebe könnten via Daseinsvorsorgekonvent zu »demokratischen Allmenden« weiterentwickelt werden. (Wo die Bevölkerung abstimmen durfte, sprach sie sich für die Beibehaltung der öffentlichen Kontrolle über die Basis-Infrastruktur aus.)

Außerdem könnten Care-Arbeiten wie Kinderbetreuung, Kranken- und Altenpflege, Betreuung von Menschen mit besonderen Bedürfnissen sowie Sterbebegleitung generell als öffentliche Dienstleistungen betrachtet und entsprechend honoriert werden.[153]

Medienkonvent

Ein weiterer Konvent könnte zum Thema Medien arbeiten, um die mediale, ökonomische und politische Macht zu entflechten und eine demokratischere Medienlandschaft zu kultivieren. Vielfalt und Dekonzentration von Macht könnten auch hier durch negative Rückkoppelungen erzielt werden:

- kein Unternehmen darf Eigentum an mehr als einem Medienunternehmen besitzen;
- kein Medium darf zu mehr als 0,5 Prozent von einem Inserenten abhängig sein;
- neue Medien dürfen nur von mindestens fünf akkreditierten JournalistInnen und mindestens zehn gleich großen EigentümerInnen gegründet werden.

Keine Regierung würde so eine Umverteilung der Medien- und Eigentumsmacht auch nur andenken. Der Einzige, der diese Rettungsmaßnahme für die Demokratie in Angriff nehmen und durchsetzen kann, ist der demokratische Souverän. Dafür braucht es jedoch souveräne Demokratie.

Der wichtigste aller Konvente hätte deshalb die Aufgabe, die Spielregeln für die Demokratie neu zu schreiben. Seit der Krise 2008 und der (Nicht-)Reaktion der Regierungen darauf wird immer mehr Menschen klar, dass das gegenwärtige Demokratie-Modell eine Sackgasse bedeutet. Viele zivilgesellschaftliche Initiativen, von Mehr Demokratie e.V. über Bildungsproteste und Occupy-Bewegung bis zu Attac sowie Öko-Dörfer und BürgerInnen-Kommunen, machen sich daher Gedanken über die Weiterentwicklung der Demokratie oder »democracia real«, wie es die spanische »Indignados«-Bewegung formuliert. Meines Erachtens ist es eine der wichtigsten Aufgaben der nächsten Jahre, dass alle Kräfte, die mehr Mitbestimmung wollen, gemeinsam ein innovatives und zeitgemäßes Demokratie-Modell ausarbeiten und dieses zur gemeinsamen Forderung eines breiten zivilgesellschaftlichen Bündnisses, mehr noch: einer historischen Bürgerrechtsbewegung machen.

Der Weg zur Umsetzung kann eine Volksinitiative sein, die Forderung nach einem Demokratiekonvent oder, in diesem Fall, sogar eine Partei. Ich persönlich tendiere zur Ansicht, dass Parteien eine Sackgasse auf dem Weg zu »echter« Demokratie sind, weil sie das Fraktionale betonen und nicht das Gemeinsame. Was eine Fraktion vorschlägt, lehnen die anderen oft aus Prinzip – und nicht aus inhaltlichen Gründen – ab. Die Parteiendemokratie fördert die Konkurrenz und das Gegeneinander, indem die besten Ideen oft zerstampft werden. Die Demokratie sollte besser auf kooperativen Verfahren basieren. Eine allfällige Demokratie-Partei, falls es sie jemals geben wird, hätte ein einziges Ziel: das neue Demokratie-Modell in die Welt zu bringen. Sie würde keine – auch noch so mehrheitsfähigen – »Inhalte« in ihr Programm schreiben, weil diese zu sehr von der Neuschreibung der Entscheidungsregeln ablenken würden. Ich kann hier noch keine ausgereifte Lösung anbieten, arbeite aber auf den 100. Geburtstag des Inkrafttretens der ersten demokratischen Verfassung in Deutschland (November 2019) und Österreich (Februar 2020) hin an einem vollständigen Modell einer »souveränen Demokratie«.

Dreistufige direkte Demokratie

Ein zweiter wichtiger Entwicklungsschritt in Richtung souveräne Demokratie ist die Ausweitung der Gesetzesinitiative auf die höchste Instanz. Wenn der Souverän wirklich »über allem steht« und der einzige Zweck der Demokratie die Umsetzung seines Willens – des Gemeinwillens einer größtmöglichen Mehrheit – ist, dann müsste der Souverän auch jederzeit aus eigener Kraft ein Gesetz initiieren und verabschieden können! Derzeit geht das weder in den Mitgliedsstaaten der EU noch in der EU selbst, weil das Monopol bei unserer Vertretung liegt: in den Nationalstaaten bei Regierung und Parlament, in der EU bei Kommission, Rat und Parlament.

Konkret bedeutet das zum einen, dass die souveräne Bevölkerung ein Gesetz, das ihr Missfallen erregt, mit Stimmenmehrheit ablehnen kann. Und zum anderen, dass sie selbst ein Gesetz, das nicht im »Angebot« der Regierung enthalten ist, auf Schiene bringen und beschließen kann. Für beide Rechte kann dasselbe Verfahren angewandt werden: die von einer wachsenden Zahl von Organisationen geforderte dreistufige direkte Demokratie.[154]

- *Erste Stufe:* Jede BürgerIn oder Gruppe von BürgerInnen kann für ein gewünschtes Gesetz Unterstützungserklärungen sammeln.
- *Zweite Stufe:* Findet dieser Gesetzesvorschlag eine ausreichende Zahl von UnterstützerInnen, zum Beispiel ein halbes Prozent der wahlberechtigten Bevölkerung, wird ein bundesweites Volksbegehren eingeleitet.
- *Dritte Stufe:* Überwindet dieses Volksbegehren – die Sammlung von Unterschriften im ganzen Land in den Wahllokalen – eine weitere und größere Hürde, wie zum Bespiel drei Prozent, kommt es zur verpflichtenden Volksabstimmung, deren Ergebnis rechtlich bindendes Gesetz ist.

  Die »dritte Stufe« gibt es auf der Bundesebene derzeit nur in der Schweiz. Dort sind die Bürgerinnen und Bürger der eigentliche Souverän. In Deutschland, Österreich, Italien und den meisten anderen Ländern hat das Parlament das letzte Wort. (Und es kann auch gegen den Willen der Bevölkerung Atomkraftwerke bauen, dem Kapital den Fluchtweg in Steueroasen öffnen, Patente auf Lebewesen zulassen, systemrelevante Banken retten oder an einem völkerrechtswidrigen Angriffskrieg teilnehmen.)

Direkte Demokratie ist weltweit auf dem Vormarsch: Gab es von 1951 bis 1960 weltweit erst 52 nationale Volksabstimmungen, so waren es von 1991 bis 2000 schon 200, und im ersten Jahrzehnt des dritten Jahrtausends werden es an die tausend gewesen sein.[155] In Deutschland wurde das Instrument des Volksentscheids in den letzten fünfzehn Jahren in den meisten Bundesländern sowie auf kommunaler Ebene eingeführt, in Bayern gibt es seit 1995 die Bürgerentscheide. In Südtirol erringt die Bürgerbewegung für direkte Demokratie einen Etappensieg nach dem anderen. Die erste Form der direkten Demokratie wurde 2005 eingeführt, blieb allerdings weit hinter den Vorstellungen der InitiatorInnen aus der Bevölkerung zurück. Diese initiierten deshalb 2009 eine erste Volksabstimmung, um das Modell der BürgerInnenbewegung durchzusetzen. Dieses gewann auch mit 83,2 Prozent Zustimmung. Doch die Regierung erklärte die Abstimmung, weil sich statt der von ihr selbst für nötig beschlossenen vierzig Prozent (»Mindestquorum«) nur 38,2 Prozent der Bevölkerung beteiligt hatten, für nicht bindend. Dennoch versprach die Regierung ein verbessertes Gesetz. Die Entwürfe dazu ließen jedoch keine echten Verbesserungen erwarten. Deshalb organisierte die Bewegung Anfang 2014 eine weitere Volkstabstimmung, in der das Landesgesetz mit 65,2 Prozent der Stimmen abgelehnt wurde. Seither ringen Regierungsparteien, Oppositionsparteien und Zivilgesellschaft um die Etablierung einer wirksamen Volkssouveränität in Südtirol – auf das Ergebnis darf man gespannt sein.[156]

Trotz dieser allgemeinen Tendenz zu mehr Demokratie halten sich gegen direkte Demokratie weitverbreitete und teils gravierende Bedenken und Ängste. Die Steuern könnten erhöht werden, Rechtspopulisten könnten gegen Minderheiten hetzen, die Todesstrafe könnte wiedereingeführt werden. Kern der Angst: Die allgemeine Bevölkerung sei nicht so aufgeklärt und vernünftig wie eine gewählte Regierung. Beim Schweizer Votum zum Minarett-Verbot scheinen sich diese Befürchtungen bestätigt zu haben. Der Verein Mehr Demokratie Deutschland hat ein ganzes Buch zu den Befürchtungen geschrieben.[157] Ich will hier auf die gängigsten Vorbehalte gegen direkte Demokratie eingehen und anhand des Schweizer Minarett-Votums die Grundrechte-Frage klären.

Mythos 1: **Wir haben doch die repräsentative Demokratie.**
Der Trick ist alt: Wenn jemand nach Arbeitspausen oder Feiertagen ruft, kommt manchmal das Gegenargument: »Aber Arbeit ist doch nichts Schlechtes!« Genauso wenig, wie Pausen und Feiertage die Arbeit in Frage stellen, sondern diese vielmehr produktiver machen, will direkte Demokratie die repräsentative nicht ersetzen, sondern sinnvoll ergänzen. Das Parlament darf der reguläre Gesetzgeber bleiben, doch wenn es etwas beschließt, das dem Willen der SouveränIn zuwiderläuft, muss diese die Möglichkeit haben, ihre Vertretung zu korrigieren. Oder wenn alle zum Parlament kandidierenden Parteien in ihrem Wahlmenü etwas missen lassen, das der SouveränIn wichtig ist, soll diese selbst das Gesetz initiieren können. Oder wenn das Wahlvolk zwar mehrheitlich eine bestimmte Regierung wählt, in einer bestimmten Sache aber etwas anderes will, dann soll es beides kriegen können: die Lieblingsregierung und die Gesetze seiner Wahl. Entscheidend ist: Das letzte Wort muss bei der SouveränIn bleiben.

Mythos 2: **Das Volk kann die Regierung ja abwählen.**
Im ungünstigsten Fall erst nach fünf Jahren – inzwischen wurden öffentliche Güter privatisiert, Zwangshandelsabkommen beschlossen, Banken mit Steuergeld gerettet und vielleicht sogar Kriege geführt. Regierungen machen unpopuläre Entscheidungen gerne gleich nach der Wahl, um mit nahendem Wahltermin immer mehr Zuckerl zu streuen. Bis dahin ist vieles vergessen, und oft läge es nicht einmal im Interesse der enttäuschten WählerInnen, eine Regierung, die vieles richtig macht, aufgrund einer groben Fehlentscheidung nicht mehr zu wählen. Parlamentswahlen sind generell »ineffizient«, weil nur zwischen dicken Bündeln aus Wahlversprechen gewählt werden kann, von denen keines verbindlich garan-

tiert ist – in Koalitionen kann die Schuld dafür zudem dem Partner zugeschoben werden. Direkte Demokratie erlaubt dem Souverän, einzelne Sachfragen herauszugreifen und selbst zu entscheiden. Die Demokratie wird um vieles effizienter und befriedigender, wenn das Volk zwischen den Wahlen nicht entmündigt und machtlos ist, sondern eigeninitiativ mitgestalten kann.

Mythos 3: Das Volk ist zu ungebildet.
Grundsatzentscheidungen sind in der Regel ethische Entscheidungen, und hier sind alle Menschen ähnlich kompetent – unabhängig vom Bildungsgrad. Es gibt keinen Hinweis darauf, dass die gesellschaftlichen Eliten über ein überdurchschnittliches Maß an Herzensbildung verfügen, im Gegenteil: Macht korrumpiert den Charakter. Ein starker Intellekt allein garantiert für nichts, außer, dass Verbrechen subtiler begangen werden. Österreich hat zwei Erfahrungen mit Volksabstimmungen: das Atomkraftwerk Zwentendorf und der EU-Beitritt. Dort, wo Regierung und Volk unterschiedlicher Meinung waren, in der Frage der Kernkraft, war der Souverän klüger – obwohl damals eines der aggressivsten Argumente war, dass die Bevölkerung die komplizierte Atomphysik »nicht verstehe« und solche »Sachfragen« doch von den Experten geklärt werden müssten. Das Problem der korrupten Expertokratie hat sich in den letzten Jahren verschärft. Minister und Abgeordnete hören lieber auf LobbyistInnen als auf integre ExpertInnen. Warum zogen dreizehn EU-Regierungen in den Irakkrieg? Das »Wissen«-Argument sticht nicht.

Mythos 4: Die Entscheidungen sind zu komplex.
Dieses Argument wurde beim Vertrag von Lissabon erfunden. Es waren jedoch erstens die Regierungen, die – anstatt eine kurze und verständliche Verfassung vorzulegen, die USA kommen bis heute mit einem Fünfzehn-Seiten-Text aus – ganz bewusst ein 500-Seiten-Monster schufen, um mit dem »Komplexitäts«-Argument die Souveräne von der Mitbestimmung auszuschließen. Zweitens zeigten Befragungen, dass auch die meisten VolksvertreterInnen in den nationalen Parlamenten nicht die leiseste Ahnung vom Inhalt des

Lissabon-Vertrages hatten (und haben) und deshalb bei der Abstimmung um nichts qualifizierter waren als die Bevölkerung.[158] Das Beispiel Frankreich lehrt vielmehr, dass gerade eine Volksabstimmung zu hohem Informationsstand in der Bevölkerung führt: Bücher über den EU-Verfassungsvertrag waren vor der Volksabstimmung monatelang auf den Bestsellerlisten, mehr als eine Million Exemplare wurden verkauft. In zahllosen öffentlichen Diskussionen wurden bis lange nach Mitternacht die einzelnen Artikel leidenschaftlich diskutiert. Wenn das Volk mitbestimmen darf, ist es gar nicht so politikverdrossen, wie ihm von »Diktatoren auf Zeit« gerne unterstellt wird.

Das gewichtigste Argument ist: Parlamentswahlen – die Wahl von Parteien – sind die komplexeste Entscheidung überhaupt, hier müssen alle Fragen – von der Außen- bis zur Innenpolitik, von der Handels- bis zur Sozialpolitik, von der Bildungs- bis zur Umweltpolitik – in einer einzigen Wahl entschieden werden, und ausgerechnet diese wird den WählerInnen »direkt« zugemutet. Wenn das Volk angeblich zu dumm ist, kluge Entscheidungen zu treffen, warum sollte es dann diese Quadratur des Kreises schaffen?

Mythos 5: **Dann kommen die Hetz-Populisten.**

Das ist keine Besonderheit der direkten Demokratie. Hetz-Populisten kandidieren auch bei den Parlamentswahlen, mitunter so erfolgreich, dass sie in die Regierung kommen. Wäre das nicht ein schlagendes Argument gegen Parteien und Parlamente? Um des Hetz-Populismus Herr zu werden, bedarf es anderer Wege als der Ablehnung direkter Demokratie. Ein heißer Tipp: Wenn Regierung und Parlament wirklich etwas gegen das Erstarken des Rechtsextremismus unternehmen wollen, sollten sie endlich etwas gegen die wachsende Ungleichheit und soziale Spaltung tun, nicht direkte Demokratie verhindern.

Mythos 6: The Sun, Bild und *Kronen Zeitung* würden zur De-facto-Regierung.
Ein weiteres Totschlagargument, besonders in Österreich. Dieses ist jedoch kein Argument gegen direkte Demokratie (weltweit), sondern für ein österreichisches Mediengesetz, das Machtkonzentration verhindert. Davon abgesehen: Hat die *Kronen Zeitung* etwa keinen entscheidenden Einfluss auf die repräsentative Demokratie? Darüber wurden Filme gedreht.[159] Auch hier gilt: Nicht die repräsentative Demokratie gehört deshalb beseitigt, sondern die Macht der *Kronen Zeitung*.

Mythos 7: Dann kommt ja die Todesstrafe.
Das reflexhafteste Argument gegen direkte Demokratie. Und prinzipiell korrekt: Theoretisch könnte eine Mehrheit für die Todesstrafe stimmen. Dafür müssen Vorkehrungen getroffen werden. Allerdings gilt das unterschiedslos für die indirekte Demokratie. Denn wer bewahrt uns davor, dass eine gewählte Regierung die Todesstrafe oder Folter wiedereinführt? Guantánamo ist kein Ergebnis einer Volksabstimmung! Die Überwachung der Bevölkerung erst recht nicht. Die jüngsten Einschränkungen der Bürgerrechte und die Auslandsmilitäreinsätze bis hin zu Kriegen gehen von Parlamenten aus, nicht von den BürgerInnen! Das Ermächtigungsgesetz zur Auflösung des Reichstages 1933 kam aus ebendiesem, nicht von hitzigen Volksmassen. Wenn, dann bewahren uns die Verfassung oder die Europäische Menschenrechtskonvention EMRK vor Menschenrechtsverletzungen. Die logische Konsequenz ist, dass diese letzten Hüter der Grundrechte auch für die direkte Demokratie gelten müssen (gleich wie für die indirekte) – was soziale Bewegungen, die für direkte Demokratie eintreten, klarerweise auch fordern.

Mein Argument dazu ist: Die Demokratie, egal ob direkte oder indirekte, ist nur ein Mittel. Die Gleichheit aller Menschen, ihr gleicher Wert – die Würde – ist der Zweck. Aus dem gleichen Wert aller Menschen folgen die gleichen Grundrechte aller, und eines davon ist das gleiche Mitspracherecht aller. Und das Mittel sollte verständlicherweise niemals den Zweck abschaffen dürfen. Alle zeitgemäßen Initiativen für direkte Demokratie fordern deshalb, dass weder schon erstrittene Grund-, Menschen- und Minderheitenrechte durch direkte Demokratie in Frage gestellt werden dürfen (genauso wenig wie durch indirekte) noch die Demokratie selbst: Eine Volksabstimmung über die Auflösung des Parlaments und die Inthronisierung eines Königs ist theoretisch denkbar, sollte aber genauso wenig zulässig sein wie die Einsetzung eines Diktators durch das Parlament. Minderheiten dürfen weder vom Parlament unterdrückt werden noch vom Volk. Entweder die Grundrechte gelten für alle, oder sie gelten nicht. Hier muss die Verfassung die Grundrechte schützen.

Wir sind beim Schweizer Minarett-Problem: In der Schweiz gibt es die direkte Demokratie seit 1848, der Beitritt zur Europäischen Menschenrechtskonvention, gegen die das Minarett-Verbot zweifach verstößt (gegen das Diskriminierungsverbot und gegen die Religionsfreiheit), erfolgte erst 1974. Die SchweizerInnen sollten also klären, ob ihnen der Verbleib in der EMRK wichtiger ist oder die Beibehaltung des fragwürdigen Rechts, via direkte Demokratie auch Menschen- oder Minderheitenrechte zu beschneiden. Ich bin mir sicher, dass diese Entscheidung zugunsten der Menschenrechte ausgehen würde.

Die Schweiz hat die Todesstrafe übrigens per direkter Demokratie abgeschafft. In einer Gesamtschau gibt es zahllose Beispiele dafür, dass der Souverän, wo er selbst entscheiden durfte, »klüger« war als die Regierung. Die weltbeste Bahn in der Schweiz, der Atomausstieg Österreichs und Litauens und die Ausstiege Italiens und der Schweiz, die Verhinderung der Privatisierung der Stadtwerke von Leipzig, die Entscheidung des Kantons Zürich, reichen Ausländern die Steuerprivilegien zu streichen, die Verkürzung der Wehrpflicht in der Schweiz und der freiwillige Zivilersatzdienst: alles Verdienste direkter Demokratie. Deshalb sind die Menschen in der Schweiz mit dem politischen System zufriedener als in Deutschland oder Österreich, wo 82 Prozent der Ansicht sind, »dass die Regierung auf die Interessen des Volkes keine Rücksicht nimmt«. Nur fünf Prozent glauben, durch Wahlen »in starkem Maße« mitbestimmen zu können. Die Hälfte der Deutschen meint, über Wahlen »gar nicht« mitbestimmen zu können.[160] In Zeiten, in denen die Regierungen immer mehr von den ökonomischen Eliten vereinnahmt werden (»Postdemokratie«[161]), ist direkte Demokratie ein Gebot der Stunde. Dass der Souverän dies will, sollte eigentlich Grund genug sein: 75 Prozent der CSU/CDU-Getreuen sind für direkte Demokratie und 81 Prozent der SPD-Fans. Im absolutistischen Frankreich sagte Ludwig XIV.: »Der Staat bin ich!« Heute agieren Regierungen und Parlamente nach dem Motto: »Der Souverän sind wir.« Im EU-Lissabon-Vertrag maßen sich die VolksvertreterInnen, die diesen verfassten und beschlossen, an, zu entscheiden, worüber die SouveränIn abstimmen darf und worüber nicht. Wenn Regierung und Parlament hinkünftig wissen, dass das letzte Wort bei der SouveränIn liegt, dann werden sie diese ernster nehmen. Und die souveränen BürgerInnen können ihre Politikverdrossenheit und Ohnmacht in demokratische Initiative umwandeln. »Direkte Demokratie heißt, die Zuschauerhaltung zu verlassen«, formuliert es der Mitbegründer von Mehr Demokratie e.V. Gerald Häfner.[162]

Die Ergänzung der indirekten (»repräsentativen«) um die direkte Demokratie wäre eine konsequente Umsetzung des Prinzips der Gewaltentrennung zwischen dem Volk und seiner Vertretung. Klarer getrennte Gewalten würden ein spürbares Mehr an Demokratie und größeres Vertrauen in diese Staatsform bringen. Die direkte Demokratie kann auch als Instrument verwendet werden, um Verfassungsreformen einzuleiten, die Souveränsrechte auszuweiten oder Themenkonvente einzusetzen. Die kollektiven Grundrechte spielen ineinander und machen aus dem »impotenten« einen echten Souverän, der sein Potenzial entfaltet und dadurch auch seiner Vertretung mit mehr Wertschätzung begegnen kann.

Drei-Säulen-Demokratie

In Summe würden die vorgeschlagenen Maßnahmen das gegenwärtige eindimensionale Demokratie-Modell (nur repräsentative Demokratie) zu einer dreidimensionalen souveränen Demokratie weiterentwickeln: indirekte (repräsentative), direkte (Konvente und Volksabstimmungen) und partizipative Demokratie (Mitbestimmung in der Wirtschaft und Daseinsvorsorge). Schlussendlich handelt es sich um eine bessere Arbeitsteilung zwischen den TrägerInnen der politischen Macht und jenen, an die sie diese nur noch teilweise delegieren: zwischen der SouveränIn und ihrer Vertretung. Auch das wäre noch keine »echte Demokratie«, lieber Albert Einstein, aber vielleicht der nächste Schritt dorthin.

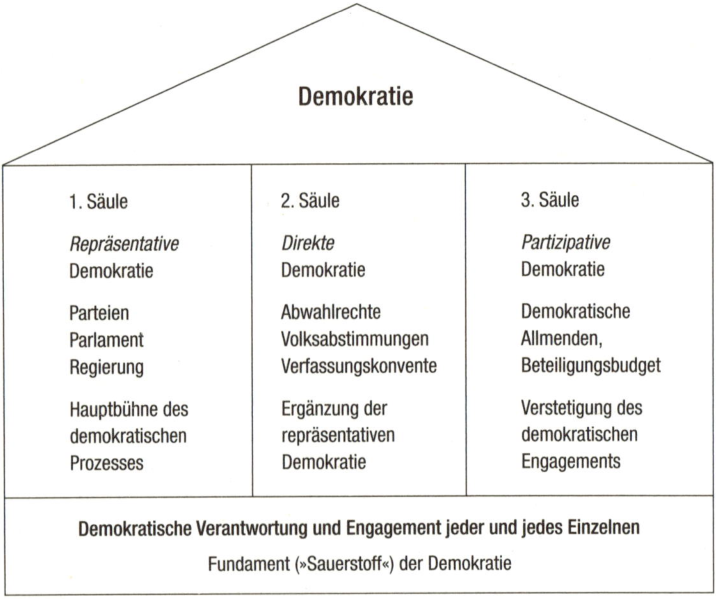

7. Beispiele, Verwandte und Vorbilder

Die Gemeinwohl-Ökonomie ist keine Utopie. Immer schon haben Unternehmen andere Ziele verfolgt als Finanzgewinn. Und Kooperation ist nicht nur ein Grundprinzip der Evolution, sondern auch zahlreicher alternativer Wirtschaftsformen: vor, während und nach dem Kapitalismus. In den Genossenschaften der Welt arbeiten mehr Menschen hauptamtlich als in allen transnationalen Konzernen zusammengenommen.[163] Gemeinschaftsgüter, auch Allmenden oder »Commons«, ziehen sich von hochgelegenen Bergalmen und Trinkwassergenossenschaften über selbstorganisierte Supermärkte bis hin zu freier Software und Internet-Anwendungen. Kreislauf-Ökonomie, Blue Economy, Share Economy, Shared Value, Public Value, B Corporations, Social Business, ProsumentInnen, Community Supported Agriculture, Permakultur, Transition Town … Die Alternativen sind zahlreich und zielen alle auf dieselben Werte ab. Allen ist gemeinsam, dass Geld und Kapital nur Mittel, die Ziele aber höhere und vielfältigere sind.

Auch bei den Privatunternehmen gibt es schon heute – inmitten des globalen Kapitalismus – zahlreiche Unternehmen, die Aspekte der Gemeinwohl-Ökonomie längst leben. Die Gemeinwohl-Ökonomie möchte diese Praktiken sichtbar machen und belohnen. Die folgenden Beispiele geben Zeugnis davon und stehen stellvertretend für viele weitere Vorbilder. Gemeinsam üben sie auf viele Menschen eine inspirierende und motivierende Wirkung aus, und es gibt keinen vernünftigen Grund, nach ihrem gemeinsamen Vorbild nicht eine flächendeckende Unternehmenslandschaft zu gestalten.

1. Mondragón – die weltgrößte GenossInnenschaft (Baskenland)

Die baskische Mondragón Corporación Cooperativa (MCC) ist heute die weltgrößte GenossInnenschaft. 1943, nach dem Spanischen Bürgerkrieg, errichtete der junge Priester José María Arizmendiarrieta eine Polytechnische Berufsschule. 1956 gründeten fünf Absolventen die erste Genossenschaft. Heute ist die Gruppe in neunzehn Ländern vertreten und umfasst 256 Unternehmen in den Sektoren Maschinenbau, Automobilindustrie, Bauindustrie, Haushaltsgeräte, Einzelhandel, Finanzwesen und Versicherungen. Eine eigene Bank ist auch dabei, die Genossenschaftsbank Caja Laboral Popular.

83 Prozent der rund 95 000 Beschäftigten sind GenossInnen. Dieser Anteil soll auf neunzig Prozent steigen. Die GenossInnenschaft basiert auf der grundsätzlichen Gleichheit der arbeitenden GenossInnen. Die demokratische Betriebsorganisation zeigt sich a) in der Souveränität der Generalversammlung, die sich aus der Gesamtheit der GenossInnen zusammensetzt und nach dem Verfahren »eine Person, eine Stimme« arbeitet; b) in der demokratischen Wahl der Leitungsorgane, insbesondere des Aufsichtsrates, der sich vor der Generalversammlung verantworten muss; und c) in der Zusammenarbeit mit den Exekutivorganen, die dazu bestellt sind, die GenossInnenschaft im Auftrag der Gesamtheit der GenossInnen zu leiten.

Die Gewinne werden zu einem kleinen Teil an die MitarbeiterInnen ausgeschüttet und zu einem großen Teil reinvestiert; ein weiterer Teil fließt in den »Zentralen Fonds für Zusammenarbeit«, der neue Projekte und Arbeitsplätze schafft. Befindet sich ein Betrieb in finanziellen Schwierigkeiten, kann er mit Zustimmung der ArbeitnehmerInnen durch Lohneinbußen aufgefangen werden. Bei größeren Finanzproblemen oder Auftragsspitzen arbeiten Beschäftigte kurzzeitig in anderen Genossenschaften. Bis zu zehn Prozent des Nettogewinns fließen in das Gemeinwesen und in als sehr wichtig eingestufte Bildungsprojekte – als ein solches begann das Ganze schließlich. Insgesamt setzt die Mondragón-Gruppe fünfzehn Milliarden Euro um, die Eigenmittel belaufen sich auf fünf Milliarden Euro. Der Globalisierungsgrad ist hoch: Die Niederlassungen reichen von Portugal bis Thailand, von Brasilien bis Polen und von Mexiko bis Hongkong. In Deutschland betreibt Mondragón Produktionsstätten in Limburg an der Lahn, Herborn und Stockach.

Zu den (offenen) Erfolgsgeheimnissen des Unternehmens gehören nach eigenen Angaben:

- Nicht das Kapital, sondern der Mensch steht im Mittelpunkt. Miteigentum und Mitbestimmung aller sind Ausdruck davon. 45 Prozent der Beschäftigten sind Frauen.
- Die Reinvestition praktisch aller erwirtschafteten Erlöse. (Es gibt keine Aktionäre.)
- Die Schaffung wirksamer Instrumente der Kooperation untereinander: Bei Mondragón wird auch in Krisenzeiten niemand entlassen. Im Solidaritätsfonds angesparte Gewinne werden verwendet, um aktuell schwächere Teilbetriebe zu stärken. Zudem vergibt die Genossenschaftsbank Kredite an ökonomisch prosperierende Genossenschaften zu höheren Zinsen und verlangt von Genossenschaften in einer problematischen Situation nur sehr geringe oder gar keine Zinsen.

Der letzte Punkt zeigt, wie systematische Kooperation zwischen Unternehmen funktionieren könnte – dieses Gundprinzip der Gemeinwohl-Ökonomie ist bei Mondragón schon gelebte Realität. Der Chicagoer Philosophie-Professor David Schweickart wurde von Mondragón zu einem alternativen Wirtschaftsmodell, der »Economic Democracy«, inspiriert.[164] Es gibt auch kritische Betrachtungen: Andreas Exner und Brigitte Kratzwald verweisen auf eine »klare Schichtung zwischen Belegschaft und Management, das die Fäden des Unternehmens in der Hand hält«. Der Belegschaft bleibe »de facto ein Vetorecht«. Infolge seiner Verfasstheit und des kapitalistischen Umfelds habe sich die Unternehmensgruppe »in ein chauvinistisches Projekt des internationalen Standortwettbewerbs verwandelt«.[165]

2. SEMCO – »Industrie-Demokratie«[166] (Brasilien)

Das in den 1950er Jahren gegründete Unternehmen produzierte ursprünglich Zentrifugen für die Pflanzenöl-Industrie. Heute agiert SEMCO auf dem Weltmarkt für Unternehmensdienstleistungen: Umweltberatung, Eigentumsverwaltung, Immobilienconsulting,

Service von Inventar und Lenkrädern. Im Bereich der Industrieausstattung und Administration von Post und Dokumenten hat das Unternehmen, das mehr als 3000 Arbeitsplätze bietet, eine marktführende Position.

Bemerkenswert an SEMCO ist sein alternatives Organisationsmodell. Hierarchien und vorgefertigte Firmenorganigramme existieren nicht in der gewohnten Form: Auf Formalitäten wird kein Wert gelegt, dafür umso mehr auf gegenseitigen Respekt, Mitbestimmung und Mitgestaltung. Alle Personen werden unabhängig von ihrer Tätigkeit – in leitender oder ausführender Position – gleich behandelt. Auf diese Weise bekommt jede Arbeit ihre Bedeutung, und alle arbeiten motivierter und zufriedener.

Als Ricardo Semler, der Sohn des Gründers Antonio Curt Semler, in den achtziger Jahren die Geschäftsführung übernahm, musste er sich zunächst finanziellen Schwierigkeiten stellen. Er entschied sich für eine grundlegende Umstrukturierung. Das ehemalige Leitziel Steigerung der Leistungs- und Produktionsindizes wurde verlagert zu sozialen Faktoren wie dem Wohlbefinden und der Motivation der MitarbeiterInnen. Die gemeinsame Grundüberzeugung basiert auf einem Wechselwirkungsmodell. Die Partizipation der MitarbeiterInnen wirkt sich positiv auf deren Motivation aus, und diese erhöht wiederum die Partizipation.

Mit diesem Ansatz entwickelten die »Personen« bei SEMCO einen neuen Organisationsplan: Die Arbeitszeiten in allen Arbeitseinheiten wurden weitgehend flexibilisiert. Ein Rotationsmodell in den verschiedenen Arbeitseinheiten bringt Abwechslung und erlaubt, fehlende Personen zu ersetzen. Ihre Ferien bestimmen die MitarbeiterInnen selbst, ebenso das Einkommen, das dezentral und transparent verhandelt wird.

Im »Überlebenshandbuch« (Manual de Sobrevivência) sind wichtige Grundregeln des Zusammenlebens und -arbeitens bei SEMCO notiert. Jede Person, die bei SEMCO eintritt, wird zu Partizipation, Hinterfragen und Kreativität ermuntert.

Um eine leitende Position zu übernehmen, muss eine Person, gemäß der Unternehmenskultur, von den »geleiteten« Angestellten als solche akzeptiert werden. Druckausüben, Drohungen oder

Stress einer ChefIn werden als Führungsdefizit gesehen. Begriffe wie »Angestellte« oder »MitarbeiterInnen« werden vermieden. Der Betrieb verwendet stattdessen »Person« als zentralen Begriff für alle bei SEMCO Arbeitenden. Der gegenseitige Respekt ersetzt Formalitäten. Das Klima ist offen für freie Meinungsäußerung, Ideen und Kritik. Meinungsdifferenzen werden als notwendig und gesund angesehen.

Diese Form der »Industrie-Demokratie« erhöht die Eigenverantwortung aller Personen. Die Gewinne und Ergebnisse jeder Arbeitseinheit sind transparent für alle einsehbar. Fünfzehn Prozent des Gewinns gehen an alle Beschäftigten. Durch einen Bilanzkurs wird allen die Teilnahme an der Diskussion ermöglicht, wie Gewinne verwendet werden sollen.

Das »Modell SEMCO« hat sich bewährt. Das Unternehmen, das kurz vor dem Bankrott stand, ist heute eine ertragreiche Unternehmensgruppe mit zwölf Geschäftssparten. SEMCO zählt zu den besten Arbeitsplätzen in Brasilien und den Exzellenzunternehmen im Personal-Bereich (HR).

Ricardo Semler wurde vom *Wall Street Journal* 1990 zum lateinamerikanischen Geschäftsmann des Jahres gekürt. 1990 und 1992 wurde er auch brasilianischer Geschäftsmann des Jahres. Sein erstes Buch »Turning the Tables« wurde zum meistverkauften Sachbuch in der Geschichte Brasiliens, es wurde in 23 Sprachen übersetzt.[167]

3. Cecosesola – MultigenossInnenschaft (Venezuela)

Der Dachverband der Sozialen Dienstleistungen des venezolanischen Bundesstaates Lara umfasst achtzig Genossenschaften in den Bereichen Landwirtschaft, Lebensmittelerzeugung, Wochenmärkte, Gesundheitsversorgung, Transportbetriebe, eine Sparkasse und ein großes Beerdigungsinstitut. Der Verbund hat 20000 Mitglieder, davon arbeiten 1200 hauptamtlich für die einzelnen Betriebe. Die Löhne liegen deutlich über dem landesweiten Mindestlohn, die Preise unter denen der Privatwirtschaft. 2010 betrug der

Umsatz 430 Millionen Bolivares, das waren nach offiziellem Kurs hundert Millionen US-Dollar.[168] Das Herz der Kooperative bilden vier Wochenmärkte, die von Freitag bis Sonntag geöffnet haben und gleichzeitig als Treffpunkt und Kulturzentren dienen. Sie punkten mit frischen und qualitativ hochwertigen Waren, zahlreiche Bauern und Gärtner liefern direkt an die Kooperative. Seit der Verabschiedung des neuen Genossenschaftsgesetzes wurden die Hierarchien abgeschafft, 99 Prozent der Arbeiten werden im Rotationsprinzip verrichtet.

Die Vorzeige-Genossenschaft hat 1975 die Reform des restriktiven Genossenschaftsgesetzes von 1966, das hierarchische Strukturen, nur einen Geschäftsbereich und eigene staatliche Genehmigungen dafür vorsah, maßgeblich mitentwickelt und ebenso die 1999 in einem Referendum angenommene »boliviarianische« Verfassung Venezuelas, in der die Kooperativen einen prominenten Platz erhalten haben.[169]

4. Sekem – Biolandwirtschaft in der Wüste (Ägypten)

Sekem ist eine ägyptische Fair-Trade-Kooperative sechzig Kilometer südlich von Kairo, die 1977 gegründet wurde und heute auf sieben Unternehmen mit 1850 Beschäftigten angewachsen ist.[170] Sekem brachte mit biologisch-dynamischer Landwirtschaft die Wüste zum Blühen und produziert neben Bio-Lebensmitteln auch Gesundheitsprodukte und Textilien aus ökologischem Anbau. Sekem bedeutet »Lebenskraft aus der Sonne«. Der Gründer Ibrahim Abouleish wurde 2003 mit dem Alternativen Nobelpreis ausgezeichnet – für ein »Geschäftsmodell für das 21. Jahrhundert, in dem Geschäftserfolg und die soziale und kulturelle Entwicklung der Gesellschaft durch eine Ökonomie der Liebe integriert sind«.

Unter den sieben Unternehmen befindet sich das pflanzenpharmazeutische Unternehmen »Atos«, das Naturheilmittel unter anderem gegen Krebs, Kreislaufbeschwerden, Hautkrankheiten und Rheuma herstellt; der Bio-Lebensmittelproduzent »Isis«, der Getreide, Reis, Gemüse, Nudeln, Honig, Marmelade, Datteln,

Gewürze, Kräuter, Tees und Fruchtsäfte erzeugt; der biologisch-dynamische Landbaubetrieb »Libra« hat die biologisch-dynamische Landbauweise für Baumwolle, Ölsaaten und Getreide auf Kooperationsbetriebe in ganz Ägypten ausgeweitet; »Lotus« trocknet Kräuter, »Hator« vermarktet Frischfrüchte, »Mizan« reproduziert Saatgut für Gemüsebauern, und »Conytex-Naturetex« fabriziert Ökotextilkleidung. Die Forschung für alle Unternehmen wird an der interdisziplinären Sekem-Akademie für angewandte Kunst und Wissenschaft betrieben.

Neben der biologisch-dynamischen Landwirtschaft liegt ein weiterer Fokus auf fairem Handel. Anfangs beschränkte sich das Fair-Trade-Prinzip auf den Handel mit Industrieländern, mittlerweile versucht Sekem das System auch im ägyptischen Binnenmarkt zu etablieren. Dritter Schwerpunkt ist das Wohlergehen der 1850 Beschäftigten. Aus den Erträgen werden Kindergärten, Waldorfschulen und Kliniken finanziert. Eine freie Universität öffnete im September 2009 ihre Pforten.

Jeden Morgen versammeln sich die Beschäftigten aus allen Betrieben, um gemeinsam den vorangegangenen Tag zu würdigen und den neuen zu begehen. Die zentralen Werte Menschenwürde, Gleichheit und Demokratie werden auch in der Kooperative der Sekem-MitarbeiterInnen gepflegt. In den Bildungseinrichtungen wird »freies und klares Denken« sowie »künstlerischer Ausdruck« angestrebt. Die Gesundheitszentren arbeiten mit Ganzheits- und Naturmedizin.

Die Abouleish-Stiftung hält das Kapital von Sekem, der Stiftungsrat wacht über die Vision der Kooperative. Im Februar 2007 sind die Bochumer GLS Gemeinschaftsbank und die Triodos Bank mit knapp zwanzig Prozent bei der Sekem-Gruppe eingestiegen.

5. Göttin des Glücks und Craft Aid – ökofaire Textilien (Mauritius/Österreich)

»Göttin des Glücks« (GDG) ist das erste ökofaire Textillabel Österreichs, das 2005 von vier KünstlerInnen aus Bulgarien, Kroatien und Österreich gegründet wurde.[171] Ziel des Modeunternehmens ist, dass alle glücklich sind: HerstellerInnen, KundInnen, UnternehmerInnen, Erde. Die Kleider werden bei Craft Aid (CA), Handelspartner von EZA Fairer Handel, auf Mauritius genäht. Als dauerhafte Kooperationspartnerin von EZA kann GDG damit auf eine lückenlose, zertifizierte, ökofaire Produktionskette zugreifen – eine Win-win-Situation für alle. CA ist ein FAIRTRADE-zertifizierter Non-Profit-Betrieb, der 1982 gegründet wurde, um behinderte Menschen durch Arbeit in die Gesellschaft zu integrieren. CA hat heute 180 MitarbeiterInnen in den Sparten Zucker, Blumen und Kleidung, die Hälfte sind Menschen »mit besonderen Bedürfnissen«. Alle MitarbeiterInnen werden morgens von zu Hause abgeholt und nach der Arbeit wieder zurückgebracht. Der neunstündige Arbeitstag ist von drei Pausen unterbrochen, die von allen eingehalten werden. Überstunden gibt es keine, bezahlt wird das 1,5-Fache des auf Mauritius üblichen Monatslohnes in der Textilbranche. Alle MitarbeiterInnen sind kranken- und unfallversichert, zudem gibt es für alle ein Banksparbuch, auf dem für die spätere Pension angespart wird. Jeden Montag kommt eine ÄrztIn in die Firma, von der sich jede/r gratis untersuchen lassen kann. Neben der freien Meinungsäußerung haben die MitarbeiterInnen die Möglichkeit, Verbesserungsvorschläge zu machen.

Gewinne werden für wohltätige Zwecke gespendet und in den Ausbau investiert. Besonders stolz ist man, 2010 durch die Unterstützung von EZA die GOTS-Zertifizierung (= Global Organic Textile Standard) erreicht zu haben, das im Moment höchste globale Textil-Öko-Siegel für die gesamte Produktionskette.

6. Fairer Handel – die Menschen hinter den Produkten wertschätzen (58 Erzeugerländer)

Einen Kontrapunkt zu »Freihandel« und »Billigstbieterprinzip« setzt der faire Handel. In Österreich begann die heutige EZA Fairer Handel GmbH schon vor 35 Jahren, den SystemverliererInnen am Weltmarkt eine Chance zu geben: KleinbäuerInnen, KunsthandwerkerInnen und TextilarbeiterInnen. Eine angemessene Bezahlung für ihr Produkt, verlässliche und möglichst direkte Handelsbeziehungen stärken ihre Position am Markt gegenüber den Global Playern und sind eine wichtige Basis zur Verbesserung ihrer Lebenssituation. Die Einhaltung sozialer und ökologischer Kriterien spielt beim Anbau und bei den Arbeitsbedingungen eine zentrale Rolle.

In Europa haben die Weltläden – die Fachgeschäfte für fairen Handel – an der Verbreitung des Fair-Trade-Konzepts mitgewirkt. Sie sind neben Verkaufsstellen auch Orte der Information, der Bewusstseinsbildung und der Begegnung mit Menschen aus den Ursprungsländern. Viele Weltläden arbeiten mit ehrenamtlicher Unterstützung – wäre der Mensch »von Natur aus« eigennützig und nur durch Konkurrenz motivierbar, dann könnten diese zusperren.

Mit der Schaffung des FAIRTRADE-Gütesiegels (1988 in den Niederlanden gegründet) wurde auch kommerziellen MarktteilnehmerInnen wie Supermärkten der kontrollierte Zugang zum Konzept des fairen Handels ermöglicht. Seither wachsen der Umsatz und die Produktpalette. Der weltweite Umsatz mit FAIRTRADE-zertifizierten Produkten lag im Jahr 2009 bei 3,4 Milliarden Euro.

In der Gemeinwohl-Ökonomie würden fair gehandelte Produkte so lange gegenüber unfairen in Vorteil gestellt, bis nach einer mehrjährigen Übergangszeit nur noch faire Produkte in den Regalen stünden. Das ließe sich mit einem jährlichen Zollaufschlag von beispielsweise zehn Prozent auf unfaire Produkte erreichen – bald wären die fairen Produkte preisgünstiger. Die Welthandelsorganisation WTO, die Kontrakurrenz und Billigstpreise zum Ziel hat, könnte die »Diskriminierung« unfairer Produkte für illegal und zu einem Verstoß gegen die Freihandelsgesetze erklären – ein weiterer Grund, sie aufzulösen und stattdessen faire und gerechte Handelsregeln in der UNO durchzusetzen.[172] Die Achtung von Menschen- und Arbeitsrechten und der Schutz der Umwelt können schließlich nicht dem Prinzip der Freiwilligkeit unterworfen bleiben.

7. OIKOPOLIS – Biogroßhandel (Luxemburg)

In der Steueroase Luxemburg gedeihen nicht nur die Schattenbanken, sondern auch der Biogroßhandel. Die OIKOPOLIS-Gruppe (griech. »oikos« = Haus- und Wirtschaftsgemeinschaft; »polis« = Bürgergemeinde) entstand aus der 1988 gegründeten Bio-Agrar-Genossenschaft Lëtzebuerg (BIOG), einer Gemeinschaft von Landwirten, Gärtnern und einigen anderen Pionieren für die Biolandwirtschaft in Luxemburg. Ziel war die gemeinsame Vermarktung der hergestellten Bio- und Demeter-Produkte. Der erste Bioladen der ebenfalls gegründeten Einzelhandelsgesellschaft NATURATA im Rollingergrund war ein voller Erfolg, die ErzeugerInnen konnten die Nachfrage nicht decken. 1992 wurde deshalb der Großhandel und Importeur BIOGROS gegründet. Diese drei Wirtschaftsbetriebe (BIOG, NATURATA, BIOGROS) bilden heute die Grundpfeiler der Gruppe OIKOPOLIS, die versucht, die Assoziationsgedanken Rudolf Steiners in die Praxis umzusetzen. Alle genannten Betriebe nehmen an den von Steiner inspirierten Marktgesprächen teil. Ziel dieser »Runden Tische« ist es, alle Interessen entlang der Wertschöpfungskette fair auszugleichen.

Im Jahr 2005 wurde für die wachsende Unternehmensgruppe das Dach OIKOPOLIS Participations SA geschaffen, deren Aktionäre die BIOG-Bauern sind beziehungsweise aus der Belegschaft stammen, dazu kommen 320 Privataktionäre. Damit haben alle drei Glieder der Wertschöpfungskette Anteile an der Gesellschaft: Bauern, Mitarbeiter und Konsumenten.

Die Gruppe erstellte bereits zwei Gemeinwohl-Bilanzen 2014 und 2016. Sie hat als eines der ersten Unternehmen über 700 Gemeinwohl-Punkte nach der Matrix 4.1 erzielt. Im Zuge der Befassung mit dem Thema Gemeinwohl wurde eine Teilzeitstelle für Nachhaltigkeits- und Gemeinwohlkoordination geschaffen. Die »Arbeitsgruppe Gemeinwohl« steht für alle Stakeholder offen.[173]

8. Community Supported Agriculture (CSA) (USA, Deutschland, Österreich)

Die Praxis der »Community Supported Agriculture (CSA)« oder der »Solidarischen Landwirtschaft (SoLaWi)« begann, inspiriert durch die biologisch-dynamische Landwirtschaft Rudolf Steiners, 1986 auf zwei Farmen in den USA: dem CSA Garden at Great Barrington (Massachusetts) und der Temple-Wilton Community Farm in New Hampshire.[174] Die Idee ist so einfach wie genial: Ein Hof versorgt sein Umfeld mit Lebensmitteln, und das Umfeld stellt dem Hof die nötigen Finanzmittel bereit, um wirtschaften zu können. Die VerbraucherInnen übernehmen Verantwortung für die Produktion biologischer Lebensmittel, indem sie eine Abnahmegarantie geben von sechs Monaten oder einem Jahr. Im Gegenzug erhalten sie Einblick und Einfluss auf die Produktion. Sie werden Teil des Betriebsorganismus. Dem Konzept liegt die Idee zugrunde, dass die Natur innerhalb gesunder Kreisläufe genügend Überschüsse produziert, um die Menschen der Region zu ernähren.[175] Bis 2007 hat sich die Praxis auf 13 000 Farmen in den USA ausgebreitet, allein in Kalifornien tausend.[176] In Deutschland gilt der Demeter-Betrieb Buschberghof als Keimzelle für Gemeinschaftshöfe.[177] Seit 1987 strebt der Hof die Umsetzung eines weitestgehend geschlossenen Wirtschaftskreislaufs an, der über den landwirtschaftlichen Betrieb hinaus die VerbraucherInnen in die Produktion miteinbezieht. Weitere Beispiele in Deutschland sind der Kattendorfer Hof und der CSA Hof Pente sowie der Ochsenherz Gärtnerhof in Österreich, der mit 200 ErnteanteilnehmerInnen zusammenarbeitet. Das Prinzip der wechselseitigen Verantwortung über biologische und regional-saisonale Produktion wird auch in Lebensmittelkooperativen (»Foodcoops«) und sogenannten Gemüse-Abo-Kisten umgesetzt. Ein Beispiel von vielen ist der Wiener Verein Bioparadeis.[178]

9. Regionalwert AG – Eigenkapital in der Region (Deutschland)

2006 wurde in der Nähe von Freiburg im Breisgau die Bürgeraktiengesellschaft »Regionalwert AG« gegründet.[179] Die rund 650 AktionärInnen ermöglichen die Finanzierung nachhaltiger regionaler Landwirtschaft, bis Ende 2016 waren drei Millionen Euro aufgebracht. Das bereitgestellte Kapital verwendet die Regionalwert AG für den Ankauf von landwirtschaftlichen und landwirtschaftsnahen Betrieben, die wiederum an nicht finanzkräftige UnternehmerInnen verpachtet werden. Auch finanzielle Beteiligungen an Existenzgründungen entlang der gesamten Wertschöpfungskette – Ausbildung, Pflanzenzucht, agrarische Produktion (Ackerbau, Viehzucht, Gartenbau, Waldbau), Veredelung (Molkereien, Käsereien, Bäckereien ...) und Vertrieb (Einzelhandel, Catering, Gastronomie ...) – werden vergeben. Als extrafinanziellen »Gewinn« erhalten die AktionärInnen zusätzlich zum gewöhnlichen Ergebnis einen mittels Indikatoren ermittelten »mehrdimensionalen Wohlstand« und »sozial-ökologische Wertschöpfung« sowie Versorgungssicherheit in der Region. Gründer ist der ehemalige Demeter-Biogemüsebauer Christian Hiß, der 2009 mit dem Preis »Social Entrepreneur der Nachhaltigkeit« geehrt wurde. Das innovative Modell wird bereits an anderen Orten in Deutschland und Spanien nachgeahmt.

10. Ethik-Banken in Deutschland, Holland, der Schweiz, Österreich und Italien

Bank ist nicht gleich Bank. Schon heute haben sich einige Banken dem Dienst am Gemeinwohl verschrieben. Die deutsche *Gemeinschaftsbank für Leihen und Schenken* (GLS)[180], eine Genossenschaftsbank, wurde 1974 von Anthroposophen gegründet. Sie ist die erste Universalbank in Deutschland, die nach sozial-ökologischen Grundsätzen arbeitet. Sie finanziert mehr als 6500 Unternehmen und Projekte in den Bereichen freie Schulen und Kindergärten, regenerative Energien, Behinderteneinrichtungen, Wohnen, nachhaltiges Bauen und Leben im Alter. Als Ausschlusskriterien gelten für das gesamte Bankgeschäft unter anderem Alkohol, Atomenergie, Embryonenforschung, grüne Gentechnik, Rüstung, Tabak, Kinderarbeit und Tierversuche. Alle an Unternehmen vergebenen Kredite werden in der Kundenzeitschrift *Bankspiegel* veröffentlicht. Kredite werden grundsätzlich nicht weiterverkauft, ebenso wenig gehören spekulative Geschäfte zu ihrem Geschäftsmodell. Die Bankeinlagen der KundInnen beliefen sich Ende 2016 auf fast vier Milliarden Euro, die Summe der vergebenen Kredite auf 2,5 Milliarden Euro. Zur Bank gehört zudem die GLS Treuhand, die Stiftungen verwaltet und Gelder an gemeinnützige Projekte vergibt. Neben der Zentrale in Bochum hat die Bank sechs weitere Niederlassungen in München, Hamburg, Frankfurt, Stuttgart, Freiburg und Berlin, in denen insgesamt 527 Personen beschäftigt sind (2016).

Ebenfalls aus anthroposophischen Kreisen entstand in Holland die *Triodos Bank* (der dreifache Weg), die 1980 den Geschäftsbetrieb aufnahm. Die Bank finanziert ausschließlich Unternehmen mit sozialem und ökologischem Mehrwert aus ausgesuchten Branchen und verfolgt die Verwendung der Kredite für genau definierte Zwecke. Schwerpunkte sind erneuerbare Energien, biologische Landwirtschaft, Gesundheit oder nachhaltiger Handel. 2010 erfolgte der Markteinstieg in Deutschland, außerdem ist die Bank in Belgien, Spanien und im Vereinigten Königreich präsent. Der Umsatz näherte sich 2017 der Zehn-Milliarden-Euro-Grenze, der Gewinn betrug im ersten Halbjahr zwanzig Millionen Euro.[181]

Die erste Alternativbank in der Schweiz ist die *Freie Gemeinschaftsbank*.[182] Auch sie wurde von anthroposophischen Kreisen 1984 in Dornach gegründet und übersiedelte 1999 nach Basel. Ziel ist die Förderung gemeinnütziger oder sonst der Allgemeinheit dienender Initiativen durch Kreditvergabe nach ethischen Kriterien. Schwerpunktbereiche sind zertifizierte biologische Landwirtschaftsbetriebe, freie Schulen, Kindergärten, Ausbildungsstätten, Heilpädagogik und Sozialtherapie, Arztpraxen, Kliniken, Therapeutika, Gewerbe, Handel, Restaurants, ökologische Projekte, regenerative Energien, Kunstschulen, künstlerische Initiativen, Begegnungszentren, Altersheime und gemeinschaftliches Wohnen. Die Bilanzsumme beläuft sich auf rund 200 Millionen Franken, das Eigenkapital auf rund acht Millionen Franken. Die Anteilscheine der Genossenschaft werden nicht zurückbezahlt und nicht verzinst.

Eine weitere Ethik-Bank in der Schweiz ist die *Alternative Bank Schweiz* mit Sitz in Olten, die 1990 von 2600 Personen und Unternehmen gegründet wurde und heute eine Bilanzsumme von knapp einer Milliarde Euro aufweist.[183] Auch die ABS vergibt Kredite fokussiert an alternative Projekte. Ein Markenzeichen der ABS ist zudem ihre Transparenz: Sie veröffentlicht die Namen der Kreditnehmenden und die Zweckbestimmung der Kredite. Intern spielen Demokratie und Chancengleichheit zwischen Frauen und Männern eine wichtige Rolle. Die Bank zählt 24 000 KundInnen und stützt sich auf 4400 AktionärInnen.

Bei den *Sparda-Banken* in Deutschland und Österreich sind die Girokonten kostenlos. Gleichzeitig sind alle Konto-Kunden GenossInnen und damit stimmberechtigte EigentümerInnen. Die Sparda-Bank München, eine Vorbild-Bank unter den Spardas, zählt 291 000 EigentümerInnen (2016).[184] Diese wählen über 200 VertreterInnen, und diese wiederum Aufsichtsrat und Vorstand. Die VertreterInnen entscheiden auch über die Verteilung der Gewinne. 2015 betrug die Dividende drei Prozent auf das eingesetzte Genossenschaftskapital. Die Lohndifferenz zwischen Vorstand und Durchschnittsverdienst beträgt 6:1. Für die 750 Beschäftigten gibt es mehr als 120 Arbeitszeitmodelle, die Regelarbeitszeit liegt mit 37,75 Stunden unter dem Kollektivvertrag. Eltern von Kindern zwischen einem und drei Jahren erhalten 150 Euro Kindergeld. 2010 erhielt die Sparda zum vierten Mal die Auszeichnung »Deutschlands bester Arbeitgeber« in der Kategorie Banken. Im »Kundenmonitor Deutschland« erreichte die Gruppe der Sparda-Banken zum siebzehnten Mal den ersten Platz. 2011 erstellte die Bank als erste Bank der Welt eine Gemeinwohl-Bilanz, inzwischen sind es drei geworden.[185] »Nach fünf Jahren ist die Gemeinwohl-Ökonomie bei den MitarbeiterInnen angekommen«, berichtet die Verantwortliche für

Unternehmenskommunikation, Christine Miedl. Der CEO Helmut Lind zählt zu den GWÖ-Botschaftern der ersten Stunde. Die Gemeinwohlorientierung wirkt sich auch positiv auf die Bilanzsumme aus, die auf über sieben Milliarden Euro angewachsen ist.[186]

Im italienischen Padua wurde 1999 die *Banca Etica* gegründet – die erste vollwertige Ethik-Bank in Italien. In den ersten fünfzehn Jahren verlieh die Bank mehr als 23 000 Kredite an Familien und Sozialunternehmen in ganz Italien. Zwei Drittel der Unternehmenskredite gehen an Non-Profit-Organisationen, ein Drittel an Social Businesses. Mehr als 37 000 GenossenschafterInnen halten zusammen 46 Millionen Euro Eigenkapital. Die Bank hat 200 Beschäftigte. Ein weiterer Verdienst ist die Initiative zur Gründung von FEBEA, der Europäischen Vereinigung Ethischer und Alternativer Banken und Finanzierer.

Auf globaler Ebene haben Ethik-Banken die *Global Alliance for Banking on Values*[187] ins Leben gerufen, die bereits 43 Mitglieder aus allen Kontinenten zählt. Beide Verbände eignen sich als Ausgangspunkt für den in Kapitel 3 vorgeschlagenen gesetzlichen ethischen EU-Bankenverband, dessen Mitglieder deutlich schwächer reguliert werden als gewinnorientierte und Investment-Banken.

Oikocredit ist eine 1975 gegründete internationale Kredit-Organisation, die sich auf Mikro- und Projektkredite in der Entwicklungszusammenarbeit spezialisiert hat. Weltweit werden 797 Kreditprojekte in 71 Ländern gefördert. Das Kapital, das insgesamt 17,5 Millionen Menschen zugutekommt, wird von 34 000 AnlegerInnen und Organisationen aus fünfzehn Ländern zur Verfügung gestellt. Sitz der Organisation ist Holland, der Förderkreis Oikocredit Austria wurde 1990 gegründet, der österreichische Beitrag von über 1950 AnlegerInnen beträgt derzeit knapp zwanzig Millionen Euro.[188]

11. GEA, gugler*, Sonnentor, Grüne Erde, Thoma, Zotter – Pioniere in unterschiedlichen Branchen (Österreich)

GEA mit dem legendären »Waldviertler« (Schuh) ist ein Beispiel dafür, dass in Zeiten von Globalisierung, Standortverlagerung und Billigproduktion auch traditionelle Gebrauchsgüter regional, mit regionalen Ressourcen und regionalen Arbeitskräften hergestellt werden können, indem Produktion und Vertrieb gekoppelt werden. In der Waldviertler GmbH und der GEA Heinrich Staudinger GmbH produzieren und verkaufen insgesamt 125 Personen Schuhe und Möbel. Der Mindestlohn liegt bei knapp tausend Euro netto, das Lohnverhältnis beträgt 2:1. Seit Herbst 2010 erzeugen die Produktionsbetriebe im Waldviertel durch hauseigene Solaranlagen mehr Strom, als sie verbrauchen.

Der Partnerbetrieb GEA Mödling strebt gerade die Umwandlung in eine GenossInnenschaft an. Das Ziel ist die gleichberechtigte Mitbestimmung der vier Beschäftigten und die Aufteilung des gemeinsam erwirtschafteten Gewinns oder Verlustes sowie die gleiche Bezahlung pro Zeiteinheit. Derzeit beträgt die Lohnspreizung noch 1:1,5.

Der Kommunikationsdienstleister *gugler** im niederösterreichischen Melk hat eine Vision: Druckprodukte vollständig kompostierbar zu machen. Vorbild dafür ist das Cradle-to-Cradle®-Prinzip, das in der Gemeinwohl-Bilanz eines der »Kronziele« werden könnte.[189] Seit mehr als zwanzig Jahren setzt der Familienbetrieb (95 Beschäftigte) immer neue Schritte, um die Medienproduktion zu ökologisieren. Auszeichnungen wie der NÖ Holzbaupreis 2000, der Trigos 2004, der WWF Panda Award 2006 und der Austrian Sustainability Reporting Award 2008 für den ersten Nachhaltigkeitsbericht in der Branche bestätigen das umfassende Engagement. Dieses ist auch in der langfristigen Unternehmensstrategie festgeschrieben: »Achtsames Wirtschaften zum Wohle der Menschen und der Erde«.

Der 1988 gegründete niederösterreichische Biokräuter-Verarbeiter *Sonnentor*[190] sucht ebenfalls Wege in Richtung soziale und ökologische Nachhaltigkeit und kann auf eine ebenso lange Liste an einschlägigen Preisen und Auszeichnungen verweisen wie das »Nachbarunternehmen« aus dem Südwesten Niederösterreichs. 153 Beschäftigte verarbeiten Naturprodukte von 150 Bauernhöfen aus der Region und exportieren in fast fünfzig Staaten. Zum Sortiment zählen Tees, Kräuter, Salz, Kaffee und mehr. Der Betrieb verwendet zu hundert Prozent recyclingfähige oder kompostierbare Verpackungsmaterialien und bezieht nur Ökostrom, ein Zehntel des Strombedarfs wird über eine PV-Anlage selbst abgedeckt. Am Betriebsstandort selbst entstehen keine direkten Emissionen. Gemeinsam mit den anderen genannten und weiteren Unternehmen wie dem Rogner Bad Blumau oder der Ölmühle Fandler hat Sonnentor das Blumauer Manifest mitverfasst, das sich für unternehmerische Verantwortung und Nachhaltigkeit einsetzt.[191]

In Oberösterreich hat sich das Versand-Unternehmen *Grüne Erde* nachhaltig etabliert. Das Unternehmen ist ein Kind der 68er Jahre und entstand aus der Adresskartei einer Öko-Buchhandlung – die KundInnen finanzierten auch vollständig den Aufbau des Unternehmens. Das erste Produkt war die Naturmatratze »Weiße Wolke«. Heute erzeugt und vertreibt das Unternehmen mit 420 Beschäftigten eine breite Palette an Naturprodukten von Möbeln und Wohnaccessoires bis hin zu Textilien und Kosmetika und erzielt damit einen Umsatz von rund vierzig Millionen Euro. Achtzig Prozent der Beschäftigten sind Frauen, das Unternehmen wurde als familienfreundlichster Betrieb Oberösterreichs ausgezeichnet. Neunzig Prozent der Möbel und 95 Prozent der Kosmetikprodukte werden selbst hergestellt – in Österreich. Auch der Vertrieb erfolgt ausschließlich über die eigenen Stores, den Versandhandel und über den Online-Handel, der rund 25 Prozent des Umsatzes ausmacht. 2017 erstellte die Grüne Erde ihre erste Gemeinwohl-Bilanz und erzielte dabei das bisherige Rekord-Ergebnis von 749 Punkten. Ganz in Sinne der GWÖ-Bewegung macht das Unternehmen seine Kritikpunkte an der noch nicht ausgereiften Bilanz-Version 4.1 transparent – mitsamt Verbesserungsvorschlägen.[192]

Im Salzburger Goldegg hat der Holzfreund Erwin *Thoma* ein Unternehmen aufgebaut, das Vollholzhäuser herstellt, die ohne Leim und Metall auskommen. Sogenannte Holz100-Häuser stehen bereits in 25 Staaten der Erde. Das Holz des Unternehmens ist das erste, das mit Cradle to Cradle® Gold zertifiziert ist.

Im steirischen Riegersburg ist Europas einzige zu hundert Prozent biofaire Schokoladenmanufaktur beheimatet, die jährlich 250 Tonnen Kakaobohnen aus Nicaragua, Peru, der Dominikanischen Republik, Ecuador, Costa Rica, Panama, Bolivien und Brasilien verarbeitet. Rund um Gründer Josef *Zotter* wickeln hundert MitarbeiterInnen »from bean to bar« alle Produktionsschritte von der Bohnenröstung über die Walzung bis zum Conchieren an einem Ort ab. Seit 2004 werden nur noch fair gehandelte Bohnen und Zucker verwendet, seit 2006 sind alle Zutaten biologisch. Schokolade muss nicht Kinderarbeit heißen und nicht Massentierhaltung.[193]

12. Solidarische Ökonomie (Brasilien)

In Brasilien ist ein alternativer Wirtschaftssektor am Wachsen: die solidarische Ökonomie. Sie ist eine Antwort auf die Kapitalismuskrise der achtziger Jahre, in der erstmals Massenarbeitslosigkeit herrschte und vielen Menschen bittere Armut drohte. Da der freie Markt unfähig war, ihnen zu helfen, versuchten sie es mit Selbsthilfe und Solidarität. Zahlreiche Kooperativen und Genossenschaften entstanden, heute gibt es mehr als 20000 Betriebe mit mehr als zwei Millionen Beschäftigten. Das Tätigkeitsspektrum reicht von Zucker- und Schuhfabriken über NäherInnen-Genossenschaften bis hin zu Fair-Trade-Netzwerken. Die Betriebe sind teils selbstverwaltete Produktionsunternehmen, teils agrarische Genossenschaften und teils informelle Netze in den Armenvierteln und indigenen Gemeinschaften. 500 Organisationen und achtzig Städte unterstützen den Aufbau des solidarischen Wirtschaftssektors. Der zuständige Staatssekretär Paul Singer meint, dass die solidarische Ökonomie genauso charakterbildend wirkt wie der Kapitalismus.

Während Letzterer zu Egoismus und Gier erziehe, fördere die solidarische Ökonomie Solidarität und Gemeinwohlorientierung. StudentInnen, die Praktika in solidarischen Betrieben absolvieren, wollten danach unbedingt in diesem Sektor bleiben, berichtet er. Die gegenseitige Hilfe ist das stärkste Rückgrat des fragilen Sektors. Die ersten Gewinne einer Zuckerfabrik, die von den Beschäftigten in Selbstverwaltung geführt wird, flossen nicht in die Taschen anonymer AktionärInnen, sondern in die Ausbildung der Beschäftigten, um den Analphabetismus zu überwinden.

13. Open Source (global)

Die Gemeinwohl-Ökonomie baut auf die Weitergabe von Wissen, nicht auf dessen Abschottung zum Zwecke der eigennützigen kommerziellen Verwertung. Dass dies kein Verbrechen gegen die Menschennatur ist, zeigt nicht nur die Geschichte der Wissenschaft, die eine einzige systemische Kooperation ist: Was der eine erkennt und veröffentlicht, steht sofort allen für die weitere Forschung zur Verfügung. Im Hightech-Bereich gibt es einen ganzen modernen Industriezweig, der diesem Prinzip folgt: Open-Source- und Free-Software-Bewegung. Die AktivistInnen sind sich einig, dass Computer-Software, Anwendungsprogramme und Betriebssysteme nicht von Privatfirmen patentiert werden dürfen sollten, sondern »offen« und kooperativ entwickelt werden sollten. Aus diesem Geist entstand eine lange Reihe freier Hightech-Produkte: vom Betriebssystem Linux über den Webbrowser Firefox und das Mailprogramm Thunderbird bis zur Online-Enzyklopädie Wikipedia. Wer etwas findet, erhält die Ehre, dass sein/ihr Beitrag Eingang in das große Ganze findet: ein Grundbedürfnis von Menschen: Sie wollen sich sinnvoll einbringen. Dafür verzichten sie gerne auf Geld und Gewinn. Die Gemeinwohl-Bilanz der GWÖ-Bewegung ist wie erwähnt als Creative Common lizenziert.

14. »Non-Profit«: 170 000 Arbeitsplätze in nichtgewinnorientierten Betrieben (Österreich)

Nichtgewinnorientierte Betriebe zählen auch heute, in Zeiten von Börsenfieber, Eigenkapitalrenditen von 25 Prozent und Magazinen, die *Gewinn*, *Money* und *Alles Fonds* heißen, zum Alltag. Gemäß Zahlen der Johns Hopkins University, die seit fünfzehn Jahren die Zahlen zum NPO-Sektor in den vierzig größten Ländern der Welt erhebt, beschäftigen NPOs weltweit 31 Millionen Menschen, davon zwanzig Millionen gegen Bezahlung, und setzen 1,3 Billionen US-Dollar um – die halbe Wirtschaftsleistung Deutschlands.[194] In Österreich werden knapp zwei Prozent der Wertschöpfung, rund fünf Milliarden Euro, in nichtgewinnorientierten Arbeitsstätten erwirtschaftet. Der Non-Profit-Sektor ist damit größer als beispielsweise Land- und Forstwirtschaft, Fischerei, Nahrungs- und Genussmittel, Getränke, Tabak, Papier und Pappe, Druck- und Verlagswesen oder Fahrzeugbau. Vierzig Prozent der 171 000 Arbeitsplätze sind bezahlte Vollzeitarbeitsstellen. Diese zahlreichen Beispiele widerlegen das weitverbreitete Vorurteil, dass Unternehmen, die nicht nach Gewinn streben, keinen Sinn ergeben und nicht funktionieren würden.

15. Kostenlose Bedürfnisbefriedigung und Ehrenarbeit (immer und überall)

Sinnvolle Wertschöpfung funktioniert nicht nur ohne Gewinnstreben, sondern sogar ohne Geld. Viele essenzielle Bedürfnisse werden im Kapitalismus abseits von Markt- und Geldbeziehungen befriedigt. Wenn man Wirtschaft als Werkzeug zur Befriedigung menschlicher Bedürfnisse definiert, kommen wesentliche Elemente der Wirtschaft ohne Markt aus. Mehr noch, auf dem »freien« Markt werden Grundbedürfnisse ignoriert (eine Milliarde Menschen hungert, obwohl global ausreichend Nahrungsmittel vorhanden sind); gleichzeitig werden immer mehr künstlich geweckte Bedürfnisse und sogar Süchte mit großem Aufwand befriedigt.

Die kapitalistische Ökonomie beruht ganz selbstverständlich auf unbezahlten, freiwilligen Leistungen, vor allem von Frauen, die hochwertvolle Beziehungsarbeit leisten: Kinderbetreuung, Kranken- und Altenpflege, Sterbebegleitung. Ihnen gegenüber erscheint es besonders zynisch, wenn Männer behaupten, dass Menschen ohne Konkurrenz und Profitstreben keine Leistungen erbringen würden. An einige dieser »unsichtbaren« Leistungen, auf die der Kapitalismus angewiesen ist, sei hier erinnert:

- Die Muttermilch wird selten in Rechnung gestellt, ebenso wenig die Schwangerschaft oder die Betreuungsjahre für Kinder.
- Krankenbetreuung; wenn (zum Beispiel) Topmanager von ihren Frauen, FreundInnen oder Verwandten gepflegt werden, zahlen sie nichts.
- Die Betreuung und Pflege älterer Menschen wird ebenso überwiegend von Frauen wahrgenommen, sehr oft unentgeltlich.
- Die Sterbebegleitung (Hospiz) beruht weitgehend auf Ehrenämtern.
- Die Betreuung von Obdachlosen und Suchtabhängigen oder die Essensausgabe an Bedürftige. Allein in den deutschen »Tafeln« engagieren sich 40 000 Menschen unentgeltlich.
- Als 2015 die Zahl von Menschen auf der Flucht in Mitteleuropa in kurzer Zeit stark zunahm, engagierten sich spontan Hunderte Menschen aus purem Mitgefühl – ehrenamtlich und ohne öffentliche Auszeichnungen, oft sogar unter dem Argwohn der Behörden, die im Vergleich die Rolle von Statisten einnahmen.
- Wenn ein Spitzenverdiener einen Autounfall hat, wird er oft von ehrenamtlichen Rettungsleuten ins Krankenhaus gebracht. Hat er viel Blut verloren, wird ihm wahrscheinlich das Blut von völlig Unbekannten geschenkt. Nicht nur Milch, auch Blut ist gratis.
- Brennt sein Wochenendhaus am Land, kommt die freiwillige Feuerwehr und löscht den Brand. Einfach so.
- Muss er für ein Referat kurzfristig etwas recherchieren, greift er vielleicht auf Wikipedia zu, ein Lexikon-Wissen, das ihm viele Menschen aus aller Welt schenken. Und möglicherweise verwendet er dazu den Internet-Browser Firefox, der zum Preis

von null Euro erhältlich ist. Es ist sogar nicht ausgeschlossen, dass sein Unternehmen auf das kostenlose Betriebssystem Linux umgestiegen ist. Selbst Hightech ist also heute schon zum Teil gratis.

Insgesamt engagieren sich in Deutschland 34 Prozent der Bevölkerung ehrenamtlich und leisten in Summe 4,6 Milliarden Arbeitsstunden pro Jahr – so viel wie 3,2 Millionen Vollzeiterwerbstätige.[195]

Das Prinzip des Schenkens und des »Wohlwollens« (Adam Smith) ist universal und selbst innerhalb kapitalistischer Gesellschaften unausrottbar. Der Ansatz der »Geschenkökonomie« schlägt vor, dieses Prinzip auf die gesamte Wirtschaft auszuweiten.[196] Das ist vielleicht der übernächste Schritt. Der nächste Schritt ist, dass das Geldverdienen als oberster Zweck des Wirtschaftens und Arbeitens von den Motiven Sinn, Werte, Lebensqualität und Freude abgelöst wird.

An einem ganz konkreten Beispiel eines Computers lässt sich vielleicht darstellen, wie die alternativen Ökonomien ineinanderwirken könnten: 1. Strom und Internetzugang könnten öffentliche Güter sein. 2. Betriebssystem und Anwendungsprogramme könnten »Commons« sein. 3. Das Wartungs- und Reparaturservice könnte von einer solidarökonomischen Genossenschaft vorgenommen werden. 4. Die Hardware könnte von einem privatwirtschaftlichen Unternehmen stammen, das die Gemeinwohl-Bilanz erstellt, in dem 5. nach den Maßgaben der Postwachstumsökonomie und 6. der Care-Ökonomie im Schnitt nur zwanzig Stunden gearbeitet wird, damit Väter und Mütter sich die Kinderbetreuungsarbeit fair teilen können und der Lebensstandard aller Beteiligten innerhalb der Grenzen des Planeten bleibt.

8. Umsetzungsstrategie

»Du kannst die Verhältnisse nicht verändern, indem du die existierende Realität bekämpfst. Um etwas zu verändern, erschaffe ein neues Modell, das das alte obsolet macht.«

Buckminster Fuller

Der »Gesamtprozess Gemeinwohl-Ökonomie« startete am 6. Oktober 2010. Die ersten fünfzehn Unternehmen, die als Attac-UnternehmerInnen das Buch in seiner ersten Fassung vom August 2010 gemeinsam mit mir entwickelt hatten, organisierten die Tagung »Unternehmen neu denken« im Wiener »Hub«. Anstelle der erhofften fünfzig Gäste kamen doppelt so viele, zu zwei Dritteln UnternehmerInnen, und legten sofort gemeinsam los. Zahlreiche Arbeitsgruppen wurden rund um einen Kern von PionierInnen gebildet – der Kristallisationspunkt für eine hochkomplexe Organisationsstruktur, die in den folgenden Jahren langsam Form annahm. Diese Struktur ist ein wichtiger Teil der Strategie: Menschen, Organisationen und Institutionen aus unterschiedlichsten Bereichen der Gesellschaft und mit unterschiedlichen Kompetenzen bringen diese ein und bauen die Gemeinwohl-Ökonomie mit auf. Die Pionier-Unternehmen erstellen als Erste freiwillig die Bilanz, BeraterInnen begleiten und moderieren einen Teil dieser Prozesse, AuditorInnen nehmen die Bilanz ab, RedakteurInnen entwickeln auf Basis zahlreicher Rückmeldungen die Bilanz laufend weiter, Universitäten nehmen die GWÖ in den Unterricht auf und forschen weiter, ReferentInnen verbreiten die Idee in alle Welt, BotschafterInnen setzen sich in Verbänden und Parteien für ihre Bekanntmachung ein, und »Energiefelder« (regionale Unterstützungsgruppen) bereiten den Boden lokal auf für den bevorstehenden Wandel. Der erste »Verein zur Förderung der Gemeinwohl-Ökonomie« wurde im Juli 2011 gegründet. Bis Mitte 2017 sind daraus dreißig Vereine geworden, davon neun auf nationaler Ebene von Schweden bis Chile; der internationale Dachverband stand kurz vor der Gründung. Zu den wirtschaftlichen Pionieren (Unternehmen) haben sich politische (Gemeinden und andere Gebietskörperschaften) sowie kulturelle PionierInnen (Schulen, Fachhochschulen und Universitäten) gesellt. Alle Elemente sind von selbst gewachsen, ohne zentralen Masterplan; die erste Strategie wurde entwickelt, als das autopoietische »Ökosystem Gemeinwohl-Ökonomie« bereits Gestalt angenommen hatte. Die Struktur des Gesamtprozesses kann vier Jahre nach dem Start auf fünf Ebenen dargestellt werden:

1. *UnterstützerInnen*: Mitte 2017 unterstützen 9000 Privatpersonen, 2300 Unternehmen und rund siebzig PolitikerInnen aus den unterschiedlichsten Parteien die GWÖ – alle sind auf der Website einsehbar.
2. *PionierInnen-Gruppen* wenden die GWÖ-Idee an, verbreiten sie und entwickeln sie weiter. Es gibt wirtschaftliche (Unternehmen, Banken, Vereine), politische (Gemeinden und Gebietskörperschaften) und kulturelle PionierInnen (Schulen, Hochschulen, Universitäten).
3. *Inhaltliche Ebene:* AkteurInnen-Kreise wie RedakteurInnen, BeraterInnen oder AuditorInnen, die Instrumente und Prozesse entwickeln und anwenden helfen.
4. *Geografische Ebene:* Rund 150 Regionalgruppen (»Energiefelder«) sind in immer mehr Ländern gesprossen.
5. *Rechtliche Ebene:* Die lokalen, regionalen und nationalen Vereine haben Mitglieder, was zur Finanzierung der Bewegung beiträgt; sie verwalten die Finanzen und stellen Personal an. Zudem sind sie Mitglied im internationalen Verband, mit dem sie einen Partnerschaftsvertrag abgeschlossen haben, damit die Gesamtbewegung in eine Richtung zieht.

Im Folgenden werden die wichtigsten Subeinheiten der Bewegung mit ihren Tätigkeiten und Beiträgen zum Gesamtprozess beschrieben.

I. PionierInnen-Gruppen

1. Wirtschaftliche PionierInnen. Ein Kernprozess der Gemeinwohl-Ökonomie-Bewegung sind die Pionier-Unternehmen und -Organisationen, die

a. die Gemeinwohl-Bilanz freiwillig erstellen, bevor sie gesetzlich verbindlich ist;
b. die Bilanz dabei mithilfe ihrer Erfahrung und Expertise mitentwickeln;
c. miteinander lernen und kooperieren;
d. die Idee in den Regionen und in der Unternehmenslandschaft »einsäen«.

Im ersten Jahr haben rund fünfzig Unternehmen die Gemeinwohl-Bilanz im »Testlauf« erstellt und wurden auditiert.

Bis Mitte 2017 ist die Zahl der Bilanz-Unternehmen auf 500 angewachsen – aus unterschiedlichsten Branchen, Rechtsformen und Größen. Einige PionierInnen haben »Gemeinwohl-Beauftragte« bestellt und zum Teil auch angestellt, so die Fachhochschule Burgenland, der Allgäuer Autozulieferer elobau, die Hochschule Bremen oder der Luxemburger Biogroßhändler OIKOPOLIS. Unternehmen können zwischen drei Stufen der Mitgliedschaft wählen:

- Die Bilanz wird spielerisch und ohne Druck von außen intern erstellt, um sie kennenzulernen.
- Die Bilanz wird gemeinsam mit weiteren Unternehmen in einer Peergroup erstellt. Die Unternehmen evaluieren sich gegenseitig (»Peer-Evaluierung«) und werden von den AuditorInnen »light« testiert. Diese Form der Mitgliedschaft ist für Unternehmen mit maximal fünfzig Beschäftigten möglich.
- Die Bilanz wird individuell oder in der Gruppe mit oder ohne Beratung erstellt und extern auditiert.

Sämtliche Unternehmen, auch die UnterstützerInnen, fordern gemeinsam einen demokratischen Prozess zu einer neuen Wirtschaftsordnung. Ihr politischer Beitrag ist damit ein ganz anderer als die Unterstützung von CSR-Initiativen, die auf Freiwilligkeit beruhen. Auch Unternehmen, die aus unterschiedlichen Gründen die Gemeinwohl-Bilanz noch nicht erstellen (zum Beispiel, weil sie auf die Rechtsverbindlichkeit warten oder sich in kleinen Schritten heranwagen), können mit der Unterstützung oder der Mitgliedschaft Stufe 1 so ein wertvolles Zeichen setzen.

2. **Politische PionierInnen.** Nach der ersten Welle des Andockens von Pionier-Unternehmen ist das Interesse von Gebietskörperschaften stark angestiegen. Gemeinden leiden immer stärker unter den Globalisierungseffekten wie Standortkonkurrenz oder Steuerwettbewerb und identifizieren sich von Haus aus stark mit dem Gemeinwohl: ihrer »raison d'être«. Eine Gemeinde kann per Gemeinderatsbeschluss zur Gemeinwohl-Gemeinde werden und eine ganze Reihe von Projekten durchführen:

- Sie erstellt die Gemeinwohl-Bilanz in kommunalen Betrieben; diesen Weg haben die Städte Weiz, Stuttgart, Saragossa oder Mannheim beschritten.
- Sie lädt die privaten Unternehmen in der Gemeinde ein, die Gemeinwohl-Bilanz zu erstellen, macht sie durch öffentliche Veranstaltungen sichtbar, ehrt sie und fördert sie im öffentlichen Einkauf.
- Gemeinwohl-Gemeinden können Elemente eines alternativen Finanzsystems in die Welt bringen, zum Beispiel eine Filiale der »Bank für Gemeinwohl«, die Beteiligung an einer »Regionalen Gemeinwohl-Börse« oder die Einrichtung einer regionalen Komplementärwährung.
- Der erste BürgerInnenbeteiligungsprozess ist die Entwicklung des »Kommunalen Gemeinwohl-Index«: ein Lebensqualitäts-Index für Gemeinden, aus dem später auf volkswirtschaftlicher Ebene das Gemeinwohl-Produkt abgeleitet werden kann. In Sevilla startet ein erster solcher Prozess auf Initiative der Universität.
- Der zweite BürgerInnenbeteiligungsprozess ist der oben beschriebene »kommunale Wirtschaftskonvent«. Im Anhang des Buches befindet sich ein Entwurf für eine Sammlung möglicher Abstimmungsfragen in einem solchen Konvent. Zudem gibt es schon Fragensammlungen für einen demokratischen Geldkonvent[197] und den demokratischen Handelskonvent.[198]

– Schließlich können die ersten Gemeinwohl-Gemeinden eine »Gemeinwohl-Region« gründen – das kann ein politischer Bezirk sein oder eine Region (zum Beispiel Mühlviertel, Schwarzwald, Graubünden, Vinschgau, Apulien, Extremadura) –, die im Idealfall alle Gemeinden einbindet und zu Gemeinwohl-Gemeinden macht.

Die ersten Gemeinwohl-Gemeinde-Berichte entstanden im Südtiroler Vinschgau, die ersten offiziellen Gemeinwohl-Gemeinden in Spanien, konkret Miranda de Azán nahe Salamanca, Carcaboso in der Extremadura und Orendain im Baskenland. Inzwischen sind größere Städte gefolgt: In Barcelona wurde der Stadtteil Horta-Guinardó mit 170000 EinwohnerInnen bilanziert. Sevilla hat einen fünfseitigen Kooperationsvertrag mit dem andalusischen Förderverein unterschrieben. Die erste deutsche Gemeinwohl-Gemeinde ist Wielenbach am Tegernsee. In Österreich sind Nenzing und Mäder in Vorarlberg die Vorreiter.

3. **Kulturelle PionierInnen.** Ganz von selbst haben LehrerInnen und ProfessorInnen die Gemeinwohl-Ökonomie an die Bildungsinstitutionen gebracht. An geschätzt hundert Universitäten gibt es Aktivitäten in der Lehre, in der Forschung, in der Anwendung und öffentlichen Verbreitung. Das deutsche Bildungsministerium hat 2014 zwei Forschungsprojekte zum Thema Gemeinwohl-Ökonomie genehmigt, darunter das emblematische GIVUN-Projekt an den Universitäten Kiel und Flensburg.[199] Die Fachhochschule Münster half in einem angewandten Forschungsprojekt sieben regionalen Betrieben (mit bis zu 3500 Beschäftigten), die Gemeinwohl-Bilanz zu erstellen.[200] Die Universität Barcelona ist die erste Universität, die eine Gemeinwohl-Bilanz erstellt; und an der Universität Valencia startete im Juni 2017 ein Lehrstuhl »Gemeinwohl-Ökonomie«.[201] An der Universität Graz erhielt die interdisziplinäre Lehrveranstaltung »Gemeinwohl-Ökonomie« den Lehrpreis für das Jahr 2013. Eine ganze Reihe von Bachelor-, Master- und Diplomarbeiten, auch Dissertationen, widmet sich dem Thema; desgleichen Facharbeiten in Schulen. Die Bundeshandelsakademie Wien 22 bot im Schuljahr 2015/16 unter dem Titel »HAK experience« erstmals die Gemein-

wohl-Ökonomie als Schulzweig an.[202] All das ist von selbst, auf Eigeninitiative zahlloser PädagogInnen, WissenschaftlerInnen und ForscherInnen, entstanden.

II. AkteurInnen-Kreise

1. **RedakteurInnen.** Die Gemeinwohl-Bilanz ist das »Herzstück« des Modells: Es bewertet den Grad der Gemeinwohlorientierung von Unternehmen, Organisationen und Institutionen. Das »Redaktionsteam Gemeinwohl-Bilanz« bestand zu Beginn aus vier Personen und ist nach und nach auf rund fünfzehn themenverantwortliche RedakteurInnen angewachsen. Rund um jede RedakteurIn bilden sich kleine Kreise von Sachverständigen und interessierten Privatpersonen sowie OrganisationsvertreterInnen, die an der Weiterentwicklung der einzelnen Themen (anfangs: Indikatoren) mitwirken. Die Aufgaben dieser Mini-Teams sind: a) die zahlreichen Rückmeldungen einzuarbeiten; b) selbst aktiv Nachhaltigkeitsstandards und -berichte zu recherchieren; und c) die Indikatoren auf Basis aller gesammelten Informationen kreativ weiterzuentwickeln.

2014 benannte sich das Redaktionsteam in »Matrix-Entwicklungsteam« um, die Koordination hat sich auf drei Personen für die Bereiche Funktionsweise, Inhalte und Kommunikation aufgeteilt. 2017 wurde der aktuell gültige Standard 5.0 fertig. Er liegt als »Vollbilanz« für Unternehmen mit mehr als zehn Beschäftigten sowie als »Gemeinwohl-Bilanz kompakt« für kleinere Unternehmen und Organisationen vor.[203]

2. **BeraterInnen.** Nicht wenige UnternehmensberaterInnen leiden unter dem Gewissenskonflikt, Unternehmen dabei zu helfen, andere Unternehmen in einer aggressiven und egoistischen Kon(tra)kurrenz auszustechen oder den Finanzgewinn für die EigentümerInnen auf Kosten aller anderen zu maximieren. Die Gemeinwohl-Ökonomie löst diesen Werte- und Gewissenskonflikt auf. Die BeraterInnen dürfen Unternehmen fortan dabei unterstützen, an-

deren Unternehmen, der Umwelt und der Gesellschaft zu helfen und zu nützen. Diese Arbeit macht mehr Sinn und Freude.

Die BeraterInnen bieten unterschiedliche Unterstützungsleistungen für die Pionier-Unternehmen an:

- Erstellen des Gemeinwohl-Berichts und der Gemeinwohl-Bilanz (von der Erstinformation bis zur Vorbereitung auf das Audit);
- Gestalten des Entwicklungsprozesses hin zu einem GWÖ-Unternehmen: Visionsfindung, Strategie- und Organisationsentwicklung, Change Management;
- Fachberatung zu speziellen Aspekten wie zum Beispiel Soziokratie oder Integrale Organisation nach den Ideen von Frédéric Laloux[204] (C4), Cradle to Cradle (E3) oder den Wechsel zu einer Ethik-Banke oder ethischer Finanzierung (B1);
- gemeinwohlorientierte Gestaltung traditioneller Beratungsfelder wie Teamentwicklung, Personalentwicklung, Qualitätsmanagement.

Die BeraterInnen werden in Zukunft von der GmbH für Gemeinwohl koordiniert, die Aus- und Weiterbildung erfolgt über »Lernwege« und die zukünftige »Gemeinwohl-Akademie«. Voraussetzung für die Zertifizierung sind Vernetzung, Leben der GWÖ-Werte wie Kooperation und Transparenz und das Einhalten gemeinsam festgelegter Preiskorridore (Gerechtigkeit). Strategisches Ziel ist, dass es überall, wo es Pionier-Unternehmen gibt, auch GWÖ-BeraterInnen gibt.

Der Prozess der Bilanz- und Berichterstellung ist allerdings grundsätzlich auch ohne BeraterInnen möglich, die Bewegung will keine Abhängigkeiten schaffen und ist nicht auf Gewinn ausgerichtet. Alle Unterlagen von der Bilanz über die Erläuterung der Indikatoren bis zur Vorlage zum Gemeinwohl-Bericht sind für alle frei und kostenlos zugänglich und als Creative Common lizensiert. Pionier-Unternehmen können individuell je nach Bedürfnis und Präferenz die Bilanz eigenständig erstellen, in der Gruppe, oder sich professionell begleiten lassen.

3. AuditorInnen. Externe Audits dienen der Überprüfung des Gemeinwohl-Berichts und konkret, wie sehr die Gemeinwohl-Ökonomie in der unternehmerischen Praxis tatsächlich gelebt wird. Analog zur Überprüfung der Finanzbilanz durch die WirtschaftsprüferIn wird die Gemeinwohl-Bilanz durch GW-AuditorInnen evaluiert. Über die wertschätzende und sachlich fundierte Fremdsicht werden die zu positiven oder zu kritischen Selbstbilder der Firmen korrigiert. Am Ende stellt die ErstauditorIn ein Testat in gleichem Erscheinungsbild wie die Matrix aus, das nach Prüfung durch die ZweitauditorIn veröffentlicht wird.

Je nach Größe kommen die AuditorInnen in längeren oder kürzeren Intervallen in den Betrieb, um sich vor Ort ein umfassenderes Bild zu machen als lediglich durch Gespräche und die Durchsicht von Dokumenten. Auditiert werden kann jederzeit, ein Testat ist zwei Jahre gültig. Kleinere Unternehmen bis fünfzig Beschäftigte können eine Peer-Evaluierung wählen und erhalten dafür ein eigenes Testat.

Auch die AuditorInnen werden über die GmbH für Gemeinwohl abgerechnet. Selbst organisieren sie Zertifizierung, Fortbildung und Qualitätssicherung. Die Auditpreise sind nach Unternehmensgröße gestaffelt. Intern erhält jede AuditorIn denselben Stundenlohn und bringt sich auch ehrenamtlich ein.

Um die Kosten der Unternehmen für Beratung und Audit gering zu halten, bemühen wir uns in Deutschland, Österreich, Italien und Spanien um Förderungen durch die jeweiligen Bundesländer und andere Stellen. Die erste Region mit diesbezüglichen Förderungen ist Valencia. Langfristig ist es wünschenswert, dass die öffentliche Hand die Audit-Kosten mit besser werdendem Bilanzergebnis progressiv übernimmt – als Gegenleistung der Gesellschaft für die Anstrengungen der Unternehmen im Sinne des Gemeinwohls. Mittelfristig können Qualitätsstandards und Zulassung zum AuditorInnen-Beruf auf eine gesetzliche Grundlage gestellt werden, eine eigene Kammer für Gemeinwohl-AuditorInnen ist denkbar.

4. GemeindebegleiterInnen. Der AkteurInnen-Kreis der GemeindebegleiterInnen hat sich 2014 formiert, als erstes Werk hat er die Gemeinwohl-Bilanz auf die spezifische Situation von Gemeinden und politischen Gebietskörperschaften angepasst. Die ersten beiden Anwender-Gemeinden des Instruments sind Nenzing und Mäder in Vorarlberg. Aus der Sicht der Gemeinde kann das Gemeinwohl-Engagement nach der LA-21-, Klimabündnis- und Fair-Trade-Gemeinde die nächste – die vorangegangenen Schritte integrierende – Entwicklungsstufe sein.

5. ReferentInnen. Die Nachfrage nach der Gemeinwohl-Ökonomie ist groß, beinahe täglich treffen Vortragsanfragen aus aller Welt ein. Das Interesse zieht sich dabei quer durch die gesamte Gesellschaft: Unternehmen, Gemeinden, Universitäten, Schulen, Gewerkschaften, Landwirte, Umweltorganisationen, Kulturvereine, öffentliche Institutionen bis hin zu Ministerien und Regierungen. Diese Nachfrage kann nur mithilfe eines breiten Pools von rund dreißig ReferentInnen bewältigt werden. Sie verbreiten die Gemeinwohl-Ökonomie gemäß dem Logo, einem Löwenzahn-Sämchen, in alle Welt. Zweimal jährlich finden ReferentInnen-Schulungen statt.

6. BotschafterInnen. Verstärkt werden die ReferentInnen von den prominenten BotschafterInnen, die in der Öffentlichkeit, in Verbänden, Institutionen und Parteien die Sache vorantreiben. Zu den ersten BotschafterInnen zählen: Helmut Lind, CEO der Sparda-Bank München; Lisa Muhr, Kogründerin des ökofairen Modelabels Göttin des Glücks, Hilde Weckmann vom Märkischen Landbrot in Berlin, Antje von Dewitz vom Sportartikelhersteller VAUDE, Johannes Gutmann vom Waldviertler Kräuterteehersteller Sonnentor und Francisco Álvarez, Journalist und ethischer Investor aus Spanien; Noah Schöppel aus Augsburg ist erster Jugendbotschafter.

2017 wählte die fünfte internationale Delegiertenversammlung in Paris zehn offizielle SprecherInnen, je fünf Frauen und Männer. Sie werden zunächst für den deutschsprachigen Arm der Bewegung sprechen, der spanischsprachige und der englischsprachige Arm werden dem Beispiel folgen.

7. WissenschaflerInnen. In zahlreichen Ländern haben sich AkademikerInnen unterschiedlichster Disziplinen in Netzwerken zusammengesponnen, um gemeinsam die Gemeinwohl-Ökonomie weiterzuentwickeln, zu beforschen und zu unterrichten. Die ersten beiden Netzknoten entstanden in der DACH-Region Deutschland-Österreich-Schweiz sowie in Spanien und Lateinamerika. In Österreich wurde der erste GWÖ-Forschungsverein gegründet, der das Projekt einer Datenbank GWÖ-affiner WissenschaftlerInnen zur Vernetzung aller Aktivitäten in Angriff genommen hat.

Der Verein ist außerdem gerade dabei, einen wissenschaftlichen Beirat für die GWÖ-Bewegung zu etablieren. Aus der Mitte der Bewegung ist zudem das Projekt »Gemeinwohl-Ökonomik« gestartet, das die Schaffung eines soliden theoretischen Fundaments für das noch junge Modell in einer Sprache zum Ziel hat, die auch neoklassische ÖkonomInnen verstehen.

8. Jugend und Bildung. Dieser ganz »junge« AkteurInnen-Kreis vernetzt zum einen aktive Jugendliche zu den unterschiedlichen Aktivitäten der GWÖ, was 2017 bereits zum Start der GWÖ-Jugend geführt hat. Zum anderen werden in Zusammenarbeit mit LehrerInnen Unterrichtsmaterialien für Schulen und andere Bildungseinrichtungen entwickelt.

9. Gewerkschaften und Betriebsräte. Unselbständige haben ein großes Interesse an menschlichen Arbeitsbedingungen, fairer Entlohnung und angemessener Mitentscheidung. In größeren Betrieben kann der Prozess der Gemeinwohl-Bilanz-Erstellung passenderweise vom Betriebsrat angestoßen werden; in der gewerkschaftlichen Bildungs- und Öffentlichkeitsarbeit können Gemeinwohl-Bilanz und Gemeinwohl-Ökonomie als wirksames Instrument und ganzheitliche Systemalternative verwendet werden. Der erste Betriebsrat, der ernsthafte Schritte in Richtung Gemeinwohl-Bilanz unternommen hat, ist jener der Robert Bosch AG.

10. Privatpersonen. Die Gemeinwohl-Ökonomie richtet sich bewusst an juristische Personen, weil diese Konstrukte oder Geschöpfe der demokratischen und freien Gesellschaft sind und auf Profitmaximierung oder Gemeinwohlorientierung programmiert und durch den Rechtsrahmen für die Wirtschaft gelenkt werden können. Dadurch erhöhen sich die Freiheitsoptionen für die Menschen, die »natürlichen Personen«. Doch viele Menschen wollen mit der Gemeinwohlorientierung gerne »bei sich selbst« beginnen, was sie durch Innenarbeit, Meditation, gelebte Achtsamkeit und Körpersensibilisierung wie zum Beispiel Yoga auch tun. So emergierte auch der Wunsch nach einem »ethischen Kompass« für Individuen, den mehrere Energiefelder in Form eines »Gemeinwohl-Selbsttests« nun entwickelt und vorgelegt haben. Dieser ist ein wunderbarer persönlicher Einstieg in das Wertesystem einer Gemeinwohl-Gesellschaft.

Eine weitere Entwicklung ist der »KundInnen-Wunschzettel«, den KonsumentInnen in Unternehmen des täglichen Einkaufs hinterlassen können. Nach einem türöffnenden Lob für das Unternehmen regen sie die Erstellung einer Gemeinwohl-Bilanz durch selbiges an, damit sie das nächste Mal noch lieber kommen und das Unternehmen auch von Herzen weiterempfehlen können …

III. Energiefelder

Alle PionierInnen und AkteuerInnen können in den regionalen »Energiefeldern« synergetisch zusammenwirken und gemeinsam an der Umsetzung arbeiten. Bis Mitte 2017 sind rund 150 solche dezentralen Energiefelder in Europa, Nord- und Südamerika gewachsen. Engagierte Menschen, die einen Beitrag zum Wandel erbringen wollen, können in jeder Gemeinde eigeninitiativ ein Energiefeld aufbauen, Leitfäden stehen zur Verfügung. Die Tätigkeiten der Energiefelder umfassen

– das Kontaktieren, Begleiten, Unterstützen und Motivieren der PionierInnen in Wirtschaft, Politik und Kultur – deren Versorgung mit Fachinformation und »Wandlungsenergie«;

- Bewusstseins- und Bildungsarbeit über öffentliche Veranstaltungen und Fortbildungsangebote;
- das Vermitteln von »Methoden des Miteinanders« wie Soziokratie, Systemisches Konsensieren, gewaltfreie Kommunikation, Dialog, Dynamic Facilitation oder Art of Hosting;
- das Entwickeln eigener Projekte, wie zum Beispiel der »Gemeinwohl-Selbsttest«, der »KundInnen-Wunschzettel« oder ein GWÖ-Spiel;
- das Vorbereiten und Mitinitiieren von lokalen und regionalen demokratischen Wirtschaftskonventen.

Delegiertenversammlung und Online-Souverän

Energiefelder und AkteurInnen-Kreise haben ein Vertretungsrecht in der Delegiertenversammlung, das ist das internationale »Parlament« der Bewegung. 2013 bis 2015 fanden die ersten drei Versammlungen in Innsbruck und München statt – mit je rund fünfzig TeilnehmerInnen aus den fünf Kernstaaten und weiteren Ländern. Die vierte Versammlung tagte in Barcelona, die fünfte in Paris; die sechste wird 2018 in Lissabon stattfinden. Emsig gearbeitet wird am Online-Souverän: Aktive und zahlende Mitglieder erhalten ein Mitentscheidungsrecht für die großen strategischen Fragestellungen, die in Zukunft via Internet abgestimmt werden. Schließlich möchte die GWÖ-Bewegung den demokratischen Wirtschaftskonvent selbst vorleben, bevor sie dann einen ausgereiften Prototyp allen demokratischen Gesellschaften zur Verfügung stellt.

Positive Rückkoppelungen

Das Gesamtmodell Gemeinwohl-Ökonomie könnte eine ähnliche Systemdynamik entfalten wie der Kapitalismus, in dem sich sämtliche professionelle Energie, Kreativität und Motivation auf die Optimierung und Maximierung von Finanzergebnissen fokussiert, was über zahllose Rückkoppelungen ein »System« hervorgebracht hat oder eben eine ganz bestimmte Wirtschaftsordnung. Ganz analog könnte dasselbe in der Gemeinwohl-Ökonomie geschehen, allerdings nicht unter dem Leitstern der Kapitalrendite, sondern unter dem »Polarstern des Gemeinwohls«.[205] Hier sind einige Beispiele absehbarer »positiver Rückkoppelungen«:

- Je besser die Gemeinwohl-Bilanz eines Unternehmens, desto günstiger ist der Kredit, den das Unternehmen von der Bank erhält.
- Banken erstellen selbst die Gemeinwohl-Bilanz, und Unternehmen, die diese Banken als GeschäftspartnerInnen wählen, verbessern dadurch ihre Gemeinwohl-Bilanz.
- Wenn ein Unternehmen seine Zulieferfirmen nach dem Gemeinwohl-Bilanz-Ergebnis auswählt, verbessert sich seine Gemeinwohl-Bilanz.
- Wenn Unternehmen darauf achten, dass ihre Produkte von Unternehmen vertrieben werden, die eine gute Gemeinwohl-Bilanz aufweisen, verbessert sich ihre Gemeinwohl-Bilanz.
- Wenn Unternehmen miteinander kooperieren, verbessert sich die Gemeinwohl-Bilanz aller Beteiligten.
- Kommunen und alle anderen staatlichen Stellen bevorzugen Unternehmen mit guten Gemeinwohl-Bilanz-Ergebnissen beim öffentlichen Einkauf.
- KonsumentInnen fragen bei Unternehmen, bei denen sie einkaufen, nach der Gemeinwohl-Bilanz.
- Sinnorientierte qualifizierte ArbeitnehmerInnen werden Unternehmen in Zukunft nach deren Gemeinwohl-Bilanz-Ergebnis auswählen.
- Branchenmagazine porträtieren die Benchmarks mit der besten Gemeinwohl-Bilanz.
- Karriere-Beilagen rücken die Ethik-Performer ins Rampenlicht.
- Qualitätsverbände aller Art legen immer größeres Augenmerk auf das Gemeinwohl-Bilanz-Ergebnis oder machen die Mitgliedschaft daran zur Bedingung.
- Komplementärwährungs-Initiativen knüpfen die Mitgliedschaft an die Erstellung der Gemeinwohl-Bilanz.

- Die internationale Handelsordnung der Zukunft wird eine Gemeinwohl-Bilanz als Eintrittskarte in den Weltmarkt, als eine »Lizenz zum Handeln«, erforderlich machen.

Es tut sich ein ganzes Meer von Synergie- und Rückkoppelungsmöglichkeiten auf. Tendenziell wächst innerhalb der Marktwirtschaft ein Pool derer, die schon mitmachen – die Gemeinwohl-Zone –, während diejenigen, die sich sträuben, immer mehr in Erklärungsnotstand geraten und außen vor bleiben, bis sie beim Greifen der Anreizmechanismen in Insolvenzgefahr geraten. Außer sie wandeln sich.

Strategische Vernetzung

Die Gemeinwohl-Ökonomie versteht sich als Facette im Zukunftsmosaik einer humanen, nachhaltigen und demokratischen Gesellschaft und Gemeinwohl-Kultur. Sie sucht deshalb gezielt die Kooperation mit verwandten Ansätzen, um miteinander zu lernen, sich gegenseitig sichtbar zu machen und zu stärken. Solidarische Ökonomie, Gemeinschaftsgüter (»Commons«), Wirtschaftsdemokratie, Postwachstumsökonomie, Shared Value, Public Value, B Corporations, Fair Trade, Ethical Banking, Social Business ... Wenn sich diese alternativen Ansätze gegenseitig bewerben und verstärken, besteht die Chance, gemeinsam das herrschende Paradigma zu kippen. Wichtig ist, den Menschen, die sich immer zahlreicher enttäuscht von der offiziellen Politik abwenden und auch den Massenmedien zunehmend misstrauen, eine breite Palette an Alternativen anzubieten. Dann kann sich jede und jeder nach Interessen, Fähigkeiten, Bildung und Vorlieben an der einen oder anderen Facette des großen Wandels beteiligen. Der Wandel findet auf allen Ebenen und in allen Bereichen des gesellschaftlichen und kulturellen Lebens statt: Auf der rechten Seite ist ein »Mosaik der Zukunft« (Work in Progress) oder auch der »Großen Transformation« abgebildet. Die Gemeinwohl-Ökonomie ist darin eine Facette.

Derzeit sind die meisten Initiativen noch Keime, und keiner von ihnen ist »systemrelevant«. Wenn sie aber beständig weiterwach-

»MOSAIK DER ZUKUNFT«

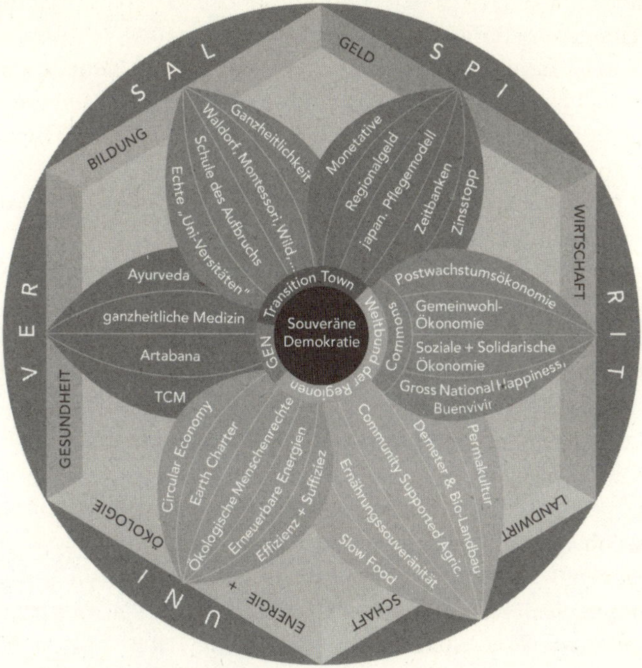

CAP: Community Supported Agriculture
GEN: Global Ecovillages Network
TCM: Traditionelle Chinesische Medizin

Idee: Christian Felber
Grafik: Julia Löw

sen und sich positiv rückkoppeln, können sie das nachhaltige kulturelle Ökosystem der Zukunft bilden. Es ist hoffentlich nur eine Frage der Zeit, bis all diesen Alternativen eine gemeinsame Infrastruktur für Kommunikation, Koordination, Kooperation und vielleicht auch Entscheidungsfindung zur Verfügung gestellt wird oder sie diese selbst erarbeiten. Das wird nicht einfach werden, aber wenn sich immer mehr Menschen auf diese Aufgabe konzentrieren, werden auch die Lösungen entstehen.

Wie kann ich mich beteiligen?

In den letzten Jahren habe ich unzählige Menschen getroffen, die zwar das Unrecht in der Welt wahrnehmen, aber keine Vorstellung haben, wie sie persönlich zur Lösung der Probleme beitragen können. Die Gemeinwohl-Ökonomie bietet eine Fülle von Beteiligungsmöglichkeiten. Jede Person kann:

- ein regionales »Energiefeld« gründen oder dieses verstärken, wenn es schon existiert;
- eine der vielen Rollen übernehmen, aus denen »Energiefelder« bestehen (BeraterIn, AuditorIn, RedakteurIn, ReferentIn, BotschafterIn ...), oder eine neue Rolle hinzufügen;
- Unternehmen, bei denen sie einkauft, nach der Gemeinwohl-Bilanz fragen;
- im eigenen Unternehmen die Erstellung einer Gemeinwohl-Bilanz betreiben;
- das Unternehmen einladen, in einer lokalen Pioniergruppe gemeinsam mit zehn bis zwanzig weiteren Unternehmen zu lernen;
- der Wohnsitzgemeinde vorschlagen, Gemeinwohl-Gemeinde, und dem Wohnbezirk oder Landkreis, Gemeinwohl-Region zu werden;
- in der Wohnsitzgemeinde gemeinsam mit weiteren Engagierten einen »kommunalen Wirtschaftskonvent« organisieren;
- in der eigenen Schule, Volkshochschule, Fachhochschule oder Universität die Gemeinwohl-Ökonomie integrieren;
- die »Lieblingsalternative«, für die sie sich bereits engagiert, mit der Gemeinwohl-Ökonomie vernetzen, Synergien suchen und Kooperationen aufbauen.

Auf der Website der Gemeinwohl-Ökonomie finden sich umfassende Infos, wie und wo sich Interessierte engagieren und beteiligen können.[206] Im Buch »Kooperation statt Konkurrenz« habe ich etwas allgemeiner zehn Schritte beschrieben, die jeder Mensch tun kann, um das Seine zum großen Wandel beizutragen.[207]

9. Häufig gestellte Fragen

Welchen Anreiz hat ein Unternehmen, schon heute die Gemeinwohl-Bilanz zu erstellen?

An die 500 Pionier-Unternehmen, welche die Bilanz bis Ende 2017 erstellt haben, geben folgende Motive für ihr Engagement an: 1. Sie erfahren und stiften Sinn und fühlen sich in einen größeren stimmigen Zusammenhang eingebettet. 2. Sie erleben die Matrix als ethisches Organisationsentwicklungs-Instrument, das alle Aspekte der unternehmerischen Tätigkeit systematisch beleuchtet. 3. Die Pionier-Unternehmen bilden eine Kooperationsplattform, über die sie sich gegenseitig helfen und miteinander lernen. 4. Sie ziehen ethische MitarbeiterInnen an: Bei einer Pionier-Bank verdoppelte sich die Zahl der Blind-Bewerbungen schlagartig bei Bekanntgabe der Gemeinwohl-Bilanz. 5. Sie ziehen ethisch orientierte KundInnen an. 6. Schon jetzt beginnen erste Förderungen durch öffentliche Stellen bis hin zu Landesregierungen und voraussichtlich bald ersten Nationalstaaten. In Österreich fördern vier Landesregierungen (Wien, Steiermark, Salzburg und Vorarlberg) die Erstellung der Gemeinwohl-Bilanz; die Region Valencia hat ein Gesetz erlassen, das die Förderung der Erstellung von Gemeinwohl-Bilanzen durch Unternehmen und Organisationen vorsieht. 7. Am Tag der »ethischen Schubumkehr« auf den Märkten infolge der Umpolung des Anreizrahmens werden die gegenwärtigen Wettbewerbsnachteile zu Vorteilen – wer frühzeitig mit an Bord ist, erzielt dann den »first mover advantage«.

Was ist der Mehrwert der Gemeinwohl-Bilanz gegenüber anderen CSR-Standards?

Wie im Buch beschrieben versteht sich die Gemeinwohl-Bilanz als erstes CSR-Instrument der zweiten Generation, das sich von der ersten Generation durch Wirksamkeit unterscheidet. Weil sie

1. rechtsverbindlich, 2. messbar, 3. vergleichbar ist und 4. zu unterschiedlicher rechtlicher Behandlung führt. Die schönsten Nachhaltigkeitsberichte und besten Ethik-Performances nützen wenig und manchmal gar nichts, wenn jene, die sich unethisch verhalten, billiger anbieten können und preislich im Vorteil bleiben. 5. Die Gemeinwohl-Bilanz ist konsistent eingebettet in ein alternatives wirtschaftspolitisches Modell, sie ist ein ganzheitlich-systemischer Ansatz. 6. Sie wurde partizipativ entwickelt durch die Mitarbeit vieler. 7. Sie ist überschaubar gehalten und dadurch für alle verständlich, 8. öffentlich und wird 9. extern auditiert – von einer AuditorIn, die sich das Bilanzunternehmen nicht selbst aussuchen kann. Ein Zweitaudit stellt das Ergebnis auf eine solidere Grundlage.

Ist die Gemeinwohl-Pflicht nicht Überregulierung und Zwang?

Jedes Gesetz und *jede* Wirtschaftsform ist Regulierung und Zwang – um in Summe mehr Freiheit zu sichern. Die Gesetze der Gemeinwohl-Ökonomie regulieren und zwingen nicht *mehr* als andere Wirtschaftsformen und insbesondere nicht mehr als die derzeit herrschenden Kapitalismusgesetze, sondern *anders*. Der Punkt ist, dass uns das gegenwärtige System mitsamt seinen Zwängen dermaßen in Fleisch und Blut übergegangen ist, dass wir sie gar nicht mehr bewusst wahrnehmen. Wir werden den Freiheitsgewinn erst bemerken, wenn diese strukturellen Fesseln gelöst werden. Heute wirken der Zwang zu einer Finanzbilanz, der forcierte Wettbewerb, nicht nur zwischen Unternehmen, sondern auch zwischen Staaten, die Handelsabkommen oder der Erwerbszwang auf Märkten mit hoher Arbeitslosigkeit und immer mehr prekären Bedingungen: Das ist Zwang! Auch die rechtliche Gleichbehandlung von Umweltzerstörern mit Nachhaltigen, von Menschenrechts-Ignoranten und Rücksichtsvollen; die Rettung von systemrelevanten Banken mit Steuergeld und das Fallenlassen der Schwächeren; aus all diesen Regulierungen, Gesetzen und Abkommen gehen strukturelle und systemische Zwänge hervor. Bisweilen so freiheitseinschränkende, dass der Begriff einer politischen »Zwangsjacke« dafür gefunden wurde.[208] Auch in der Gemeinwohl-Ökonomie gäbe es eine Lenkungswirkung, das ist ja Sinn und Zweck von Wirtschaftsordnungen, doch die Gesetze motivieren zu Mitmenschlichkeit, Nachhaltigkeit und Solidarität anstatt zu Egoismus, Rücksichtslosigkeit und Konkurrenz. Es ist anzunehmen, dass sich die große Mehrheit der Menschen unter diesem neuen Leitstern deutlich wohler fühlen wird als in der gegenwärtigen oktroyierten Ego-Konkurrenz.

Was passiert mit Unternehmen, die nicht mitmachen?

Sie gehen in Konkurs. Wenn Unternehmen an Kinderarbeit, Umweltverschmutzung, Gewinnverlagerung in Steueroasen und miserablen Arbeitsbedingungen und extremen Lohnunterschieden festhalten, verschlechtert sich ihr Gemeinwohl-Bilanz-Ergebnis so sehr, dass sie in die höchsten Steuer-, Zoll- und Zinsklassen »aufsteigen« und ihre Produkte und Dienstleistungen nicht mehr wettbewerbsfähig sind. Unter diesem Blickwinkel ist die Gemeinwohl-Ökonomie eine wirksame Marktwirtschaft.

Hat nicht jeder Mensch andere Werte?

In manchen Fragen: ja, aber das ist kein Widerspruch zu kollektiven Werten, die in rechtlichen Normen festgeschrieben werden. Jedes Gesetz ist eine kollektive Wertentscheidung, denn die letzten Gründe, warum etwas erlaubt/verboten oder gefördert/benachteiligt wird, sind immer ethische! Geschwindigkeitsbegrenzungen und Überholverbote dienen der Sicherheit und letztlich dem Schutz des Lebens von Menschen. Der Schutz von Privateigentum und die tausend darauf gründenden Verbote, Grenzen und Beschränkungen werden letztlich mit der individuellen Freiheit begründet. Wir haben alle Bereiche des Lebens mit Regeln durchzogen. Gesetze leiten und lenken uns. Und in jedem einzelnen Gesetz drückt sich eine kollektive Wertentscheidung aus, die allen Mitgliedern eines demokratischen Gemeinwesens – den »Normunterworfenen« – diesen Willen aufzwingt. Die meisten Gesetze sind uns vertraut und selbstverständlich, deshalb ist uns oft gar nicht bewusst, dass sie gemeinsame Wertentscheidungen verkörpern und uns bestrafen und unserer Freiheit berauben, wenn wir sie brechen. Die Kunst der Demokratie besteht darin, die Freiheit in Summe zu maximieren oder präziser: die Freiheitsbegrenzung für alle so gering wie möglich zu halten. Ich habe argumentiert, dass ich durch die Gemeinwohl-Ökonomie in Summe mehr Freiheit/einen geringeren Freiheitsverlust für alle Menschen erwarte, weil a) die Konzentration von Macht in Wirtschaft und Politik begrenzt wird, b) alle Menschen am wirtschaftlichen Wohlstand teil- und genug für ein gutes Leben haben, c) ihre Gaben und Fähigkeiten einbringen können, d) Arbeit wieder mehr Freude bereitet und Sinn stiftet, e) zwischenmenschliche Beziehungen auch in der Wirtschaft gelingen dürfen, und f) der Selbstwert aller gewahrt bleibt, weil das strukturelle Gegeneinander abflaut und niemand im Verhältnis zu anderen zu mächtig werden kann.

Die Mehrheit der Menschen wünscht sich Regeln, die auf konsensfähigen Grundwerten beruhen: Solidarität, Gerechtigkeit, Demokratie, (gleiche) Freiheit (für alle). Umso absurder ist es, dass wir zugunsten der nichtkonsensfähigen Werte – Konkurrenz, Gier, Geiz, Egoismus, grenzenloses Wachstum und grenzenlose Ungleichheit – Gesetze und Zwänge errichtet haben.

Ist die Konkurrenz nicht in der Menschennatur angelegt?

Als mögliche Verhaltensoption: ja, als notwendiges Verhalten: nein. Konkurrenz ist eine Möglichkeit, die uns unsere Gene erlauben, aber sie zwingen uns nicht dazu. So wie das gegenseitige Umbringen eine Möglichkeit ist, aber keine Notwendigkeit. Es gibt genetisch ebenso wenig einen Konkurrenzzwang, wie es einen Mordzwang gibt. Unsere Gene trimmen uns lediglich auf Zielorientierung. Aber wie wir unsere Ziele erreichen, ob kooperativ oder im Wettbewerb, darüber lassen sie uns frei entscheiden. Entscheidend ist, was wir lernen. Dass sich heute viele Menschen tatsächlich gierig, eigennützig und konkurrenzorientiert verhalten, beweist nur, dass wir im Westen diese Werte von klein auf lernen. Die klassische Wirtschaftswissenschaft mit ihrem »homo oeconomicus« und ihrer Wettbewerbsideologie trägt keinen geringen Anteil dazu bei. Es gab und gibt andere Kulturen, in denen die Kooperation die gängigere Verhaltensform ist – was jedoch wenig über die Menschennatur aussagt, aber viel über die unterschiedlichen Werte und Normen dieser Kulturen.

Daraus folgt: So, wie wir in den letzten Jahrzehnten und Jahrhunderten Konkurrenz und Eigennutz kollektiv kulturell »gelernt« haben, können wir in der Zukunft systematisch Empathie, Kooperation, Solidarität und Großzügigkeit lernen, wenn es uns a) als ethisch vorbildlich oder vielleicht sogar selbstverständlich in den Elternhäusern und Schulen vorgelebt und vermittelt wird, b) die Wirtschaftswissenschaft diese Einstellungen und Werte verstärkt, anstatt sie zu konterkarieren, und wir c) endlich auch in der realen Wirtschaft für diese Verhaltensformen belohnt werden. Darum geht es: Wenn wir uns schon die – durchaus sinnvolle – Mühe machen, unser kollektives Verhalten mit Gesetzen zu steuern, dann sollten wir darauf achten, dass uns die Gesetze in die richtige Richtung – menschlicher Tugenden – lenken und nicht unsere Schwächen und Laster belohnen.

Ist nicht Sport der Beweis, dass Wettbewerb Spaß macht?

Das sieht auf den ersten Blick so aus. Doch wenn man genauer hinschaut, differenziert sich das Bild: Sport macht umso mehr Spaß, je mehr er als Spiel organisiert wird, und umso weniger, je mehr er zum Wettbewerb wird. Im Spiel geht es um die *Prozess*orientierung, die Spielenden können ganz im Spiel(en) aufgehen und sich vergessen, sie kommen in den Genuss des »Flow«-Erlebnisses. Im Wettbewerb zählt hingegen die *Ziel*orientierung, und aus Entspannung wird Druck und Stress. Je mehr es um das Gewinnen und nicht um das Spielen geht, desto stärker kommt statt Spaß Angst auf. Das dürfte auch der Grund sein, warum in den USA achtzig bis neunzig Prozent der Fünfzehnjährigen die Sportvereine verlassen.[209] Kein Wunder: Wenn der Sieger »takes it all« und die Verlierer als »Loser« geschmäht werden, macht es für die meisten keinen Spaß, sich diesem Stress und der Geringschätzung auszusetzen. Ich selbst bin vom Leistungssport zum Tanz gewechselt, weil die Wettkämpfe zu sehr von Ehrgeiz und negativen Gefühlen begleitet waren: Es ging zu sehr um das Ziel und gar nicht mehr um den Sport an sich, den ich – als Tätigkeit – liebe. Im Tanz funktioniert Wettbewerb gar nicht: Versuchen Sie einmal, gegen Ihre PartnerIn zu tanzen. Noch weniger in der Liebe: Würde es Sinn ergeben, gegeneinander zu schlafen? Wer als Erster beim Orgasmus ist, hat gewonnen und kann die Zeit für anderes nutzen. (Zeit-)Effizienz kann äußerst destruktiv sein!

Wäre es anstelle der »Anreize« nicht besser, die Gemeinwohl-Ökonomie würde auf intrinsischer Motivation beruhen?

Zweifelsohne. Doch das kann nur ein längerfristiges Ziel sein. Denn erstens sind heute noch zu wenige Menschen vornehmlich intrinsisch motiviert; sie haben gelernt, externen Zielen und Anreizen zu folgen. Und der damit zusammenhängende, wichtigere zweite Grund: Würden wir es heute den Unternehmen freistellen, wie sie sich verhalten, würden sich zwar einige für Gemeinwohlorientierung entscheiden, andere aber nicht, und aus der Spieltheorie wissen wir, dass sich im »freien« Spiel zwischen Fairen und Foulen die Foulplayer durchsetzen. In der »freien« Marktwirtschaft von heute setzen sich aus demselben Grund sehr oft die skrupelloseren oder fatalerweise die »effizienteren« Unternehmen durch – unter dem falschen Ziel wirkt Effizienz in die falsche Richtung! Wer prinzipiell gegen extrinsische Motivation ist, müsste für die Abschaffung *sämtlicher* Gesetze und des aktuellen Ordnungsrahmens für die Wirtschaft eintreten!

Ist dafür die Zeit schon reif? »Wenn auf der Erde die Liebe herrschte, wären alle Gesetze entbehrlich«, sagte schon Aristoteles. Das bleibt die unverändert gültige Vision! Doch solange wir als Menschheit noch nicht vollzählig so weit sind, braucht es verbindliche Regeln, welche die Grundwerte schützen. Die Gemeinwohl-Ökonomie setzt auf drei Wege: Bewusstseinsbildung, marktkonforme Anreize und verbindliche Gesetze. Alle Wege gemeinsam führen zum Ziel.

Existieren nicht schon heute Kooperation und Konkurrenz nebeneinander? Kommt es nicht auf ein ausgewogenes Verhältnis an?

Wie bereits erwähnt, beruht die gesamte Evolution auf dem Prinzip der Kooperation, und die kapitalistische Wirtschaftsform beruht ebenfalls auf kooperativen Strukturen: Familie, Eltern, Freunde und Beziehungen. Frauen verrichten siebzig Prozent der globalen Arbeit, ohne die Manager und Milliardäre nicht großgezogen, geliebt, gepflegt, animiert, inspiriert und wertgeschätzt würden. Das sind fundamentale Kooperationen, die durch darüber errichtete ökonomische Konkurrenzstrukturen belastet werden, von denen behauptet wird, dass sie der Menschennatur entsprächen und nicht abgeschafft werden dürften.

In der Marktwirtschaft selbst wird sehr viel Kooperation, Teambildung und Mannschaftsgeist praktiziert, doch dienen diese Strategien dem höheren Ziel der Wettbewerbsfähigkeit des Unternehmens, der Kartellbildung und des Machterhalts – gegen Dritte. Die Kooperation ist ein Mittel zum höheren Zweck der Kontrakurrenz und zur Gewinnerzielung – anstatt zur Gestaltung menschlicher Beziehungen und der Mehrung des Gemeinwohls.

Sind rechtliche Vorteile für die Gemeinwohlorientiertesten und die Aufhebung des Wettbewerbs nicht ein Widerspruch?

Auf den ersten Blick: ja. Doch die Gemeinwohl-Ökonomie schürt nicht die gewohnte Win-lose-Kontrakurrenz: Die Erfolgreichsten sind ja nicht zuletzt deshalb erfolgreich, weil sie den anderen Unternehmen helfen – durch den Verzicht auf aggressive Werbung, die Weitergabe von Wissen, das Überlassen von Arbeitskräften und Aufträgen oder durch direkte finanzielle Hilfe. Eine gute Gemeinwohl-Bilanz geht nicht zulasten der Mitunternehmen, sondern zu deren Nutzen. Es handelt sich somit um eine Win-win-Anordnung, diese ist das Ziel.

Gäbe es *keine* positiven Anreize für gemeinwohlförderliches Verhalten, was würde dann die Unternehmen dazu bringen, sich in die gesellschaftlich gewünschte Richtung zu entwickeln? Es bliebe nur die intrinsische Motivation, siehe die vorvorige Frage. Oder aber die gesetzlichen Mindeststandards müssten extrem hoch und für alle verbindlich sein: eine massive ordnungspolitische Intervention. Das würde das verständliche Bedürfnis nach einer schrittweisen und evolutionären Transformation übergehen.

Die MitarbeiterInnen wollen doch gar keine Verantwortung übernehmen!

Sollten das nicht die MitarbeiterInnen selber entscheiden? Vielleicht wollen tatsächlich nicht alle, aber ein Teil von ihnen? Es ist ein Unterschied, ob sie keine Verantwortung übernehmen *dürfen*, oder ob man ihnen die Entscheidung selbst überlässt. Der Umstand, dass *derzeit* ein Teil der Menschen keine Verantwortung übernehmen möchte, ist erneut kein Beweis für die Menschennatur, sondern eine historische Momentaufnahme und Symptom einer »dualen Kultur«: Die einen tragen die gesamte Verantwortung, übernehmen Risiko und schaffen Arbeitsplätze; die anderen »nehmen« diese Arbeitsplätze, tragen keine Verantwortung und kein Risiko. Auch wenn das in vielen Fällen gar nicht mehr zutrifft – Spitzenmanager, die vielleicht seit zwei Jahren im Unternehmen sind, tragen kaum Risiko und Verantwortung; ArbeitnehmerInnen, die das Unternehmen mit aufgebaut haben, tragen hingegen das Risiko, nicht nur ihren Lebensunterhalt zu verlieren, was allein schon individuell viel schwerer wiegen kann als der Verlust des eingesetzten Kapitals einer AktionärIn, sondern auch noch einen zentralen Wirk- und Lebensort, der seit zwanzig oder dreißig Jahren ihre Identität geprägt hat. In der Gemeinwohl-Ökonomie wirken die rechtlichen Weichen in die Richtung, dass alle Beschäftigten eines Unternehmens a) die Verantwortung teilen, b) die Entscheidungen demokratisch treffen, c) das Risiko gemeinsam tragen und d) die Früchte der gemeinsamen Anstrengung gerecht aufteilen. Dazu werden kleine Unternehmen mit weniger als zum Beispiel 250 Beschäftigten nicht gezwungen, aber angereizt. Nach empirischen Forschungen erbringen Gruppen, welche die Früchte des Erfolgs unter allen Beteiligten gleich aufteilen, die höchsten Leistungen, weil die gleiche Wertschätzung aller die Menschen am stärksten motiviert.[210] Es ist daher zu erwarten, dass die Wirtschaft effizienter und produktiver wird als heute! In letzter Konsequenz führen diese Weichenstellungen dazu, dass die trennscharfen Rollen von »ArbeitgeberInnen« und »ArbeitnehmerInnen« verschwimmen und sich auflösen. Der dem Kapitalismus innewohnende Interessengegensatz zwischen Kapital und Arbeit würde weitgehend überwunden, der innergesellschaftliche Graben zwischen – dem Mittel – »Kapital« und »Arbeit« geschlossen.

Wie steht die Gemeinwohl-Ökonomie zum bedingungslosen Grundeinkommen (BGE)?

Diese Frage ist eine der am häufigsten gestellten, deshalb folgt hier eine sehr genaue Antwort. Zunächst das Wesentlichste: Die Gemeinwohl-Ökonomie ist ein entwicklungsoffener und demokratischer Prozess, in den alle Ideen und Vorschläge gleichberechtigt eingespeist werden können, um die übergeordneten Ziele und Werte, wie zum Beispiel soziale Sicherheit, Menschenwürde und Freiheit, zu verwirklichen. Wenn der abstimmende Souverän das BGE für die geeignetste Maßnahme hält, um die Ziele der Wirtschaftspolitik zu erreichen, wird es kommen. Inhaltlich gibt es in der Bewegung bisher eine Reihe von Überlegungen zum Vorschlag des BGE:

1. Innerhalb des gegenwärtigen Wirtschaftssystems ist ein unbefristetes bedingungsloses Grundeinkommen zu befürworten,

weil viele Menschen an den Rand der Gesellschaft gedrängt werden, deren Würde nur durch ein BGE gewahrt werden kann.

2. In der Gemeinwohl-Ökonomie dreht sich die Systemdynamik um: vom Vorrang des Nehmens auf den Vorrang des Gebens. Das bewirkt, dass in der »Mitte«, auf dem Markt, nicht Konkurrenz und Knappheit entstehen, sondern Kooperation und Fülle: Es wird für alle genug da sein.
   a. Alle, die beitragen wollen durch sinnvolle Arbeit, werden diese Gelegenheit erhalten. Wer nichts oder nicht gleich viel beitragen kann, erhält ein Solidaritätseinkommen.
   b. Für den Fall, dass Arbeitslosigkeit auftreten sollte, wird sie dadurch minimiert, dass Unternehmen dafür belohnt werden, mehr Menschen anzustellen. Alle Unternehmen werden an der Lösung volkswirtschaftlicher Probleme beteiligt.
3. In der Gemeinwohl-Ökonomie wird die Regelarbeitszeit auf das Maß gesenkt, das sich die Mehrheit der Menschen wünscht: ungefähr zwanzig bis 33 Wochenstunden. Dadurch bleibt mehr Zeit für die anderen drei großen Arbeitsbereiche, die uns Menschen rund machen: Beziehungsarbeit, Eigenarbeit und Gemeinwesenarbeit (nach Frigga Haug[211]).
   a. Allein durch den Rückgang der durchschnittlichen Arbeitszeit je Erwerbstätige würde zum Beispiel in Österreich die Arbeitslosigkeit rechnerisch um zwei Drittel sinken – von rund 300 000 auf 100 000 Arbeitsuchende.
4. Darüber hinaus gibt es das Freijahr: Jedes zehnte Berufsjahr können sich Menschen freinehmen und anderen Lebensschwerpunkten nachgehen: ein befristetes bedingungsloses Grundeinkommen. Im Unterschied zum BGE entfallen beim Freijahr (unabhängig von der inhaltlichen Richtigkeit) die beiden Hauptkritikpunkte am BGE: die Unfinanzierbarkeit und das Neidargument.
   a. Zur Finanzierbarkeit: Wenn jedes zehnte Jahr erwerbsarbeitsfrei ist, wird der Arbeitsmarkt um zehn Prozent entlastet – die gegenwärtige registrierte Arbeitslosigkeit in der EU. Die Arbeitslosengelder könnten für die Finanzierung des Freijahres umgeschichtet werden, die Mehrkosten wären gering.

b. Zum Neidargument: In der Diskussion pro und contra BGE gehen viele Menschen davon aus, dass eine große Mehrheit von Netto-Zahlenden eine Minderheit von Netto-Empfangenden erhalten würde. Unabhängig davon, ob diese Befürchtung berechtigt ist: Sie erübrigt sich beim Freijahr, weil es allen unterschiedslos zugutekommt. Das Freijahr umschifft die beiden großen Widerstände gegen das BGE. Mit den im Freijahr gesammelten Erfahrungen lassen sich vielleicht neue Erkenntnisse – und Mehrheiten – gewinnen.

Ist das noch eine Marktwirtschaft?

Wenn man die Gemeinwohl-Ökonomie in eine der vier gängigen Kategorien von Wirtschaftssystemen:

1. Subsistenzwirtschaft: alles, was konsumiert wird, wird selbst produziert;
2. Geschenkökonomie: arbeitsteilige Produktion mit anschließendem gegenseitigen Beschenken;
3. Marktwirtschaft: arbeitsteilige Produktion mit anschließendem Tausch oder geldbasiertem Kauf;
4. Planwirtschaft: (de)zentrale Abstimmung und Planung von Produktion und Konsum;

einordnen möchte, handelt es sich eindeutig um eine Form der Marktwirtschaft: Es gibt private Unternehmen und »freie« Märkte, auf denen sich Preise bilden, und Geld existiert, um den Tausch zu vermitteln. Allerdings wäre es keine kapitalistische Marktwirtschaft wie die gegenwärtige, sondern:

a. eine *vollethische* oder *gemeinwohlorientierte* Marktwirtschaft: Im Unterschied zur sozialen oder ökosozialen Marktwirtschaft enthält sie nicht nur soziale und ökologische Leitplanken, sondern die Gemeinwohl-Mehrung wird zum Ziel aller wirtschaftlichen Tätigkeit, dessen Erreichung auf allen Ebenen gemessen wird;
b. eine *kooperative* Marktwirtschaft: Nicht Wettbewerb ist das Ideal (ein positiver Grundwert und ideologischer Grundpfeiler),

sondern Kooperation: zwischen allen WirtschaftsakteurInnen und nicht nur innerhalb dieser; Wettbewerb wird nicht abgeschafft, aber negativ angereizt. »Markt« ist nirgendwo naturgesetzlich definiert: Er ist ein Ort der Begegnung zwischen Menschen, wo sie wirtschaftliche Beziehungen pflegen. Wie sie sich begegnen und nach welchen ethischen und rechtlichen Regeln sie diese Beziehungen gestalten, ist genauso frei wie der menschliche Geist. Die Gemeinwohl-Ökonomie rückt die verkehrten Verhältnisse zurecht: Sie dreht den Vorrang des Gegeneinanders in einen Vorrang des Miteinanders;

c. eine *liberale* Marktwirtschaft mit gleichen Chancen, Rechten und Freiheiten für alle. Das setzt die Begrenzung der (Chancen-) Ungleichheit voraus. Diese wiederum setzt »negative Rückkoppelungen« bei Einkommen und Vermögen, eine Umverteilung der Erbschaften auf alle, eine breite Palette an öffentlichen Gütern (vom freien Bildungszugang bis zu einer öffentlichen Pflegeversorgung) sowie Solidaritätseinkommen für Menschen mit geringeren Möglichkeiten voraus;

d. eine von *öffentlichen Gütern (»Demokratische Allmenden«)* und *Gemeinschaftsgütern (»Commons«)* durchsetzte und abgestützte Marktwirtschaft: Märkte funktionieren erwiesenermaßen besser mit einem starken Staat.[212] Konkret kann die private und unternehmerische Initiative umso effektiver gedeihen, je breiter das Angebot an öffentlichen Gütern wie Trinkwasser- und Energieversorgungs-Unternehmen, Abfallentsorger, öffentlicher Verkehr, Schulen, Gesundungshäuser oder Pflegeeinrichtungen ist. Sie bilden ein stabiles Fundament für private Unternehmen und eine wirklich freie – und nicht von mächtigen Monopolen durchsetzte – Marktwirtschaft. Außerdem werden private Allmenden oder Commons rechtlich gefördert (zum Beispiel über die Gemeinwohl-Bilanz), im Sinne der erwünschten Vielfalt der Eigentumsformen. Gemeinschaftsgüter können Saatgutbetriebe, Software-Entwicklungsprojekte oder Reparaturunternehmen sein, grundsätzlich sind Commons keine inhaltlichen Grenzen gesetzt.[213] Beide, demokratische wie private Allmenden, folgen nicht der Marktlogik, sondern den Grundwerten Menschenwürde, Mitentscheidung, Solidarität und Reziprozität. Die öffentlichen Güter müssen wie beschrieben nicht von der Regierung kontrolliert und gemanagt werden, sie können auch unter direkter Kontrolle der BürgerInnen stehen. Deshalb nenne ich sie »demokratische Allmenden«. Das synergetische Zusammenspiel von Markt und Staat ist in der (postdualen) Gemeinwohl-Ökonomie eine Selbstverständlichkeit, das wechselseitige Bashing hat ein Ende.

e. eine *redimensionierte* Marktwirtschaft: Aus verschiedenen Gründen – der Notwendigkeit einer Postwachstumsökonomie; weil wir keine zeitarmen Arbeitssklaven sein wollen; weil das Leben mehr zu bieten hat, als in der »Erwerbsarbeit« Geld zu verdienen; und weil wir verschiedenen sinnvollen Tätigkeiten nachgehen wollen – wird die Regelarbeitszeit langsam und langfristig in Richtung zwanzig Wochenstunden zurückgehen. Gemeinsam mit den vier »Freijahren« gewinnen wir dadurch Zeit für Eigenarbeit, partielle Subsistenz, lokale Kooperationsnetzwerke und Geschenkökonomie. Diese werden vielleicht nicht den Kern der Wirtschaftsordnung von morgen bilden, aber jedenfalls einen höheren – politischen und rechtlichen – Stellenwert genießen als heute, wo ein Uniform-Modell immer weitere Teile unseres Lebens beherrscht.

Und selbst planerische Elemente fließen in die Gemeinwohl-Ökonomie ein: Unternehmen können gemeinsam Angebots- und Nachfrageschwankungen solidarisch bewältigen; der Markt wird etwas abgepuffert durch die gemeinsam abgestimmte Zusammenführung von Angebot und Nachfrage. Diese Form der Marktsteuerung ist allerdings dezentral und partizipativ und wird von privaten Unternehmen selbst vorgenommen (und nicht vom Staat). Wer sich daran beteiligt, wird belohnt. (Es gibt keinen Zwang, aber Anreize.) Das verringert die charakteristische Krisenanfälligkeit der kapitalistischen Marktwirtschaft.

Eine »echte« Planwirtschaft, die ohne Geld und Produktpreise auskommt, weil sie streng dem Prinzip der Bedürfnisorientierung folgt, könnte ebenfalls dezentral, partizipativ und demokratisch organisiert werden, umso leichter im Internet-Zeitalter.

Doch zu dieser Premiere ist es noch nicht gekommen. Zu sehr wird »Planwirtschaft« noch mit zentraler Steuerung und Diktatur kurzgeschlossen. Doch jede MarxistIn ist zu Recht gekränkt, wenn das, was in der ehemaligen UdSSR praktiziert wurde, mit den Idealen von Karl Marx verwechselt wird: Demokratie, Mitbestimmung und Menschenwürde. Wer Interesse hat, feiner ausgearbeitete Modelle dezentraler und demokratischer Planwirtschaften kennenzulernen, sei beispielhaft auf die »Parecon« von Michael Albert oder die »Bedürfnisorientierte Versorgungswirtschaft« von Albert Fresin verwiesen.[214]

Kurz, das Modell der Gemeinwohl-Ökonomie ist im Kern eine Marktwirtschaft, sie speist sich aber ergänzend aus allen bekannten ökonomischen Systemtypen oder gibt diesen mehr Raum als heute. Es sind ja weder alle nur schlecht, noch ist keines nur gut. Vielfalt ist auch hier das Leitprinzip.

Ist eine Gemeinwohl-Ökonomie global wettbewerbsfähig?

Unter den aktuellen »chrematistischen« (oft auch: neoliberalen) Rahmenbedingungen wie bedingungslos freier Kapitalverkehr, bedingungsloser Freihandel, Erfolgsmessung an monetären Erfolgsindikatoren: tendenziell nein. Unter »ökonomischen« Rahmenbedingungen wie Bindung des Kapitalverkehrs an Steuerkooperation, Finanzmarktaufsicht und Fusionskontrolle; ethischer Welthandel und Erfolgsmessung an nichtmonetären Erfolgsindikatoren: ja, sogar nur Gemeinwohl-Ökonomien und gemeinwohlorientierte Unternehmen und Investoren wären dann noch wettbewerbsfähig. Wohlgemerkt: Genauso wenig, wie die Wirtschaftswissenschaft eine Naturwissenschaft ist, genauso wenig sind bedingungsloser Kapitalverkehr, bedingungsloser Handel und vorrangige Erfolgsmessung mit monetären Indikatoren Naturgesetze. Insofern wäre zwar Freihandel eine Bedrohung einer »einzelnen« Gemeinwohl-Ökonomie. Doch Freihandel bedroht auch jetzt schon unsere liberalen Verfassungswerte und die darauf aufbauenden demokratischen Errungenschaften: Menschenrechte, Arbeitsrecht, soziale Sicherheit,

Gesundheitsvorsorge, Umweltschutz, Steuergerechtigkeit. Denn wenn die in einem Land erzeugten Produkte, die bestimmte arbeitsrechtliche, soziale, ökologische und Steuerstandards erfüllen, in freie Konkurrenz mit Produkten treten, die unter Verletzung aller dieser Standards erzeugt wurden, untergraben wir damit unsere Verfassungswerte und unsere demokratischen Errungenschaften. Freihandel ist Gesetzes- und Verfassungsbruch, wenn die miteinander Handelnden nicht die gleichen Voraussetzungen mitbringen und sich nicht auf einen gemeinsamen Rahmen für den Markt einigen. Genau das schlägt die Gemeinwohl-Ökonomie vor: freier Handel zwischen Gleichen – Ländern mit gleichen Standards – und Schutz vor Dumping aus Ländern mit geringeren Standards. Zum Schutz der demokratischen Errungenschaften und Verfassungswerte.[215]

Wird es in der Gemeinwohl-Ökonomie Wachstum geben?

Selbstverständlich: Wachstum des Gemeinwohls, der Lebensqualität, der Zufriedenheit … Ob das BIP wächst oder schrumpft, ist egal, dem wird kaum noch jemand Aufmerksamkeit schenken. Dessen Wachstum ist schlicht kein Ziel, weshalb das Interesse daran stark zurückgehen wird. Alles, was Ziel ist, wird unverändert gemessen, als Bestandteile des Gemeinwohl-Produkts: Beschäftigung, Sinnerfüllung, Deckung der Grundbedürfnisse, Zufriedenheit, Inklusion, Gerechtigkeit, Mitentscheidung … Alles Positive, was im BIP enthalten ist oder präziser: mit dem BIP berechtigter- oder unberechtigterweise assoziiert wird, ist im Gemeinwohl-Produkt enthalten. Die negativen Aspekte bleiben draußen. Zentraler Punkt: Das Gemeinwohl-Produkt wird nur dann steigen, wenn der absolute Ressourcenverbrauch zurückgeht – genau umgekehrt wie beim BIP!

Denn der effiziente Gebrauch von Naturressourcen und ihre Bewahrung sind Teil des neuen Ziels geworden. Das Gemeinwohl-Bilanz-Ergebnis ist umso besser:

- je weniger sinnlose Produkte ein Unternehmen erzeugt;

- je geringer der Ressourceneinsatz ist, der in der gesamten Wertschöpfungskette benötigt wird;
- je geringer die Umweltbelastung durch die Abfallprodukte ist;
- je vollständiger die verwendeten Ressourcen im Kreislauf geführt werden.

So entsteht eine Lenkungswirkung in Richtung Ressourceneffizienz, Recycling, Re-Use, Nullemission und Nullabfall: »cradle to cradle«. Diese Schraube wird so lange fester gezogen – die Mindeststandards, Gemeinwohl-Punkte und rechtlichen Anreize erhöht –, bis der volkswirtschaftliche Ressourcenverbrauch/Schadstoffausstoß absolut zurückgeht und sich auf global nachhaltigem Niveau einpendelt oder darunter sinkt.

Allerdings ersetzt die Gemeinwohl-Bilanz nicht alle anderen umweltpolitischen Instrumente, sondern verstärkt diese. Sinnvoll sind zusätzlich:

- ein globales politisches Ressourcenmanagement, das die Extraktion von Rohstoffen begrenzt und ihre Verteilung nach Gerechtigkeits- und Nachhaltigkeitskriterien organisiert;
- eine radikale Ökologisierung des Steuersystems; eine Studie von Joseph Stiglitz und Nicholas Stern im Auftrag der UNO schlägt eine globale Steuer von vierzig bis achtzig US-Dollar auf eine Tonne Kohlendioxyd bis 2020 und von fünfzig bis hundert US-Dollar bis 2030 vor, um das auf der COP21 in Paris im Dezember 2015 beschlossene Klimaschutzziel zu erreichen, nämlich die Erwärmung der Erdatmosphäre auf 1,5 Grad Celsius zu begrenzen.[216]
- Eine radikale Lösung wäre die Konversion von Naturverbrauch und biologischen Ressourcen in ein »ökologisches Menschenrecht«, das gleichzeitig zu einem Schutzrecht der Natur werden könnte. Die ersten beiden UN-Menschenrechts-Generationen, die im Zivilpakt (politische Menschenrechte) und Sozialpakt (wirtschaftliche, soziale und kulturelle Menschenrechte) festgeschrieben sind, könnten um einen Umweltpakt (ökologische Menschenrechte) der UNO ergänzt werden. Die Idee ist wie folgt: Der Planet Erde versorgt die Menschheit jährlich mit einem bestimmten Kontingent an erneuerbaren Rohstoffen und

»Ökosystemleistungen«. Dieses regelmäßige Geschenk von Mutter Erde könnte auf alle Menschen gleich verteilt werden, in Form eines global gültigen Pro-Kopf-Ressourcenverbrauchsbudgets. So wie wir es bereits geschafft haben, alle marktgängigen Waren und Dienstleistungen mit einem finanziellen Wert (= Preis) auszuzeichnen, könnten wir es ebenso mit ihrem ökologischen Wert oder eben »Preis« tun. Beim Einkauf wird gleich automatisch der finanzielle Preis vom Geldkonto abgebucht und der Umweltpreis vom Ökokonto. Das Ökokonto wird einmal jährlich aufgeladen – mit dem jährlichen Verbrauchsrecht eines Menschen. Wenn das Ökokonto leer ist, hat die betreffende Person keine ökologische Kaufkraft mehr – sie erhielte noch ein »ökologisches Hartz IV«, um nicht zu verhungern oder zu erfrieren, aber mit jedem ökologischen Luxus wäre es – in diesem Jahr – vorbei. Der große Vorteil dieses – liberalen – Ansatzes besteht darin, dass alle Menschen völlig frei sind, zu konsumieren, was sie wollen – sie müssen nur innerhalb der Leitplanke der global gerecht verteilten und nachhaltigen Verbrauchsrechte bleiben. (Analog bringt das gleiche Wahlrecht für alle Menschen nur exakt eine Stimme; wie diese verwendet wird, unterliegt hingegen der persönlichen Freiheit.) Unternehmen könnten dann theoretisch herstellen, was und wie sie es wollen – sie würden bloß keine AbnehmerInnen finden, wenn die Produkte und Dienstleistungen zu ressourcenintensiv sind, weil die dafür nötige ökologische Kaufkraft schlicht nicht vorhanden wäre. (Wenn Unternehmen Produkte nicht anbieten können, weil die finanzielle Kaufkraft dafür nicht vorhanden ist, empfindet das heute niemand als ungerecht – genauso wenig wie es jemand als ungerecht empfindet, dass er oder sie nur ein Stimmrecht bei politischen Wahlen erhält.) WissenschaftlerInnen haben verschiedene Ansätze ausgearbeitet, wie der Umweltverbrauch je Produkt gemessen werden kann: in »globalen Hektar«, CO_2-Äquivalenten oder Joule.[217] Eine ausreichend präzise und verlässliche ökologische Preisauszeichnung für Produkte ist eines der wichtigsten Forschungsprojekte aus der Sicht der Gemeinwohl-Ökonomie.

Einen ersten Aufschlag hat die Oxfam-Expertin Kate Raworth gemacht, mit dem »ökologischen Doughnut«.[218] Dieser besteht aus zwei »Limits«: der biologischen Grenze und der sozialen Grenze. Die biologische Grenze ist die oben beschriebene: was Mutter Erde der Menschheit Jahr für Jahr zur Verfügung stellt, ohne dass sich die Ökosysteme verschlechtern oder die Artenvielfalt zurückgeht. Die zweite ist die soziale Grenze, die anzeigt, welcher Umweltverbrauch – nach dem aktuellen Stand der Technologie – nötig ist, damit alle Menschen ihre Grundbedürfnisse befriedigen können. Zum Glück liegt die soziale Grenze in Raworths Modell *unter* der ökologischen. Das heißt, dass sich Gandhis Ausspruch »Die Welt hat genug für die (Grund-)Bedürfnisse aller Menschen, aber nicht für unsere Gier« auch heute, für 7,5 Milliarden Menschen, immer noch wissenschaftlich bewahrheitet. Der Abstand zwischen der sozialen und der ökologischen Grenze könnte als »Überschussreserve« bezeichnet werden. Der Verbrauch bis zur sozialen Grenze könnte als bedingungsloses, unverhandelbares und unveräußerliches Grundrecht definiert werden – das benötigen ja alle Menschen zur Deckung ihrer Grundbedürfnisse. Was darüber liegt, könnte hingegen zu einem handelbaren Verbrauchsrecht werden. So könnten die Armen denjenigen Teil, den sie nicht essenziell benötigen und für den ihnen ohnehin die finanzielle Kaufkraft fehlt, an vermögendere Menschen verkaufen, die dadurch in den Genuss einer »sanfteren Landung« von ihrem Überverbrauchsniveau kämen. Oder Genügsame könnten ihre Überschussreserve an die Vereinten Nationen oder andere internationale Organisationen spenden, damit diese sich international treffen können. Das Modell käme einer Ausweitung des kategorischen Imperativs ins Ökologische gleich: Wähle einen solchen Lebensstil, den alle Menschen nachahmen können, ohne dass dadurch die Freiheit unserer Kinder und Enkel, denselben Lebensstil zu wählen, eingeschränkt würde.

Eine wachsende Zahl von wissenschaftlichen Forschungen hat ergeben, dass ein Weniger an Ressourcenverbrauch und materiellem Konsum keine Verminderung an Lebensqualität und -komfort bedeuten muss[219], sondern eher im Gegenteil: Wenn die Flüsse, Seen, Wälder und Felder wieder Erholungswert bieten; wenn die

Wohnungen und Häuser infolge guter Dämmung, natürlicher Materialien und intelligenter Bauweise kein Öl und Gas benötigen (und die reichen Länder keine Ressourcenkriege führen); wenn die Möbel nach Naturholz duften und Augen wie bloßen Füßen schmeicheln; wenn die Lebensmittel nähren und mit Energie erfüllen; wenn alle wichtigen Tagesziele zu Fuß oder mit komfortablem öffentlichen Verkehr erreichbar sind; wenn das Arbeitsklima stressfrei, entspannt und wertschätzend ist; wenn die Armut und das Betteln von den Straßen und öffentlichen Plätzen verschwindet, weil alle im gesellschaftlichen und wirtschaftlichen Leben mit gleichen Chancen und Rechten integriert sind; wenn es keine Giga-Konzerne, Daten-Kraken und Finanz-Monster mehr gibt und die Demokratie so funktioniert, wie wir es in der Schule lernen; und wenn alle wissen, dass ihr Lebensstil Menschen in anderen Ländern der Erde und zukünftigen Generationen keine Existenz- und Entwicklungschancen raubt, dann lebt es sich schlicht und ergreifend besser!

Anhang 1: Zahlen & Fakten

Start der Bewegung:	6. Oktober 2010
Unterstützende Unternehmen:	2300 (45 Staaten)
Bilanz-Unternehmen:	ca. 500
Unterstützende Personen:	ca. 9000
Aktive Personen:	ca. 2000
Regionalgruppen/»Energiefelder«:	rund 150 in Europa, Nord- und Südamerika und Afrika
PionierInnen-Gruppen:	Unternehmen (Wirtschaft); Gemeinden (Politik), Schulen, Hochschulen, Universitäten (Kultur)
AkteurInnen-Kreise:	Wissenschaft und Forschung, RedakteurInnen, BeraterInnen, AuditorInnen, Gemeinde-BegleiterInnen, ReferentInnen, BotschafterInnen, Jugend und Bildung, Gewerkschaften und Betriebsräte
RechtsträgerInnen:	ca. dreißig Vereine auf lokaler, regionaler und nationaler Ebene von Schweden bis Chile; in Gründung: internationaler Verband
Internationale Website:	www.ecogood.org
Weitere Infos:	www.ethischerwelthandel.info www.mitgruenden.at www.christian-felber.at
Stand:	September 2017

Anhang 2: Mögliche Fragen an den demokratischen Wirtschaftskonvent

Wie beschrieben schlägt die Gemeinwohl-Ökonomie »kommunale Wirtschaftskonvente« vor, in denen die Grundsatzfragen der Wirtschaftsordnung partizipativ diskutiert und demokratisch abgestimmt werden sollen. Nach Durchführung der lokalen Konvente könnten ein Bundes- oder EU-Konvent konstituiert werden, der die Verfassung oder den Lissabon-Vertrag reformieren würde – konkret: in dieser/m einen »Wirtschaftsteil« auf wenigen Seiten ergänzen würde.

Der folgende erste Entwurf für einen Fragenteil für den demokratischen Wirtschaftskonvent soll helfen, den Prozess vorstell- und verstehbar zu machen (*Prozessschritt 1*).[220] Auf diesen aufbauend wird eine GWÖ-interne Arbeitsgruppe, die von der internationalen Delegiertenversammlung 2017 in Paris beauftragt wurde, einen Fragenteil für die GWÖ-Bewegung ausarbeiten, der vom GWÖ-Souverän online systemisch konsensiert werden wird (*Prozessschritt 2*). Danach wird die Positionierung der GWÖ-Bewegung zu den wichtigsten Grundsatzfragen der Wirtschaftsordnung feststehen, und wir können der Gesellschaft einen erprobten Prototyp für die Durchführung solcher Konvente anbieten (*Prozessschritt 3*). Wichtig: Die Fragen werden dabei keinem Konvent vorgegeben, dieser arbeitet selbst – auf Basis einer Rundum-Recherche und im Kontakt mit dem abstimmenden Souverän – die ihm am relevantesten erscheinenden Fragen und Alternativen aus, die dann abgestimmt werden.

Die hier exemplarisch aufbereiteten 32 Fragen sind in zehn Kapitel oder Eckpunkte der Wirtschaftsordnung untergliedert. Sie werden hier nicht näher erklärt, weil sie sich aus dem Inhalt dieses Buches ergeben. Im echten Konvent werden alle Fragen verständlich erklärt und mit einer ausgewogenen Liste von Für- und Wider-Argumenten ergänzt.

Für jede Alternative können 0 bis 10 Widerstandspunkte (WP) vergeben werden, einschließlich der »Passivlösung« = aktueller (gesetzlicher) Zustand: Bei jeder Frage besteht die Möglichkeit, den aktuellen Zustand zu belassen und keine Änderung vorzunehmen. 0 WP drücken den geringsten, 10 WP den höchsten Widerstand gegen einen Vorschlag aus. Bei der Auswertung werden die Widerstandspunkte aller TeilnehmerInnen gemittelt, es »gewinnen« die Vorschläge, die den geringsten Widerstand auslösen. Der vorliegende »Konvent« kann spielerisch auch in jeder Familie, NGO, in jedem Verein, Freundeskreis oder Unternehmen durchgeführt werden.

I. Werte, Ziele und Erfolgsmessung in der Wirtschaft

Frage 1:
Welches soll das *Oberziel des Wirtschaftens* sein?

1A (Passivlösung): Es gibt keine Klarheit über das Oberziel des Wirtschaftens. Die Politik strebt über die Steigerung des Bruttoinlandsprodukts und die Erhöhung der Wettbewerbsfähigkeit des Wirtschaftsstandorts die Schaffung von Arbeitsplätzen und Wohlstand an. **WP: ___ von 10**

1B (Alternative): Die Mehrung des *Kapitals* soll das Oberziel aller wirtschaftlichen Aktivitäten sein. Das Gemeinwohl soll ein Nebeneffekt eigenverantwortlichen Umgangs mit Eigentum sein. **WP: ___ von 10**

1C (Alternative): Die Mehrung des *Gemeinwohls* soll das Oberziel aller wirtschaftlichen Aktivitäten sein. Kapital und Geld sollen Mittel des Wirtschaftens sein. **WP: ___ von 10**

Frage 2:

Welche sollen die *Grundwerte des Wirtschaftens* sein?

2A **(Passivlösung):** Es gibt keine einheitlichen Grundwerte. Unternehmen sollen keine Rechenschaft über ihre ethischen Leistungen ablegen müssen. **WP: ___ von 10**

2B **(Alternative):** Unternehmen sollen über die Erfüllung des folgenden Werts Rechenschaft ablegen müssen:

2B1: Menschenwürde **WP: ___ von 10**

2B2: Gerechtigkeit **WP: ___ von 10**

2B3: Solidarität **WP: ___ von 10**

2B4: Nachhaltigkeit **WP: ___ von 10**

2B5: Transparenz und Mitentscheidung **WP: ___ von 10**

2B6: Freiheit **WP: ___ von 10**

Frage 3:

Woran soll *wirtschaftlicher Erfolg gemessen und überprüft* werden?

3A **(Passivlösung):** Wirtschaftlicher Erfolg soll nur bezüglich der Mittel gesetzlich geregelt gemessen und extern auditiert werden (Finanzbilanz). **WP: ___ von 10**

3B **(Alternative):** Wirtschaftlicher Erfolg soll nur bezüglich der Ziele und Werte gesetzlich geregelt gemessen und extern auditiert werden (Ethikbilanz). **WP: ___ von 10**

3C **(Alternative):** Wirtschaftlicher Erfolg soll bezüglich der Mittel und der Ziele/Werte gesetzlich geregelt gemessen und extern auditiert werden (Finanzbilanz und Ethikbilanz).

WP: ___ von 10

Frage 4:
Inwiefern sollen *ethische Leistungen belohnt* werden?

4A (Passivlösung): Unternehmen sollen, unabhängig von ihrer ethischen Leistung beim öffentlichen Auftrag, steuerlich oder im internationalen Handel gleich behandelt werden.
WP: ___ von 10

4B (Alternative): Unternehmen sollen, abhängig von ihrer ethischen Leistung, ungleich behandelt und belohnt werden über:

4B1: Vorrang im öffentlichen Einkauf	**WP: ___ von 10**
4B2: Differenzierte Steuersätze	**WP: ___ von 10**
4B3: Günstigere Kreditkonditionen	**WP: ___ von 10**
4B4: Öffentliche Förderungen	**WP: ___ von 10**
4B5: Differenzierte Zölle	**WP: ___ von 10**
4B6: Vorrang bei Forschungsprojekten	**WP: ___ von 10**

II. Wettbewerb, Wachstum und Gewinnverwendung

Frage 5:
Wie sollen *Kooperation und Kon(tra)kurrenz* am Markt organisiert werden?

5A (Passivlösung): Aggressive Formen des Gegeneinanders (z. B. feindliche Übernahmen, Sperrpatente, massenmediale Werbung) sollen erlaubt, Kooperation nicht belohnt werden.
WP: ___ von 10

5B (Alternative): Aggressive Formen des Gegeneinanders (z. B. feindliche Übernahmen, Sperrpatente, massenmediale Werbung) sollen negativ, Kooperation positiv angereizt werden. **WP: ___ von 10**

5C (Alternative): Aggressive Formen des Gegeneinanders (z. B. feindliche Übernahmen, Sperrpatente, massenmediale Werbung) sollen verboten, unkooperatives Verhalten leicht negativ angereizt, individuelle Kooperation leicht und systematische Kooperation stark positiv angereizt werden.

WP: ___ von 10

Frage 6:
Wofür sollen Unternehmen ihre *Gewinne verwenden* dürfen?

6A **(Passivlösung):** Die Verwendung von Gewinnen soll erlaubt sein für …

6A1: … unbegrenzte Barreserven und Rücklagen. **WP: ___ von 10**
6A2: … feindliche Übernahmen. **WP: ___ von 10**
6A3: … unbegrenzte Ausschüttungen. **WP: ___ von 10**
6A4: … Parteispenden. **WP: ___ von 10**

6B **(Alternative):** Gewinne sollen nicht verwendet werden dürfen für …

6B1: … unbegrenzte Barreserven und Rücklagen. **WP: ___ von 10**
6B2: … feindliche Übernahmen. **WP: ___ von 10**
6B3: … unbegrenzte Ausschüttungen. **WP: ___ von 10**
6B4: … Parteispenden. **WP: ___ von 10**

Frage 7:
Welche *Größe* sollen *Unternehmen* annehmen dürfen?

7A **(Passivlösung):** Unternehmen sollen grundsätzlich jede Größe annehmen dürfen. **WP: ___ von 10**

7B **(Alternative):** Unternehmen sollen ihre optimale Größe selbst definieren. **WP: ___ von 10**

7C **(Alternative):** Es soll für jede Branche eine Obergrenze für den Marktanteil eines Unternehmens definiert werden, bei deren Erreichen die Anti-Kartell-Behörde einschreitet. **WP: ___ von 10**

III. Eigentumsordnung

Frage 8:
Welche *Eigentumsformen* sollen erlaubt sein?

8A (Passivlösung): Staatseigentum soll die wichtigste Eigentumsform sein, Privateigentum nur sehr begrenzt erlaubt sein.
WP: ___ von 10

8B (Alternative): Privateigentum soll die wichtigste Eigentumsform sein, Staatseigentum auf ein Minimum reduziert werden.
WP: ___ von 10

8C (Alternative): Privates und öffentliches Eigentum sollen zugunsten von Gemeinschaftseigentum und Allmenden komplett verschwinden. **WP: ___ von 10**

8D (Alternative): Es soll eine Pluralität von Eigentumsformen geben: Privateigentum, öffentliches Eigentum, kollektives Eigentum, Gesellschaftseigentum, Allmenden, Nutzungsrechte und Nichteigentum. Für jede Eigentumsart sollen Begrenzungen (z.B. Obergrenze für Privateigentum) und Bedingungen (z.B. Erstellung einer Gemeinwohl-Bilanz) gelten. **WP: ___ von 10**

Frage 9:
Wie hoch soll *Obergrenze für Privateigentum* sein?

9A (Passivlösung): Die Aneignung von Privateigentum soll unbegrenzt erlaubt sein und vom Staat geschützt werden.
WP: ___ von 10

9B (Alternative): Die Aneignung von Privateigentum soll grundsätzlich verboten werden. **WP: ___ von 10**

9C (Alternative): Die Aneignung von Privateigentum soll erlaubt sein und vom Staat geschützt werden bis zu einer Höhe von …

9C1: … zehn Millionen Euro. **WP:___ von 10**

9C2: … fünfundzwanzig Millionen Euro. **WP:___ von 10**

9C3: … fünfzig Millionen Euro. **WP:___ von 10**

9C4: … hundert Millionen Euro. **WP:___ von 10**

9C5: … einer Milliarde Euro. **WP:___ von 10**

Frage 10:
Wie soll das *Erbrecht* organisiert sein?

10A (Passivlösung): Das Erbrecht soll uneingeschränkt gelten.
WP:___ von 10

10B (Alternative): Das Erbrecht soll komplett abgeschafft werden.
WP:___ von 10

10C (Alternative): Das Erbrecht soll begrenzt werden …

- **10Ca:** … bei *Privatvermögen* je Kind auf …

10Ca1: … eine halbe Million Euro. **WP:___ von 10**

10Ca2: … eine Million Euro. **WP:___ von 10**

10Ca3: … zwei Millionen Euro. **WP:___ von 10**

10Ca4: … drei Millionen Euro. **WP:___ von 10**

10Ca5: … fünf Millionen Euro. **WP:___ von 10**

10Ca6: … zehn Millionen Euro. **WP:___ von 10**

- **10Cb:** … bei *Unternehmensvermögen* auf …

10Cb1: … fünf Millionen Euro. **WP:___ von 10**

10Cb2: … zehn Millionen Euro. **WP:___ von 10**

10Cb3: … zwanzig Millionen Euro. **WP:___ von 10**

10Cb4: … fünfzig Millionen Euro. **WP:___ von 10**

- **10Cc:** Bei *Überschreitung der Erbrechtsgrenze* sollen Erbschaften verwendet werden für …
  10Cc1: … eine »demokratische Mitgift« für Menschen, die nichts erben. **WP:___ von 10**
  10Cc2: … die Deckung von Finanzierungslücken im Rentensystem. **WP:___ von 10**
  10Cc3: … den Ausbau der öffentlichen Infrastruktur. **WP:___ von 10**
  10Cc4: … Steuersenkungen. **WP:___ von 10**
  10Cc5: Darüber soll die Regierung entscheiden. **WP:___ von 10**

Frage 11:
Ab welcher Unternehmensgröße soll die *Kontrolle über das Eigentum am Unternehmen* an VertreterInnen der Beschäftigten, der KonsumentInnen, der Gesellschaft, des Planeten und zukünftiger Generationen abgegeben werden (z. B. beginnend mit einer Sperrminorität von 25 Prozent)?

11A (Passivlösung): Die EigentümerInnen können selbst entscheiden, ob sie Kontrolle über das Eigentum abgeben oder nicht. Wenn sie es wollen, dürfen sich die Produktionsmittel des Unternehmens unbegrenzt in den Händen Privater konzentrieren. **WP:___ von 10**

11B (Alternative): Ab einer Unternehmensgröße von …
11B1: … 100 Beschäftigten: **WP:___ von 10**
11B2: … 250 Beschäftigten: **WP:___ von 10**
11B3: … 500 Beschäftigten: **WP:___ von 10**
11B4: … 1000 Beschäftigten: **WP:___ von 10**
11B5: … 2500 Beschäftigten: **WP:___ von 10**
11B6: … 5000 Beschäftigten: **WP:___ von 10**

IV. Steuern und Kapitalverkehr

Frage 12:
Wie hoch sollen *Arbeits- und Kapitaleinkommen im Verhältnis* besteuert werden?

12A (Passivlösung): Kapitaleinkommen sollen niedriger besteuert werden als Arbeitseinkommen. **WP: ___ von 10**

12B (Alternative): Kapitaleinkommen und Arbeitseinkommen sollen gleich hoch besteuert werden. **WP: ___ von 10**

12C (Alternative): Kapitaleinkommen sollen höher besteuert werden als Arbeitseinkommen. **WP: ___ von 10**

Frage 13:
Wie soll die *Kapitalverkehrsfreiheit an Steuerkooperation bedingt* werden?

13A (Passivlösung): Der Kapitalverkehr soll bedingungslos frei sein (»Steuerwettbewerb«). **WP: ___ von 10**

13B (Alternative): Der Kapitalverkehr soll erst frei sein, wenn alle steuerrelevanten Daten erfasst und an die zuständigen Finanzbehörden übermittelt wurden (»Steuerkooperation«).
WP: ___ von 10

V. Ungleichheit und soziale Sicherheit

Frage 14:
Wie hoch soll der gesetzliche *Mindestlohn* sein?

14A (Passivlösung): Der Preis für menschliche Arbeit soll sich dort, wo es keine Tarifverträge gibt, auf Märkten frei bilden (»freie Marktwirtschaft«). **WP: ___ von 10**

14B (Alternative): Der Staat soll ein menschenwürdiges Mindesteinkommen garantieren (»soziale Marktwirtschaft«) – in der Höhe von:

14B1: 8 Euro netto pro Stunde: **WP: ___ von 10**
14B2: 9 Euro netto pro Stunde: **WP: ___ von 10**
14B3: 10 Euro netto pro Stunde: **WP: ___ von 10**
14B4: 11 Euro netto pro Stunde: **WP: ___ von 10**
14B5: 12 Euro netto pro Stunde: **WP: ___ von 10**
14B6: 50 Prozent des Medianeinkommens: **WP: ___ von 10**
14B7: 60 Prozent des Medianeinkommens: **WP: ___ von 10**
14B8: 70 Prozent des Medianeinkommens: **WP: ___ von 10**

Frage 15:
Wie hoch soll das *Höchsteinkommen* sein?

15A (Passivlösung): Das Höchsteinkommen soll nicht gesetzlich reguliert werden, sondern am freien Markt entstehen (»unbegrenzte Ungleichheit«). **WP: ___ von 10**

15B (Alternative): Das Höchsteinkommen soll begrenzt werden (»begrenzte Ungleichheit«) – auf das folgende Vielfache des Mindestlohnes:

15B1: Auf das Einfache – alle sollen gleich viel verdienen. **WP: ___ von 10**
15B2: Auf das Zweifache: **WP: ___ von 10**
15B3: Auf das Fünffache: **WP: ___ von 10**
15B4: Auf das Siebenfache: **WP: ___ von 10**
15B5: Auf das Zehnfache: **WP: ___ von 10**
15B6: Auf das Zwölffache: **WP: ___ von 10**
15B7: Auf das Zwanzigfache: **WP: ___ von 10**
15B8: Auf das Fünfzigfache: **WP: ___ von 10**
15B9: Auf das Hundertfache: **WP: ___ von 10**

Frage 16:

Wie soll *soziale Sicherheit* für alle gewährleistet werden?

16A (Passivlösung): Mit einem Arbeitslosengeld von 80 Prozent des Letzteinkommens für die ersten sechs Monate, einem Arbeitslosengeld in der Höhe des Mindestlohnes für die Monate sechs bis zwölf und danach einer Armutssicherung in der Höhe von 75 Prozent des Mindestlohnes **WP: ___ von 10**

16B (Alternative): Mit einem Arbeitslosengeld in der Höhe des Mindestlohnes für zwölf Monate und danach einer Armutssicherung in der Höhe von 75 Prozent des Mindestlohnes **WP: ___ von 10**

16C (Alternative): Mit einem Arbeitslosengeld von 80 Prozent des Letzteinkommens für die ersten sechs Monate, einem Arbeitslosengeld in der Höhe des Mindestlohnes für die Monate sechs bis zwölf und zusätzlich einem bedingungslosen Grundeinkommen in der Höhe von 75 Prozent des Mindestlohnes **WP: ___ von 10**

16D (Alternative): Mit einem Arbeitslosengeld in der Höhe des Mindestlohnes für zwölf Monate und zusätzlich einem bedingungslosen Grundeinkommen in der Höhe von 75 Prozent des Mindestlohnes **WP: ___ von 10**

16E (Alternative): Mit einem bedingungslosen Grundeinkommen in der Höhe des Mindestlohnes **WP: ___ von 10**

Frage 17:

Wie soll *soziale Sicherheit für Menschen, die nicht in der Lage sind zu arbeiten*, gewährleistet werden?

17A (Passivlösung): Das aktuelle System (in Deutschland) aus Hartz IV und Sozialhilfe soll beibehalten werden. **WP: ___ von 10**

17B (Alternative): Mit einem Solidaritätseinkommen in der Höhe des Mindestlohnes **WP: ___ von 10**

17C (Alternative): Mit einem Solidaritätseinkommen in der Höhe zwischen dem Mindestlohn und dem Medianeinkommen **WP: ___ von 10**

17D (Alternative): Mit einem Solidaritätseinkommen in der Höhe des Medianeinkommens **WP: ___ von 10**

Frage 18:
Welche *öffentlichen Güter und Dienstleistungen* soll der Staat anbieten?

18A Gesundheitssystem: **WP: ___ von 10**

18B Bildungssystem: **WP: ___ von 10**

18C Kinderbetreuung: **WP: ___ von 10**

18D Alterspflege: **WP: ___ von 10**

18E Öffentlichen Verkehr: **WP: ___ von 10**

18F Energieversorgung: **WP: ___ von 10**

18G Trinkwasserversorgung: **WP: ___ von 10**

18H Post: **WP: ___ von 10**

18I Internet: **WP: ___ von 10**

18J Telefon: **WP: ___ von 10**

VI. Arbeitszeit

Frage 19:
Wohin soll sich die *reguläre Arbeitszeit* in den nächsten zehn bis zwanzig Jahren entwickeln?

19A (Alternative): 50 Wochenstunden: **WP:___ von 10**

19B (Alternative): 45 Wochenstunden: **WP:___ von 10**

19C (Passivlösung): 40 Wochenstunden: **WP:___ von 10**

19D (Alternative): 35 Wochenstunden: **WP:___ von 10**

19E (Alternative): 30 Wochenstunden: **WP:___ von 10**

19F (Alternative): 25 Wochenstunden: **WP:___ von 10**

Frage 20:
Wie viele *Freijahre* sollen Menschen während der Dauer ihrer Erwerbsfähigkeit in Anspruch nehmen dürfen, um anderen Lebensinhalten wie Kunst, Fortbildung, Kindererziehung, Muße oder Spiritualität nachgehen zu können?

20A (Passivlösung): Menschen sollen während der gesamten Dauer ihrer Erwerbsfähigkeit auch erwerbstätig sein (ausgenommen Eltern- und Bildungskarenz). **WP:___ von 10**

20B (Alternative): Ein Freijahr pro Jahrzehnt Berufsleben **WP:___ von 10**

20C (Alternative): Ein Freijahr pro zwanzig Jahre Berufsleben **WP:___ von 10**

20D (Alternative): Ein Freijahr pro Berufsleben **WP:___ von 10**

VII. Ökologie

Frage 21:
In welchem *Verhältnis* soll die *Steuerlast des Faktors Arbeit zur Steuerlast des Faktors Umweltverbrauch* stehen?

21A (Passivlösung): Das aktuelle Verhältnis von rund fünf Prozent umweltrelevante Steuern und rund fünfzig Prozent arbeitsbezogene Steuern soll beibehalten werden (»Wachstumsgesellschaft«). **WP: ___ von 10**

21B (Alternative): Die umweltrelevanten Steuern sollen verringert werden, um das Produktionsmittel Rohstoffe so kostengünstig wie möglich zu halten. (»Turbowachstumsgesellschaft«). **WP: ___ von 10**

21C (Alternative): Der Anteil der umweltrelevanten Steuern soll in Richtung fünfzig Prozent ansteigen und die arbeitsbezogenen Steuern gegengleich gesenkt werden (»Postwachstumsgesellschaft«). **WP: ___ von 10**

Frage 22:
Wie soll das jährlich verfüg- und verbrauchbare *Geschenk des Planeten an Bioressourcen* in Form von *individuellen ökologischen Menschenrechten* verteilt werden?

22A (Passivlösung): Die gegenwärtige Generation soll leben und verbrauchen dürfen, wie es ihr gefällt. **WP: ___ von 10**

22B (Alternative): Für alle lebenden und noch nicht geborenen Menschen sollen die gleichen Rechte gelten. **WP: ___ von 10**

Frage 23:
Welche *(Schutz-)Rechte* sollen der *Natur* zugestanden werden?

23A (Passivlösung): Die Natur soll als Objekt betrachtet werden, über das der Mensch grundsätzlich verfügen darf (»anthropozentrischer Ansatz«). **WP:___ von 10**

23B (Alternative): Die Natur soll als unsere Lebensgrundlage betrachtet werden, die uns Menschen hervorgebracht hat. Die Grenzen des Planeten sollen daher von der Menschheit respektiert und eingehalten werden (»tiefenökologischer Ansatz«). **WP:___ von 10**

VIII. Geld- und Finanzsystem

Frage 24:
***Wer* soll das *Geld- und Finanzsystem gestalten*?**

24A (Passivlösung): Das Geld- und Finanzsystem soll von Regierungen und Parlamenten gestaltet werden. Sie sollen der Zentralbank die Ziele vorgeben und auch den Besetzungsmechanismus für ihre Organe festlegen (»Geld als privates Gut«). **WP:___ von 10**

24B (Alternative): Das Geld- und Finanzsystem soll demokratisch vom Souverän gestaltet werden. Dazu zählen öffentliche Zentralbanken, deren Ziele vom Souverän vorgegeben und deren Gremien nach Vorgabe des Souveräns besetzt werden sollen (»Geld als öffentliches Gut«). **WP:___ von 10**

Frage 25:
Wie soll die *Geldschöpfung* organisiert sein?

25A (Passivlösung): Zentralbanken sollen das Bargeld und Geschäftsbanken das Buchgeld (Giralgeld) schöpfen (»private Geldschöpfung«). **WP: ___ von 10**

25B (Alternative): Zentralbanken sollen das Bar- und das Buchgeld (Giralgeld) schöpfen (»Vollgeld«). **WP: ___ von 10**

Frage 26:
***Wie* sollen die *Banken organisiert* sein?**

26A (Passivlösung): Gewinnorientierte und gemeinwohlorientierte Banken sollen gleich behandelt werden. **WP: ___ von 10**

26B (Alternative): Gemeinwohlorientierte Banken sollen bevorzugt behandelt (Zugang zur Zentralbank, Geschäfte mit öffentlichen Gebietskörperschaften, Spareinlagensicherung) und gewinnorientierte in den freien Markt entlassen werden, einschließlich eines Verbots ihrer Rettung mit Steuergeld. **WP: ___ von 10**

26C (Alternative): Alle Banken sollen gemeinwohlorientiert sein. **WP: ___ von 10**

Frage 27:
Wofür sollen *Kredite* vergeben werden dürfen?

27A: (Passivlösung): Kredite sollen ohne Unterschied für Realinvestitionen und Finanzinvestitionen (z.B. zum Ankauf von Wertpapieren) vergeben werden dürfen. **WP: ___ von 10**

27B: (Alternative): Kredite sollen nur für Realinvestitionen vergeben werden dürfen. **WP: ___ von 10**

Frage 28:

Anhand *welcher Kriterien* sollen *Kreditprojekte geprüft* werden?

28A (Passivlösung): Kreditprojekte sollen nur einer finanziellen Bonitätsprüfung unterzogen werden. Nur bei positivem Ergebnis soll eine Kreditvergabe möglich sein.

WP: ___ von 10

28B (Alternative): Kreditprojekte sollen einer finanziellen und einer ethischen Bonitätsprüfung unterzogen werden. Nur bei positivem Ergebnis beider soll eine Kreditvergabe möglich sein.

WP: ___ von 10

IX. Handelsordnung

Frage 29:

Was soll das *Ziel der Handelspolitik* sein?

29A (Passivlösung): Handel soll eine absolute Wirtschaftsfreiheit sein und damit ein übergeordnetes Ziel, dem die Menschen- und Arbeitsrechte, Umweltschutz, soziale Sicherheit und Zusammenhalt unterzuordnen sind (»Freihandel«).

WP: ___ von 10

29B (Alternative): Internationale Arbeitsteilung und Handel sollen minimiert werden, Länder sollen ihre Grenzen für den Waren- und Dienstleistungsverkehr tendenziell schließen (»Protektionismus«).

WP: ___ von 10

29C (Alternative): Ziel der Handelspolitik soll sein, dass das eigene Land mehr exportiert als importiert (»Merkantilismus«).

WP: ___ von 10

29D (Alternative): Handel soll ein Mittel sein, das den Zielen Menschenrechte, Umweltschutz, gerechte Verteilung, sozialer

Zusammenhalt dient und diesen untergeordnet wird (»Ethischer Welthandel«). **WP: ___ von 10**

Frage 30:
Wie soll auf *unausgeglichene Handelsbilanzen* reagiert werden?

30A (Passivlösung): Abweichungen von ausgeglichenen Handelsbilanzen sollen nicht korrigiert werden – sie sind das Ergebnis des freien Kräftespiels auf den Märkten (»WTO-Ansatz«). **WP: ___ von 10**

30B (Alternative): Alle Staaten sollen sich zu ausgeglichenen Handelsbilanzen verpflichten, um die Weltwirtschaft im Gleichgewicht zu halten. Kleine und vorübergehende Abweichungen sollen toleriert werden, größere und längere Abweichungen progressiv sanktioniert – mit Zinsen, günstigen Krediten der Überschuss- an die Defizitländer oder der Aufwertung/Abwertung der Wechselkurse (»Keynes-Ansatz«). **WP: ___ von 10**

X. Schul- und Wirtschaftsbildung

Frage 31:
Welche *Inhalte* sollen in die *Lehrpläne wirtschaftsbildender Schulen und Bildungsrichtungen* integriert werden?

31A (Passivlösung): Das Bildungsministerium, das die Lehrpläne erstellt, soll eigenständig entscheiden, welche Inhalte die Lehrpläne beinhalten. **WP: ___ von 10**

31B (Alternative): Jede Schule bzw. Bildungseinrichtung soll für sich entscheiden, wie die Lehrpläne gestaltet sind. **WP: ___ von 10**

31C (Alternative): Folgende Inhalte sollen im Rahmen jeder wirtschaftlichen Ausbildung vermittelt werden:
31C1: Denken und Fühlen **WP: ___ von 10**

31C2: Philosophie und Ethik WP: ___ von 10
31C3: Ökologie und Nachhaltigkeit WP: ___ von 10
31C4: Politik und Demokratie WP: ___ von 10

Frage 32:
Welche *Werkzeuge der Persönlichkeitsentwicklung* sollen in die *Pflichtschulbildung* integriert werden?

32A (Passivlösung): Die Vermittlung von Werten und die Beziehung zu Gefühlen, Körper und Natur soll Aufgabe der Eltern sein.
WP: ___ von 10

32B (Alternative): Die Fachbildung soll auf einer humanistischen und holistischen Basis aufsetzen und folgende Werkzeuge integrieren:
32B1: Gefühlskunde WP: ___ von 10
32B2: Kommunikationskunde WP: ___ von 10
32B3: Wertekunde WP: ___ von 10
32B4: Demokratiekunde WP: ___ von 10
32B5: Naturerfahrung WP: ___ von 10
32B6: Körpersensibilisierung WP: ___ von 10
32B7: Manuelles Werken WP: ___ von 10

**** Ende des Fragebogens ****

Nochmal zur Sicherheit: In den echten Konventen werden alle Fragen und Alternativen erläutert und in ausgewogener Weise mit Pro- und Kontra-Argumenten unterfüttert. Die Ausarbeitung der Begleitinformation ist, neben der Entwicklung der Fragen und Alternativen, die Kernaufgabe des Konvents. Abgestimmt wird vom Souverän, der zudem aktiv in den Entwicklungsprozess einbezogen wird.

Bei der Endredaktion dieses Buches im September 2017 waren mehrere Gemeinden an der Durchführung eines Konvents interessiert, allerdings war noch keiner gestartet. Bleibt die Frage: In welcher Gemeinde, in welcher Stadt wird der erste Konvent stattfinden? Alle Menschen, die einen solchen »souveränen« Prozess wünschen, können mit gutem Beispiel vorausgehen und gemeinsam mit anderen eine Vision Realität werden lassen!

Anmerkungen

1 »Zukunftsinvestition Gemeinwohl. Landeshauptstadt mit vier Unternehmen deutschlandweit Vorreiter«, Pressemitteilung der Stadt Stuttgart, Bereich Wirtschaft, 28. August 2017.
2 EUROPÄISCHER WIRTSCHAFTS- UND SOZIALAUSSCHUSS (2015).
3 BERTELSMANN-STIFTUNG (2010).
4 DIERKSMEIER/PIRSON (2009).
5 HERRMANN (2017).
6 BAUER (2011), 39.
7 MANDEVILLE (1980).
8 SMITH (2005), 17.
9 SMITH (2010).
10 Oder die der »Vorsehung«, vgl. BRUNI/ZAMAGNI (2013), 108.
11 KOHN (1986/92).
12 »Die Menschheit selbst ist eine Würde; denn der Mensch kann von keinem Menschen (weder von anderen noch sogar von sich selbst) bloß als Mittel, sondern muß jederzeit zugleich als Zweck gebraucht werden und darin besteht eben seine Würde …« Immanuel Kant: Metaphysik der Sitten, Tugendlehre, § 38.
13 Zitiert in: BRUNI/ZAMAGNI (2013), 100.
14 Vgl. HERZOG (2013), 85.
15 HAYEK (2004), 22.
16 Der »Anerkennungspreis der schwedischen Reichsbank für die Wirtschaftswissenschaften im Gedenken an Alfred Nobel« wird erst seit 1969 verliehen und weder vom Nobelkomitee nominiert, noch von der Nobelstiftung finanziert. Gemeinsam mit den Nobelpreisen hat er den Zeitpunkt der Verleihung.
17 KOHN (1986/92), 205.
18 OXFAM INTERNATIONAL (2017), 2. Für die Berechnungen wurden die Daten der Forbes-Reichenliste verwendet sowie für die fünfzig Prozent das Credit Suisse Global Wealth Databook 2016.
19 Eigene Berechnung nach US Department of Labour. Der Mindestlohn wurde am 24. Juli 2009 auf 7,25 US-Dollar pro Stunde angehoben (www.dol.gov/whd/minimumwage.htm). Der bestbezahlte Hedgefonds-Manager, John Paulson, verdiente 2010 fünf Milliarden US-Dollar: *The Wall Street Journal*, 28. Januar 2011.
20 WILKINSON/PICKETT (2009), 68ff.
21 Deutscher Angst-Index der R+V Versicherung.

22 www.fao.org/news/story/en/item/45210/icode/ und http://www.fao.org/publications/sofi/2013/en/
23 WORLD RESOURCES INSTITUTE (2005), 1ff.
24 JACKSON (2011), 106.
25 FROMM (1992), 129.
26 FELBER (2006), (2008), (2009) und (2012).
27 Verfassung des Freistaates Bayern, Artikel 151.
28 Grundgesetz für die Bundesrepublik Deutschland, Artikel 14 (2).
29 Italienische Verfassung, Artikel 41.
30 Verfassung Kolumbiens, Artikel 333.
31 DIERKSMEIER/PIRSON (2009).
32 DIERKSMEIER (2016), 35.
33 Im Werk »Della pubblica felicità« von Ludovico Antonio Muratori von 1749, zitiert in: BRUNI/ZAMAGNI (2013), 86.
34 Timo Meynhardt: »Ohne Gemeinwohl keine Freiheit. Zur Psychologie des Gemeinwohls«, in: PAPIER/MEYNHARDT (2016), S. 174.
35 Vgl. MARX (1872), 31ff.
36 www.oecdbetterlifeindex.org/
37 Enquete-Kommission »Wachstum, Wohlstand, Lebensqualität – Wege zu nachhaltigem Wirtschaften und gesellschaftlichem Fortschritt in der Sozialen Marktwirtschaft« (2013), 28ff.
38 STIGLITZ/SEN/FITOUSSI (2009).
39 CENTRE FOR BHUTAN STUDIES AND GNH RESEARCH/ROYAL GOVERNMENT OF BHUTAN (2014).
40 CSR = corporate social responsibility = soziale Verantwortung von Unternehmen. S. FELBER (2008), 221–238.
41 VON AQUIN (1265–1273), Secunda Secundae, Quaestio 47, Articulus 10.
42 MISEREOR (2015), 8f.
43 DEUTSCHER BUNDESTAG (2016), 30ff.
44 Persönliche Information aus dem Umweltministerium.
45 UMWELTBUNDESAMT (2016), 6.
46 SCHULMEISTER (1995) und (2007).
47 Swissinfo, 7. Februar 2007.
48 Vgl. FELBER (2014), Kapitel IV: »Das Fundament: Geld als öffentliches Gut«, 47ff.
49 JAKOBS (2016), 669.
50 LORDON (2010).
51 REDAK/WEBER, 47.
52 BAKAN (2005), 13.
53 Neunte Verordnung der Bundesregierung zur Änderung der Außenwirtschaftsverordnung, 12. Juli 2017.

54 United States, Congress House (1973): *»Energy reorganization act of 1973: Hearings«, Ninety-third Congress, first session, on H.R. 11510*, 248.
55 *Wiener Zeitung*, 10. Juni 2008.
56 KOHR (1995), 43ff.
57 BAUER (2006), 166.
58 NOWAK/HIGHFIELD (2013), 17.
59 In meinem Buch »Ethischer Welthandel« habe ich dieses Modell detailliert ausgearbeitet, inklusive konkrete Umsetzungsvorschläge von der kommunalen Ebene aufwärts, s. FELBER (2017).
60 HÜCKSTÄDT (2012).
61 FELBER (2006), 68–88 und 236–256, sowie REIMON/FELBER (2003), 135–165.
62 FELBER (2014), Kapitel V. 9: »Sichere Renten«, 176ff.
63 Zitiert in: KLEIN (2008), 79.
64 »Nur Kapitalismus, der in sich Verantwortung bindet, hat Zukunft«, Interview im *Stern*, 15. Mai 2008.
65 HUBER (2010).
66 Frosti Sigurjónsson: »Monetary Reform – A better monetary system for Iceland«, Bericht im Auftrag des isländischen Premierministers, Reykjavík, März 2015.
67 http://positivemoney.org/2014/08/7-10-mps-dont-know-creates-money-uk/
68 HUBER (2010) und MAYER/HUBER (2014).
69 Etwas ausführlicher in: FELBER (2012), 73ff.
70 http://www.gabv.org/news/first-time-europe-law-recognizes-ethical-finance
71 KEYNES (1980).
72 Zhou Xiaochuan: »Reform the International Monetary System«, Essay zum G20-Gipfel in London, 23. März 2009.
73 STIGLITZ et al. (2009), 93.
74 Eine viel ausführlichere Diskussion des Geldsystems und grundlegender Reformen finden sich in: FELBER (2014).
75 »Lohndeckel für Glarner Kantonalbanker«, in: *Handelszeitung*, 11. Januar 2013.
76 CREUTZ (2008), 83.
77 GESELL (1998–2009).
78 KEYNES (1994), 298ff.
79 MARX (1872), 137 und 145f.
80 SCHULMEISTER (2010), 84ff.
81 SCHULMEISTER (2010), 87.
82 BRUNI/ZAMAGNI (2013), 62.

83 Zitiert in: MARX (1872), 146.
84 DALY (2014).
85 ATTAC ÖSTERREICH (2010).
86 Alle Infos zum »Projekt Bank für Gemeinwohl« gibt es unter: www.mitgruenden.at
87 MILL (1909), II.2.17.
88 Klaus Schwab forderte die Begrenzung der Differenz zwischen Managergehältern und den niedrigsten Einkommen auf den Faktor 1:20 oder 1:40. *Frankfurter Allgemeine Sonntagszeitung*, 20. Januar 2013.
89 Nach Thomas Piketty betrug die durchschnittliche reale Kapitalrendite in den letzten Jahrzehnten rund acht Prozent. PIKETTY (2014), 202, 435, 448.
90 »Der 100-Millionen-Euro-Mann«, in: *Der Spiegel* 04/2015.
91 WILKINSON/PICKETT (2009).
92 John Thornhill: »Income inequality seen as the great divide«, in: *Financial Times*, 19. Mai 2008.
93 *Stern*, 22. November 2007.
94 Bei der SK-Methode können mehrere Vorschläge gemeinsam abgestimmt werden; gemessen wird nicht die Zustimmung, sondern der Widerstand. Der Vorschlag, der den geringsten Widerstand erfährt, ist angenommen. Nähere Infos: www.sk-prinzip.eu
95 WILKINSON (2001), 300.
96 Das Mitbestimmungsgesetz sieht vor, dass der Aufsichtsrat paritätisch aus VertreterInnen der Kapital- und der ArbeitnehmerInnen-Seite zusammengesetzt sein muss. Im Falle einer Pattsituation zählt jedoch die Stimme des Vorsitzenden doppelt, womit die Kapitalseite die Belegschaftsvertretung überstimmen kann.
97 HERRMANN (2010), 167.
98 HARTMANN (2002) und »Zum Manager wird man geboren«, Interview mit Michael Hartmann, *Der Spiegel online*, 26. März 2003.
99 Inspiriert von Gil Ducommuns »Mündigkeitsmitgift«, in: DUCOMMUN (2005), 131ff.
100 Philip Faigle: »Rettet die Erbschaftssteuer«, *Zeit online*, 4. Dezember 2009; sowie: Postbank AG/BHW-Bausparkasse/26. Februar 2010.
101 Statistisches Bundesamt und Deutsche Bundesbank: Ergebnisse der Gesamtwirtschaftlichen Finanzierungsrechnung für Deutschland 1991 bis 2008, Statistische Sonderveröffentlichung 4, Frankfurt am Main, Juni 2009.
102 MILL (1909), V.2.14.
103 »The case for death duties. How to improve an unpopular tax«, *The Economist*, 25. Oktober 2007.

104 Pirmin Fessler/Peter Mooslechner/Martin Schürz/Karin Wagner: »Das Immobilienvermögen privater Haushalte in Österreich«, in: OeNB: Geldpolitik & Wirtschaft, Q2/09, 113–135; Martin Schürz/Beat Weber: »Die soziale Hängematte der Reichen«, MO 16/2009.

105 Zitiert in: Richard I. Kirkland Jr./Carrie Gottlieb: »Should You Leave It All to the Children?«, in: *Fortune*, 29. September 1986.

106 REIMON/FELBER (2003).

107 FELBER (2006), 257ff. und FELBER (2008), 304ff.

108 LEUBOLT (2006).

109 Nach österreichischem Recht wäre es möglich, der Natur einen Rechtssubjektstatus einzuräumen. De lege referenda: § 285b ABGB.

110 Verfassung Ecuadors, Art. 71–74, »Derechos de la naturaleza«. Vgl. ACOSTA (2016), 110ff.

111 http://natures-rights.org/

112 MILL (1909), II.2.21.

113 Deuteronium 25, 23. Zitiert in: DUCHROW/HINKELAMMERT (2002), 31.

114 ULRICH (2005), 9.

115 LAYARD (2009), 46.

116 NICKERSON/SCHWARZ/KAHNEMANN (2003).

117 *ORF online*, 4. Juni 2010.

118 BAUER (2011), 31.

119 BAUER (2008), 61.

120 »Die Mittelklasse irrt«, Interview in: *Die Zeit*, 26. März 2010.

121 *Die Zeit*, 12. Februar 2009.

122 GRUEN (1992).

123 HALLER (2006), BAKAN (2005), FROMM (1992), 146.

124 *Financial Times Deutschland*, 7. Mai 2007.

125 *Der Standard*, 19. September 2009.

126 Erhellend ist hier die »Gewaltfreie Kommunikation«, s. ROSENBERG (2003).

127 KÜNG (2010).

128 *Die Presse*, 4. Oktober 2009, 13. November 2010 und 22. Oktober 2011.

129 Gerhard Roth: »Das Gehirn und seine Wirklichkeit. Kognitive Neurobiologie und ihre philosophischen Konsequenzen«, Suhrkamp, Frankfurt am Main 1998.

130 Vgl. ARVAY (2015).

131 Verteidigungsminister Peter Struck in der Regierungserklärung, 11. März 2004.

132 Zum Thema etwa: »Repräsentation in der Krise«, *ApuZ* 40–42/2016, Zeitschrift der Bundeszentrale für Politische Bildung, 4. Oktober 2016.

133 www.lobbycontrol.de/blog
134 ADAMEK/OTTO (2008).
135 HERRMANN (2017).
136 www.insm.de
137 https://www.agenda-austria.at/ueber-uns/foerderkreis/
138 http://maplight.org/us-congress/bill/111-hr-977/359058/total-contributions; http://maplight.org/us-congress/bill/111-hr-1207/360297/total-contributions
139 GILENS/PAGE (2014), 564.
140 In Österreich verlängerte das Parlament 2007 eigenhändig die Wahlperiode von vier auf fünf Jahre.
141 Christian Felber: »Prädemokratie und der impotente Souverän«, in: *Der Standard*, 17. September 2013.
142 ROUSSEAU (2000), 93.
143 ROUSSEAU (2000), 81.
144 Die damalige österreichische Außenministerin Ursula Plassnik in der ORF-Pressestunde, 22. Oktober 2007.
145 Attac: »10 Prinzipien für einen Demokratischen Vertrag«: www.attac.at/eu-convention
146 *Der Spiegel* 35/2003.
147 Vgl. ACOSTA (2016).
148 EFLER/HÄFNER/HUBER/VOGEL (2008), 122.
149 LEDERER (2013).
150 Josef Pröll: »Projekt Österreich«, Rede des Finanzministers, 14. Oktober 2009, 27.
151 www.superfund.com/HP07/download/press/BP0209.pdf
152 http://ec.europa.eu/internal_market/finservices-retail/docs/capability/members_en.pdf
153 Vgl. BIESECKER/HOFMEISTER (2006).
154 www.mehr-demokratie.de, www.ig-eurovision.net, www.volksgesetzgebung-jetzt.at
155 MEHR DEMOKRATIE (2006), 16.
156 www.dirdemdi.org/de/images/media/Info-Zeitung.pdf
157 TIEFENBACH/NIERTH (2013).
158 *ARD Panorama*, 12. Mai 2005: http://daserste.ndr.de/panorama/media/euverfassung100.html
159 http://de.wikipedia.org/wiki/Kronen_Zeitung_-_Tag_für_Tag_ein_Boulevardstück
160 FORSA/*Stern.de*, 27. Dezember 2006.
161 CROUCH (2008).
162 HÄFNER (2009).

163 JEANTET (2010), 49.
164 www.luc.edu/faculty/dschwei
165 EXNER/KRATZWALD (2012), 110f.
166 www.semco.com.br/en
167 http://de.wikipedia.org/wiki/Ricardo_Semler
168 CECOSESOLA (2012) 10f.
169 CECOSESOLA (2012), 146–149.
170 www.sekem.com
171 www.goettindesgluecks.com
172 FELBER (2006), 165–184.
173 http://www2.oikopolis.lu/de/gemeinwohl/
174 www.newfarm.org/features/0104/csa-history/part1.shtml
175 Katharina Kraiß/Thomas van Elsen: »Community Supported Agriculture (CSA) in Deutschland«, in: *Lebendige Erden* 2/2008, 44–48.
176 www.agcensus.usda.gov/Publications/2007/Full_Report/Volume_1,_Chapter_2_US_State_Level/st99_2_044_044.pdf
177 www.buschberghof.de
178 www.bioparadeis.org
179 www.regionalwert-ag.de
180 www.gls.de
181 https://www.triodos.com
182 www.gemeinschaftsbank.ch
183 www.abs.ch
184 www.sparda-m.de
185 http://www.zum-wohl-aller.de/
186 https://www.ecogood.org/de/community/botschafterinnen/
187 http://www.gabv.org/
188 www.oikocredit.org/site/at
189 www.gugler.at, www.vonderwiegezurwiege.at
190 www.sonnentor.com
191 www.badblumauermanifest.com
192 https://www.grueneerde.com/de/blog/gesellschaftskritisch/gemeinwohl-oekonomie/gemeinwohloekonomie.html?7
193 www.zotter.at
194 www.ccss.jhu.edu/pdfs/CNP/CNP_At_a_glance.pdf
195 PROGNOS AG, *Spiegel online*, 19. November 2008.
196 VAUGHAN (2002).
197 FELBER (2014), 257ff.
198 http://ethischerwelthandel.info/engagieren/
199 http://www.uni-flensburg.de/nec/forschung/givun/

200 »Studierende der FH Münster erstellen Gemeinwohlbilanzen«, in: oekonews.at, 13. April 2017.

201 http://www.uv.es/uvweb/catedras-institucionales/es/relacion-catedras-institucionales/Economia-Bien-Comun-1286008062860.html

202 http://www.bhakwien22.at/Ausbildung/HAK/Hakexperience/tabid/268/Default.aspx

203 https://www.ecogood.org/de/gemeinwohl-bilanz/

204 LALOUX (2016).

205 »Das Gemeinwohl ist der Polarstern jedes gesellschaftlichen Engagements«, meinte Papst Franziskus in *análisis digital*, 5. April 2014.

206 www.ecogood.org

207 FELBER (2009), 134ff.

208 FRIEDMAN (2000), 105.

209 KOHN (1986/92), 92.

210 KOHN (1986/92), 49.

211 HAUGG (2009).

212 MAZZUCATO (2014).

213 OSTROM (2011) und HELFRICH/HEINRICH-BÖLL-STIFTUNG (2014).

214 ALBERT (2006), FRESIN (2005).

215 Vgl. FELBER (2017).

216 UNFCCC (2017), 3 und 50.

217 S. zum Beispiel AUBAUER (2011).

218 RAWORTH (2017).

219 Zum Beispiel JACKSON (2011) und HOLZINGER (2012).

220 Ich bedanke mich insbesondere bei Christian Kozina für das wertvolle Feedback und weiters bei Karl Schneider, Seraina Seyffer, Helmut Kähler, Gerd Hofielen, Marielle Rüppel und Manfred Kofranek.

Literatur

ACOSTA, Albert (2016): »Buen Vivir. Vom Recht auf ein gutes Leben«, oekom, 2. Auflage, München.

ADAMEK, Sascha/OTTO, Kim (2008): »Der gekaufte Staat. Wie Konzernvertreter in deutschen Ministerien sich ihre Gesetze selbst schreiben«, Kiepenheuer & Witsch, Köln.

AKADEMIE SOLIDARISCHE ÖKONOMIE (Hg.) (2014): »Das dienende Geld. Die Befreiung der Wirtschaft vom Wachstumszwang«, oekom, München.

ALBERT, Michael (2006): »Parecon. Leben nach dem Kapitalismus«, Trotzdem Verlag, Frankfurt am Main.

ALT, Franz/SPIEGEL, Peter (2009): »Gute Geschäfte. Humane Marktwirtschaft als Ausweg aus der Krise«, Aufbau-Verlag, Berlin.

ALTVATER, Elmar (2006): »Das Ende des Kapitalismus, wie wir ihn kennen. Eine radikale Kapitalismuskritik«, Westfälisches Dampfboot, Münster.

ARISTOTELES (1989): »Politik«, Reclam, Ditzingen.

ARVAY, Clemens G. (2015): »Der Biophilia-Effekt. Heilung aus dem Wald«, edition a, Wien.

AUBAUER, Hans Peter (2011): »Eine wirtschaftlich und sozial verträgliche Ressourcenwende«, in: Zeitschrift für Sozialökonomie, Nr. 170/171, Oktober 2011, S. 31–39.

BAKAN, Joel (2005): »The Corporation. The Pathological Pursuit of Profit and Power«, Free Press, New York.

BAUER, Joachim (2006): »Prinzip Menschlichkeit. Warum wir von Natur aus kooperieren«, Hoffmann und Campe, Hamburg.

BAUER, Joachim (2008): »Das kooperative Gen. Abschied vom Darwinismus«, Hoffmann und Campe, Hamburg.

BAUER, Joachim (2011): »Schmerzgrenze. Vom Ursprung alltäglicher und globaler Gewalt«, Blessing, München.

BIESECKER, Adelheid/HOFMEISTER, Sabine (2006): »Die Neuerfindung des Ökonomischen. Ein (re)produktionstheoretischer Beitrag zur Sozialökologischen Forschung«, oekom, München.

BOLLIER, David/HELFRICH, Silke (2013): »The Wealth of the Commmons: A World Beyond Market and State«, Levellers Press, Amherst.

BRODBECK, Karl-Heinz (2002): »Buddhistische Wirtschaftsethik. Eine vergleichende Einführung«, Shaker Verlag, Aachen.

BRUNI, Luigino/ZAMAGNI, Stefano (2013): »Zivilökonomie. Effizienz, Gerechtigkeit, Gemeinwohl«, Ferdinand Schöningh, Paderborn/München/Wien/Zürich.

CECOSESOLA (2012): »Auf dem Weg. Gelebte Utopie einer Kooperative in Venezuela«, Die Buchmacherei, Berlin.
CENTRE FOR BHUTAN STUDIES AND GNH RESEARCH/ROYAL GOVERNMENT OF BHUTAN (2014): »The Third Gross National Happiness Survey Questionnaire«, Thimphu.
CREUTZ, Helmut (2008): »Die 29 Irrtümer rund ums Geld«, Signum Wirtschaftsverlag, Sonderproduktion, Wien.
CROUCH, Colin (2008): »Postdemokratie«, Suhrkamp, Frankfurt am Main.
DALY, Herman E. (2014): »From Uneconomic Growth to Steady-State Economy«, Edward Elgar Publishing, Cheltenham (UK)/Northhampton (USA).
DALY, Herman E./COBB, John B. Jr (1994): »For the Common Good. Redirecting the Economy Toward Community, the Environment and a Sustainable Future«, Beacon Press, 2. aktualisierte und erweiterte Auflage, Boston.
DARWIN, Charles (1899): »Über die Entstehung der Arten durch natürliche Zuchtwahl oder die Erhaltung der begünstigten Rassen im Kampfe um's Dasein«, E. Schweizerbart'sche Verlagshandlung, 9. Auflage, Stuttgart.
DEUTSCHE BUNDESREGIERUNG (2016): »Entwurf eines Gesetzes zur Stärkung der nichtfinanziellen Berichterstattung der Unternehmen in ihren Lage- und Konzernlageberichten (CSR-Richtlinie-Umsetzungsgesetz)«, Berlin.
DEUTSCHER BUNDESTAG (2016): »Schriftliche Fragen mit den in der Woche vom 4. April eingegangenen Antworten der Bundesregierung«, Drucksache 18/8052, 8. April 2016.
DIERKSMEIER, Claus (2016): »Reframing Economic Ethics. The Philosophical Fundament of Humanistic Ethics«, Palgrave Macmillan, Cham.
DIERKSMEIER, Claus/PIRSON, Michael (2009): »Oikonomia Versus Chrematistike«, Learning from Aristotle About the Future Orientation of Business Management, Journal of Business Ethics (2009) 88:417–430.
DITTMAR, Vivian (2014): »Gefühle & Emotionen. Eine Gebrauchsanweisung«, Verlag V. C. S. Dittmar, München.
DUCHROW, Ulrich (2013): »Gieriges Geld. Auswege aus der Kapitalismusfalle. Befreiungstheologische Perspektiven«, Kösel-Verlag, München.
DUCHROW, Ulrich/BIANCHI, Reinhard/KRÜGER, René/PETRACCA, Vicenzo (2006): »Solidarisch Mensch werden. Psychische und soziale Destruktion im Neoliberalismus – Wege zu ihrer Überwindung«, VSA, Hamburg.
DUCHROW, Ulrich/HINKELAMMERT, Franz Josef (2002): »Leben ist mehr als Kapital. Alternativen zur globalen Diktatur des Eigentums«, Publik-Forum, Oberursel.

DUCOMMUN, Gil (2005): »Nach dem Kapitalismus. Wirtschaftsordnung einer integralen Gesellschaft«, Verlag Via Nova, Petersberg.

EFLER, Michael/HÄFNER, Gerald/HUBER, Roman/VOGEL, Percy (2008): »Europa: nicht ohne uns! Abwege und Auswege der Demokratie in der Europäischen Union«, VSA, Hamburg.

EISENSTEIN, Charles (2013): »Ökonomie der Verbundenheit. Wie das Geld die Welt an den Abgrund führte – und sie dennoch jetzt retten kann«, Skorpio, Berlin-München.

EUROPÄISCHER WIRTSCHAFTS- UND SOZIALAUSSCHUSS (2015): »The Economy for the Common Good: a sustainable economic model geared towards social cohesion«, ECO/378, Brüssel, 17. September 2015.

EXNER, Andreas/KRATZWALD, Brigitte (2012): Solidarische Ökonomie & Commons, Mandelbaum, Wien.

FELBER, Christian (2006): »50 Vorschläge für eine gerechtere Welt. Gegen Konzernmacht und Kapitalismus«, Deuticke, Wien.

FELBER, Christian (2008): »Neue Werte für die Wirtschaft. Eine Alternative zu Kommunismus und Kapitalismus«, Deuticke, Wien.

FELBER, Christian (2009): »Kooperation statt Konkurrenz. 10 Schritte aus der Krise«, Deuticke, Wien.

FELBER, Christian (2012): »Retten wir den Euro!«, Deuticke, Wien.

FELBER, Christian (2014): »Geld. Die neuen Spielregeln«, Deuticke, Wien.

FELBER, Christian (2017): »Ethischer Welthandel. Alternativen zu TTIP, WTO & Co«, Deuticke, Wien.

FRESIN, Albert (2005): »Die bedürfnisorientierte Versorgungswirtschaft. Eine Alternative zur Marktwirtschaft«, Peter Lang, Frankfurt am Main.

FRIEDMAN, Milton (2006): »Kapitalismus und Freiheit«, Piper Taschenbuch, 3. Auflage, München/Zürich.

FRIEDMAN, Thomas L. (2000): »The Golden Straitjacket«, in: »The Lexus and the Olive Tree«, NY Anchor Books, New York, S. 101–111.

FROMM, Erich (1992): »Haben oder Sein. Die seelischen Grundlagen einer neuen Gesellschaft«, dtv, München.

GALLUP (2013): »State of the American Workplace 2013«, Washington, DC.

GEHMACHER, Ernst/KROISMAYR, Sigrid/NEUMÜLLER, Josef/SCHUSTER, Martina (Hg.) (2006): »Sozialkapital. Neue Zugänge zu gesellschaftlichen Kräften«, Mandelbaum, Wien.

GESELL, Silvio (1988–2009): »Die natürliche Wirtschaftsordnung durch Freiland und Freigeld«, gesammelte Werke, Verlag für Sozialökonomie, Kiel.

GIEGOLD, Sven/EMBSHOFF, Dagmar (2008): »Solidarische Ökonomie im globalisierten Kapitalismus«, VSA, Hamburg.

GILENS, Martin/PAGE, Benjamin I. (2014): »Testing Theories of American Politics: Elites, Interest Groups, and Average Citizens«, in: Perspectives on Politics, Vol. 12/No. 3, September 2014, S. 564–581.

GOTTWALD, Franz-Theo/KLEPSCH, Andrea (1995): »Tiefenökologie. Wie wir in Zukunft leben wollen«, Diederichs, München.

GROLL, Franz (2009): »Von der Finanzkrise zur solidarischen Gesellschaft. Visionen für eine zukunftsfähige Wirtschaftsordnung«, VSA, Hamburg.

GRUEN, Arno (1992): »Der Verrat am Selbst. Die Angst vor Autonomie bei Mann und Frau«, dtv, 7. Auflage, München.

GRUEN, Arno (2005): »Der Verlust des Mitgefühls. Über die Politik der Gleichgültigkeit«, dtv, 6. Auflage, München.

HÄFNER, Gerald (2009): »Das Potenzial Direkter Demokratie. Durch Beteiligung der BürgerInnen zu besseren politischen Entscheidungen«, Vortrag im Haus der Musik, Wien, 12. November 2009. Zum Nachbetrachten: http://vimeo.com/7617007

HALLER, Reinhard (2006): Interview in: Der Standard, 23. Dezember 2006.

HARTMANN, Michael (2002): »Der Mythos von den Leistungseliten. Spitzenkarrieren und soziale Herkunft in Wirtschaft, Politik, Justiz und Wissenschaft«, Campus, Frankfurt am Main.

HAUG, Frigga (2009): »Die Vier-in-einem-Perspektive. Eine Utopie von Frauen, die eine Utopie für alle ist«, veröffentlicht im Internet: www.vier-in-einem.de/

HAYEK, Friedrich August (2004): »Der Weg zur Knechtschaft«, Deutsche Reader's-Digest-Ausgabe, Friedrich August von Hayek Institut, Wien.

HAYEK, Friedrich August (2005): »Die Verfassung der Freiheit«, Mohr Siebeck, 4. Auflage, Tübingen.

HELFRICH, Silke/HEINRICH-BÖLL-STIFTUNG (2014): »Commons. Für eine neue Politik jenseits von Markt und Staat«, transkript, 2. Auflage, Bielefeld.

HERRMANN, Ulrike (2010): »Hurra, wir dürfen zahlen. Der Selbstbetrug der Mittelschicht«, Westend, Frankfurt am Main.

HERRMANN, Ulrike (2016): »Kein Kapitalismus ist auch keine Lösung. Die Krise der heutigen Ökonomie oder Was wir von Smith, Marx und Keynes lernen können«, Westend, Frankfurt am Main.

HERRMANN, Ulrike (2017): »Ein Preis, der nicht nobel ist«, in: taz, 22. August 2017.

HERZOG, Lisa (2013): »Feiheit gehört nicht nur den Reichen. Plädoyer für einen zeitgemäßen Liberalismus«, C.H. Beck, München.

HOLZINGER, Hans (2012): »Neuer Wohlstand. Leben und Wirtschaften auf einem begrenzten Planeten«, Robert-Jungk-Bibliothek für Zukunftsfragen, Salzburg.

HOLZINGER, Hans/ROBERT-JUNGK-BIBLIOTHEK FÜR ZUKUNFTSFRAGEN (2010): »Wirtschaften jenseits von Wachstum? Befunde und Ausblicke«, Zukunftsdossier Nr. 1, Lebensministerium, Wien.

HOPKINS, Rob (2014): »Einfach. Jetzt. Machen. Wie wir unsere Zukunft selbst in die Hand nehmen«, oekom, München.

HUBER, Joseph (2010): »Monetäre Modernisierung. Zur Zukunft der Geldordnung«, Metropolis-Verlag, Marburg.

HUBER, Joseph/ROBERTSON, James (2008): »Geldschöpfung in öffentlicher Hand. Wege zu einer gerechteren Geldordnung im Informationszeitalter«, Verlag für Soziale Ökonomie, Kiel.

HÜCKSTÄDT, Bernd (2012): »Gradido. Natürliche Ökonomie des Lebens. Ein Weg zu weltweitem Wohlstand und Frieden in Harmonie mit der Natur«, Institut für Wirtschafts-Bionik, Künzelsau.

JACKSON, Tim (2011): »Wohlstand ohne Wachstum«, oekom, München.

JAKOBS, Hans-Jürgen (2016): »Wem gehört die Welt? Die Machtverhältnisse im globalen Kapitalismus«, Knaus, München.

JEANTET, Thierry (2010): »Economie sociale. Eine Alternative zum Kapitalismus«, AG SPAK Bücher, Neu-Ulm.

KANT, Immanuel (1977): »Grundlegung zur Metaphysik der Sitten«, Werke in 12 Bänden, Suhrkamp, Frankfurt am Main.

KASSER, Tim/COHN, Steve/KANNER, Allen/RYAN, Richard (2007): »Some costs of American corporate capitalism: A psychological exploration of value and goal conflicts«, Psychological Inquiry 18, S. 1–22.

KEYNES, John Maynard (1980): »Vorschläge für eine International Clearing Union/Union für den internationalen Zahlungsverkehr«, in: Collected Writings, Vol. 25 – Activities 1940–1944, Cambridge 1980, S. 168–195. Die hier verwendete deutsche Übersetzung von Werner Liedke erschien in: Stefan Leber (Hg.): »Wesen und Funktion des Geldes«, Freies Geistesleben, Stuttgart 1989, S. 325–349.

KEYNES, John Maynard (1994): »Allgemeine Theorie der Beschäftigung, des Zinses und des Geldes«, Übersetzung: Fritz Waeger, 7. Auflage, unveränderter Nachdruck der 1936 erschienenen 1. Auflage, Duncker & Humblot, Berlin.

KLEIN, Michael (2008): »Bankier der Barmherzigkeit: Friedrich Wilhelm Raiffeisen. Das Leben des Genossenschaftsgründers in Texten und Bildern«, Sonder-Edition für Mit.Einander NÖ, Aussaat Verlag, Neukirchen-Vluyn.

KLIMENTA, Harald (2006): »Das Gesellschaftswunder. Wie wir Gewinner des Wandels werden«, Aufbau-Verlag, Berlin.

KNOFLACHER, Hermann: »Zähmung des Kapitalismus? Warum wir die Religionen brauchen«, in: Hermann Knoflacher/Klaus Woltron/

Agnieszka Rosik-Kölbl (Hg.): »Kapitalismus gezähmt? Weltreligionen und Kapitalismus«, echomedia, Wien 2006, S. 40–69.
KNOFLACHER, Hermann/WOLTRON, Klaus/ROSIK-KÖLBL, Agnieszka (Hg.) (2006): »Kapitalismus gezähmt? Weltreligionen und Kapitalismus«, echomedia, Wien.
KOHN, Alfie (1986/92): »No Contest. The Case against Competition. Why we lose in our race to win«, Houghton Mifflin Company, Boston/New York.
KOHR, Leopold (1995): »Small is beautiful. Ausgewählte Schriften aus dem Gesamtwerk«, Deuticke, Wien.
KORTEN, David C. (1995): »When Corporations Rule the World«, Kumarian Press/Berrett-Koehler Publishers, West Hartford/San Francisco.
KÜNG, Hans (2010): »Projekt Weltethos«, Piper, München.
KURZ, Robert (2000): »Marx lesen. Die wichtigsten Texte von Karl Marx für das 21. Jahrhundert«, Eichborn, Frankfurt am Main.
KURZ, Robert (2005): »Schwarzbuch Kapitalismus. Ein Abgesang auf die Marktwirtschaft«, Ullstein Taschenbuch, 4. Auflage, Berlin.
KYMLICKA, Will (1997): »Politische Philosophie heute. Eine Einführung«, Campus, Studienausgabe, Frankfurt/New York.
LALOUX, Frederic (2016): »Reinventing Organizations visuell: Ein illustrierter Leitfaden sinnstiftender Formen der Zusammenarbeit«, Vahlen, München.
LATOUCHE, Serge (2007): »Petit traité de la décroissance sereine«, Mille et une Nuits, Paris.
LAYARD, Richard (2009): »Die glückliche Gesellschaft. Was wir aus der Glücksforschung lernen können«, Campus, Frankfurt/New York.
LEDERER, Michael (2013): »Vorarlberg verankert erstmals in Europa partizipative Demokratie in der Landesverfassung«, Büro für Zukunftsfragen der Landesregierung Vorarlberg.
LEUBOLT, Bernhard (2006): »Staat als Gemeinwesen. Das partizipative Budget in Rio Grande do Sul und Porto Alegre«, LIT-Verlag, Reihe Investigaciones: Forschungen zu Lateinamerika, Band 8, Wien.
LORDON, Frédéric (2010): »Ein Würfelbecher namens Börse. Alle halten Aktienmärkte für nützlich und unentbehrlich, aber das ist ein Mythos«, in: Le Monde diplomatique, 16. Februar 2010.
MADÖRIN, Mascha (2007): »Neoliberalismus und die Re-Organisation der Care-Ökonomie«, in: Jahrbuch Denknetz 2007, S. 141–162.
MANDEVILLE, Bernard (1980): »Die Bienenfabel oder Private Laster, öffentliche Vorteile«, suhrkamp taschenbuch wissenschaft, Frankfurt am Main.
MARTÍNEZ-ALIER, Joan/OLIVERES, Arcadi (2010): »¿Quién debe a quién? Deuda ecológica y deuda externa«, Icaria, Barcelona.

MARX, Karl (1872): »Das Kapital. Kritik der politischen Ökonomie«, Voltmedia, ungekürzte Ausgabe nach der 2. Auflage von 1872, Paderborn.
MAYER, Thomas/HUBER, Roman (2014): »Vollgeld. Das Geldsystem der Zukunft«, Tectum, Marburg.
MAZZUCATO, Mariana (2014): »Das Kapital des Staates. Eine andere Geschichte von Innovation und Wachstum«, Kunstmann, München.
MEHR DEMOKRATIE (2006): »Praxis, Tipps + Argumente 2006«, Broschüre, 6. Auflage, München.
MIES, Maria/SHIVA, Vandana (1995): »Ökofeminismus. Beiträge zur Praxis und Theorie«, Rotpunktverlag, Zürich.
MILL, John Stuart (1909): »Principles of Political Economy with some of their Applications to Social Philosophy«, Longmans, Green & Co., London.
MISEREOR (Hg.) (2015): »Weltgemeinwohl. Globale Entwicklung in sozialer und ökologischer Verantwortung. Ein interkulturelles Dialogprojekt 2012 – 2015«, Systematische Zusammenfassung eines gemeinsamen Projekts des kirchlichen Entwicklungshilfswerks MISEREOR (Aachen) und des Instituts für Gesellschaftspolitik IGP (München).
NAGEL, Bernhard (2007): »Wettbewerb und Rechtsordnung«, Abschiedsvorlesung an der Gesamthochschule Kassel, 1. Februar 2007: www.nachdenkseiten.de/?p=2109
NICKERSON, Carol/SCHWARZ, Norbert/KAHNEMANN, Daniel (2003): »Zeroing in on the Dark Side of the American Dream: A Closer Look at the Negative Consequences of the Goal for Financial Success«, in: Psychological Science, Vol. 14, No. 6, November 2003, S. 531–536.
NORBERG, Johan (2003): »Das kapitalistische Manifest. Warum allein die globalisierte Marktwirtschaft den Wohlstand der Menschheit sichert«, Eichborn, Frankfurt am Main.
NOWAK, Martin A./HIGHFIELD, Roger (2013): »Kooperative Intelligenz. Das Erfolgsgeheimnis der Evolution«, C.H. Beck, München.
OSTROM, Elinor (2011): »Was mehr wird, wenn wir teilen. Vom gesellschaftlichen Wert der Gemeingüter«, oekom, München.
OXFAM INTERNATIONAL (2017): »An Economy for the 99%«, Oxfam Briefing Paper, Oxford, Januar 2017.
PAECH, Niko (2012): »Befreiung vom Überfluss. Auf dem Weg in die Postwachstumsökonomie«, oekom, München.
PAPIER, Hans-Jürgen/MEYNHARDT, Timo (Hg.) (2016): »Freiheit und Gemeinwohl. Ewige Gegensätze oder zwei Seiten einer Medaille?«, Universität St. Gallen.
PIKETTY, Thomas (2014): »Capital in the 21st Century«, The Belkap Press of Harvard University Press, Cambridge (USA)/London.

PIRSON, Michael (2017): »Humanistic Management. Protecting Dignity and Promoting Well-Being«, Cambridge University Press.

RAWORTH, Kate (2017): »Doughnut Economics. Seven Ways to Think like a 21st-Century Economist«, Random House Business, New York.

REDAK, Vanessa/WEBER, Beat (2000): »Börse«, Rotbuch Verlag, Hamburg.

REICH, Robert (2008): »Superkapitalismus. Wie die Wirtschaft unsere Demokratie untergräbt«, Campus, Frankfurt am Main.

REIMON, Michel/FELBER, Christian (2003): »Schwarzbuch Privatisierung. Wasser, Schulen, Krankenhäuser – Was opfern wir dem freien Markt?«, Ueberreuter, Wien.

RIFKIN, Jeremy (2006): »Der Europäische Traum. Die Vision einer leisen Supermacht«, Fischer Taschenbuch, Frankfurt am Main.

ROBERTSON James (2012): »Future Money. Breakdown or Breakthrough?«, green books, Totnes.

ROSENBERG, Marshall B. (2003): »Gewaltfreie Kommunikation. Aufrichtig und einfühlsam miteinander sprechen«, Jungfermann Verlag, 4. Auflage, Paderborn.

ROUSSEAU, Jean-Jacques (2000): »Vom Gesellschaftsvertrag oder Die Grundlagen des politischen Rechts«, Insel Taschenbuch, Frankfurt am Main.

SCHÖNBORN, Christoph (2006a): »Referat zu Weltreligionen und Kapitalismus«, in: Hermann Knoflacher/Klaus Woltron/Agnieszka Rosik-Kölbl (Hg.): »Kapitalismus gezähmt? Weltreligionen und Kapitalismus«, echomedia, Wien 2006, S. 18–24.

SCHÖNBORN, Christoph (2006b): »Gott und der freie Markt«, in: Wiener Zeitung, 22. Dezember 2006.

SCHULMEISTER, Stephan (1995): »Zinssatz, Wachstumsrate und Staatsverschuldung«, WIFO-Monatsberichte 3/95, S. 165–180.

SCHULMEISTER, Stephan (2007): »Finanzspekulation, Arbeitslosigkeit und Staatsverschuldung«, Intervention 1/2007, S. 73–97.

SCHULMEISTER, Stephan (2010): »Mitten in der großen Krise. Ein ›New Deal‹ für Europa«, Wiener Vorlesung, Picus Verlag, Wien.

SEMLER, Ricardo (1993): »Das SEMCO-System. Management ohne Manager«, Heyne, Dresden.

SEN, Amartya (2002): »Ökonomie für den Menschen. Wege zu Gerechtigkeit und Solidarität in der Marktwirtschaft«, dtv, München.

SIKORA, Joachim (2001): »Vision einer Gemeinwohl-Ökonomie – auf der Grundlage einer komplementären Zeit-Währung«, Katholisch-Soziales Institut der Erzdiözese Köln, Bad Honnef.

SLIWKA, Manfred (2005): »Denkschule Evolution. Führungsintelligenz und

Führungsverantwortung in Wirtschaft, Politik und Gesellschaft«, Books on Demand, Norderstedt.
SMITH, Adam (2005): »Der Wohlstand der Nationen«, dtv, München.
SMITH, Adam (2010): »Theorie der ethischen Gefühle«, F. Meiner, Hamburg.
STEINDL-RAST, David (2005): »Die Achtsamkeit des Herzens«, Herder, Freiburg.
STIGLITZ, Joseph (2006): »Die Chancen der Globalisierung«, Siedler, München.
STIGLITZ, Josef et al. (2009): »Report of the Commission of Experts of the President of the United Nations General Assembly on Reforms of the International Monetary and Financial System«, Zwischenbericht (Anfang Juni 2009) für die UN-Konferenz 24.–26. Juni 2009.
STIGLITZ, Joseph/SEN, Amartya/FITOUSSI, Jean-Paul (2009): »Report by the Commission on the Measurement of Economic Performance and Social Progress«, Paris, 14. September 2009.
TIEFENBACH, Paul/NIERTH, Claudine (2013): »Alle Macht dem Volke? Warum Argumente gegen Volksentscheide meistens falsch sind«, VSA, Hamburg.
ULRICH, Peter (2005): »Zivilisierte Marktwirtschaft. Eine wirtschaftsethische Orientierung«, Herder, Freiburg.
UMWELTBUNDESAMT (2017): »Umweltschädliche Subventionen in Deutschland 2016«, Broschüre, Dessau-Roßlau.
UNDP (1999): »Bericht über die menschliche Entwicklung 1999«, New York.
UNDP (2005): »Human Development Report 2005«, summary, New York: http://hdr.undp.org/reports/global/2005/pdf/hdr05_summary.pdf
UNFCCC (2017): »Report of the High-Level Commission on Carbon Prices«.
VAUGHAN, Genevieve (2002): »For-Giving. A Feminist Criticism of Exchange«, Plain View Press/Anomaly Press, Austin.
VON AQUIN, Thomas (1265–1273): »Summa theologica«, Venedig.
VON LÜPKE, Geseko (2003): »Politik des Herzens. Nachhaltige Konzepte für das 21. Jahrhundert. Gespräche mit den Weisen unserer Zeit«, Arun, Engerda.
VON WEIZSÄCKER, Ernst Ulrich/YOUNG, Oran R./FINGER, Matthias (Hg.) (2006): »Grenzen der Privatisierung. Wann ist des Guten zu viel?«, Bericht an den Club of Rome, Hirzel, Stuttgart.
WILKINSON, Richard G. (2001): »Kranke Gesellschaften. Soziales Gleichgewicht und Gesundheit«, Springer, Wien/New York.
WILKINSON, Richard/PICKETT, Kate (2009): »Gleichheit ist Glück. Warum gerechte Gesellschaften für alle besser sind«, Tolkemitt Verlag, Berlin.
WILLKE, Gerhard (2003): »Neoliberalismus«, Campus, Frankfurt am Main.

WOLF, Winfried (2007): »Treibmittel Öl & Milchmädchen-Logik. Zur Struktur der weltweit größten Konzerne 2005«, in: Solarzeitalter 2/2007, S. 59–66.

WORLD RESOURCES INSTITUTE (2005): »Millennium Ecosystem Assessment, 2005. Ecosystems and Human Well-being: Synthesis«, Island Press, Washington, DC.

WTO (2005): »Understanding the WTO«, 3. Version, September 2003, durchgesehen Oktober 2005. Abrufbar auf: www.wto.org/english/thewto_e/whatis_e/whatis_e.htm

WUPPERTAL-INSTITUT (2005): »Fair Future. Begrenzte Ressourcen und globale Gerechtigkeit«, C.H. Beck, München.

Mein Dank gilt …

… den zahllosen Menschen, die sich in unterschiedlichen Rollen – Regionalgruppen-GründerInnen, Bilanz-RedakteurInnen, UnternehmerInnen, VeranstalterInnen, WissenschaflterInnen, ReferentInnen, BegleiterInnen – im »Gesamtprozess Gemeinwohl-Ökonomie« für die Weiterentwicklung, Bekanntmachung und Umsetzung des Modells engagieren und ein immer stärkeres globales »Energiefeld« bilden.

… dem sehr feinen und professionellen Team des Deuticke-Verlags rund um Bettina Wörgötter, Susanne Rössler, Annette Lechner, Brigitte Kaserer, Peter Breuer-Guttmann und Martina Schmidt.

… allen Menschen, die über solidarische, demokratische, humane und nachhaltige Wirtschaftsweisen nachdenken, diese in Diskussion bringen oder vorleben.

… Gaia und Pachamama, Hüterinnen des Gemeinwohls.